U0457962

本书由国家重点研发计划"场地土壤环境风险
评估方法和基准"项目（2018YFC1801100）资助

美国环境污染
责任认定及索赔案例与评析

生态环境部对外合作与交流中心◎编著

Establishing Environmental Liability in the United States of America
Determination, Claim Cases and Evaluation

中国政法大学出版社

2023·北京

声　　明　　1. 版权所有，侵权必究。

2. 如有缺页、倒装问题，由出版社负责退换。

图书在版编目（ＣＩＰ）数据

美国环境污染责任认定及索赔案例与评析/生态环境部对外合作与交流中心编著. —北京：
中国政法大学出版社，2023.12
　ISBN 978-7-5764-1232-1

　Ⅰ.①美…　Ⅱ.①生…　Ⅲ.①环境污染－责任保险－保险法－研究－美国
Ⅳ.①D971.222.8

　中国国家版本馆CIP数据核字(2023)第243202号

出　版　者　　中国政法大学出版社

地　　　址　　北京市海淀区西土城路 25 号

邮寄地址　　北京 100088 信箱 8034 分箱　　邮编 100088

网　　　址　　http://www.cuplpress.com (网络实名：中国政法大学出版社)

电　　　话　　010-58908441(编辑室)　58908334(邮购部)

承　　　印　　固安华明印业有限公司

开　　　本　　720mm×960mm　1/16

印　　　张　　17

字　　　数　　270 千字

版　　　次　　2023 年 12 月第 1 版

印　　　次　　2023 年 12 月第 1 次印刷

定　　　价　　69.00 元

编委会

主　编：李奕杰　卢　军　王祖光　王元凤

副主编：唐艳冬　张晓岚　张雅楠　汪安宁　王建飞　翟雪薇

　　　　刘芷汀　张志奇　张皓翔　顾颖颉　赵泽南　赵　逊

　　　　刘　军　宋家臣　刘逗而　Michael J. Wade（美国）

　　　　Sarah J. Lipnick（美国）　Urs Broderick Furrer（美国）

编　委：（按姓氏音序排列）

　　　　蔡晓薇　陈艳青　崔永丽　邓琳华　范紫嫣　费伟良

　　　　高丽莉　郭其其　焦诗源　李　珊　李宣瑾　林　臻

　　　　刘雨青　刘兆香　路国强　马雅静　宁梓宇　乔普正

　　　　王慧镭　王　京　王树堂　王晓东　王潇逸　魏国元

　　　　奚　旺　谢荣焕　闫　枫　杨　铭　于之的　赵敬敏

　　　　张雨涵　周七月

顾　问：张玉军　李永红

前　言
PREFACE

　　党的十八大以来，以习近平同志为核心的党中央在推进新时代中国特色社会主义伟大事业的历史征程中，以前所未有的力度抓生态文明建设，提出"用最严格制度最严密法治保护生态环境"，包括完善生态环境公益诉讼制度，落实生态补偿制度和生态环境损害赔偿制度，实行生态环境损害责任终身追究制等〔1〕。为深入贯彻习近平生态文明思想，规范生态环境损害赔偿工作，推进生态文明建设，生态环境部联合最高人民法院、最高人民检察院和科学技术部、公安部等共 14 家单位于 2022 年 4 月印发了《生态环境损害赔偿管理规定》（环法规〔2022〕31 号）。《生态环境损害赔偿管理规定》提出了下一步工作要求和目标，针对实践中的突出问题进行了相关制度设计和安排，为深化生态环境损害赔偿工作提供了有力的制度保障，有助于促进生态环境损害赔偿工作在法治的轨道上实现常态化、规范化、科学化，推动生态环境损害赔偿制度全面落地见效〔2〕。

　　党中央、国务院高度重视生态环境保护工作，先后出台了一系列政策规范和法律法规。然而，生态环境污染问题比较复杂，随着城市发展的快速推进，污染事件不断涌现，国内相关政策制度和标准体系有待完善，污染责任体系尚需健全。鉴于美国环境污染责任认定及索赔工作起步较早、经验丰富，其政策管理体系、调查与认定技术体系、丰富的案例经验将对我国开展相关工作起到积极的参考作用。

　　本书收集了大量案例，用以概述美国环境污染责任认定及索赔的方方面

---

　　〔1〕　中共中央宣传部、中华人民共和国生态环境部编：《习近平生态文明思想学习纲要》，学习出版社、人民出版社 2022 年版，第 84—87 页。

　　〔2〕　"关于印发《生态环境损害赔偿管理规定》的通知"，载 https://www.mee.gov.cn/xxgk 2018/xxgk/xxgk03/202205/t20220516_982267.html，最后访问日期：2022 年 9 月 4 日。

面，内容共分为五部分、二十章。第一部分通过对普通法中的毒物侵权行为、美国联邦环境法典及其他环境法（典）的介绍，简要概述了美国环境污染责任索赔的法律框架、法律依据及方法。第二部分、第三部分和第四部分对美国环境污染责任索赔案例进行分类，并深入剖析了每个案例的背景、诉讼过程及启示等。鉴于专家证人在法庭审理过程中的重要性和关键性，第五部分对环境污染责任索赔专家证人的作用及相关案例进行了简要但又较为系统的介绍。必须指出的是，本书案例虽按侧重点归于不同章节，但由于大多数案例所涉及的法律条款是多方面的，与其他案例有部分相似性。对了解环境损害赔偿而言，这种相似性不可避免，而且通过这些侧重点不同的案例，可以全面了解美国环境污染责任认定及索赔工作开展过程中各环节的衔接模式、管理机制、责任分工等，可供生态环境管理部门、科研机构、法学院校师生、环保社会组织和其他对环境污染责任认定及索赔感兴趣的人参考，具有极高的学习借鉴价值。

在此衷心感谢美国环境健康与科学学会理事卢军博士在大纲编写、案例搜集和分类整理、内容审校等全程给予的悉心指导，也非常感谢中国政法大学证据科学研究院王元凤教授及张雅楠老师、翟雪薇、刘芷汀、张志奇、张皓翔、顾颖颉、赵泽南、赵逊、刘军、宋家臣、汪安宁、华泽（北京）生态环境研究院有限公司王建飞技术总监、安徽国祯环境修复股份有限公司谢荣焕常务副总经理在本书案例梳理、内容审订及校对过程中付出的辛劳。美国迈克尔·J. 韦德博士（Michael J. Wade）就环境污染责任索赔专家证人作用及案例部分提供了资料，尤尔斯·布罗德里克·菲尔先生（Urs Broderick Furrer）和萨拉·J. 利普尼克女士（Sarah J. Lipnick）就美国《综合环境响应、赔偿与责任法》的责任体系部分提供了大力帮助，并提供了大量环境污染责任索赔案例作为参考，在此一并表示感谢。

由于时间仓促，本书在编写过程中难免存在疏漏，敬请国内外专家学者包涵指正。

著者

2022 年 9 月

目 录 Contents

第三部分

环境污染责任索赔案例——潜在责任人（PRPs）类型

第四部分

环境污染责任索赔案例——非潜在责任人与潜在责任人之间（Non-PRPs vs. PRPs）

第五部分

环境污染责任索赔专家证人作用及案例

浅谈美国超级基金法的责任体系*

引言

1976 年，美国颁布了《资源保护和回收法》（RCRA）和《有毒物质控制法》（TSCA），旨在处理与危险废物有关的环境污染事件，但是这些零散的规定无法为污染场地的清理提供有力的法律支撑。之后，日益严重的环境污染事件和日益高涨的环境运动让人们意识到，必须专门制定一部权威的法律，健全法律体系，解决累积多年的危险废物场地污染问题。1980 年 12 月，《综合环境响应、赔偿与责任法》（CERCLA，俗称"超级基金法"。为表述方便，下文将用"超级基金法"表示《综合环境响应、赔偿与责任法》）应运而生，其建立了严格的法律机制，以确定治理危险废物场地污染的民事责任，并设立了专门的信托基金用于清理和恢复有毒有害物质污染场地。超级基金法自颁布实施以来，已经成为美国最为活跃的联邦环境立法之一。但相较于一般环境侵权责任，超级基金法规定的环境侵权责任更加广泛和严格，也由此产生了很大的争议。

一、有关超级基金法责任体系的争议

（一）溯及既往适用是否违宪

自 1981 年以来，美国法院一直认为溯及既往适用超级基金法的做法并没有违反宪法规定，甚至拒绝审理关于超级基金法违宪的诉讼。1986 年，第八巡回上诉法院在美国政府诉东北制药化工公司（Northeastern Pharmaceutical and Chemical Co.，NEPACCO）案[1]中认定，虽然"法不溯及既往"是一项基本法律原则，但超级基金法具有前瞻性，对多年积累的污染场地问题进行追溯合乎其立法目的，并且没有违反正当程序。超级基金法溯及既往的结果

---

* 由卢军、李奕杰、尤尔斯·布罗德里克·菲尔、萨拉·J. 利普尼克执笔。

[1] "United States v. Northeastern Pharmaceutical，810 F. 2d 726（8th Cir. 1986）"，https://case-text. com/case/us-v-northeastern-pharmaceutical-chemical-co-inc，2022-10-31.

是：政府有权追偿在超级基金法实施前发生的响应费用。

另外，有观点认为超级基金法对美国环境保护署（U. S. Environmental Protection Agency，EPA）完成响应行动前依正当程序提出的司法诉讼不予考虑，违反了宪法的正当程序条款。然而，1986 年《超级基金修正和再授权法》（SARA）第 113 条（h）款明确规定，除了 5 个例外情况，禁止任何联邦法院针对行政机关根据该法第 104 条选择的清理或修复行动提出异议。换言之，超级基金法禁止法院审查在政府响应行动完成前提起的挑战单方面行政命令的诉讼，但可以在政府根据超级基金法第 106 条提起的要求被告执行单方面行政命令的诉讼中，对该命令进行审查。如果法院认定被告没有充分理由拒绝执行行政命令，则可以判决其承担每日罚款和最高 3 倍于美国环境保护署响应费用的损害赔偿罚款。有被告认为，超级基金法的这种单方面行政命令制度未经正当法律程序，违反了美国宪法第五修正案关于正当程序的规定。法院认为，潜在责任人可以选择是否服从超级基金法第 106 条规定的单方面行政命令。如果选择不服从，政府可以提出要求执行该命令的诉讼，并在此诉讼中获得法院的司法审查；如果经法院审查，被告选择不服从行政命令的依据不充分，法院会根据自由裁量权判处惩罚性损害赔偿金。因此，法院认为超级基金法的做法不违反正当程序。

除了时效和程序上的违宪质疑，超级基金法和解条款是否违宪的问题也较为凸显。在美国政府诉加农斯工程公司（Cannons Engineering Corp.）案[1]中，非和解当事人质疑和解条款中关于"当事人与政府达成和解协议后，不免除任何其他潜在责任人责任"的规定。非和解当事人称，责任分摊是一种财产性权利，先达成和解的当事人可能会获得更好的待遇，这样的规定违反了宪法的正当程序条款和平等保护条款。法院驳回了关于违反正当程序的主张，理由是根据联邦普通法，共同侵权人承担连带责任。在驳回平等保护论点时，法院认为鼓励在先和解并减少和解当事人清理场地费用的主张是合理的。综上所述，超级基金法在合宪方面饱受质疑，但是并没有对其产生实质性影响。

（二）不断扩大的责任主体范围

多年来，超级基金法的主要关注点落在一处：谁来承担清理费用。因此，

---

[1] "U. S. v. Cannons Engineering Corp., 720 F. Supp. 1027（D. Mass. 1989）"，https://casetext.com/case/us-v-cannons-engineering-corp，2022-10-31.

关于贷款人、母公司、公司股东等潜在责任人是否担责的争议异常激烈。然而，随着责任的有增无减，超级基金法也对政府部门的执法权力和监督问题进行规制。在归责方面，超级基金法对任何人都不手软，包括联邦政府在内。因为被法律法规和司法解释纳入约束范畴的潜在责任人越来越少，所以从逻辑上讲，行政机关承担相应责任的趋势不可回避。尽管如此，超级基金法对不利于政府的追责判决的疏忽使人们产生了一种政府得到豁免的错觉。然而，近年来这种错觉逐渐消失。

法院对政府在清理工作中对自身行为负责的要求愈加强烈。例如，在美国政府诉奥塔提和高斯公司（Ottati & Goss, Inc.）案[1]中，一方面，下级法院认为美国环境保护署因其对某场地的清理行为而导致另一场地明显受污染，负有连带责任；另一方面，下级法院拒绝判付美国政府主张的间接费用，要求其自行负担。上级法院认为在"政府自身因清理工作疏忽而造成大量污染"的情况下，这样的判决是适当的。然而，之后该案被发回重审时，上级法院却指示下级法院为该判决的理由提供更为详细的说明。另外，法院也开始质疑美国环境保护署的专业能力，典型案例如美国政府诉哈达奇（Hardage）案[2]。在该案中，法院根据超级基金法第106条驳回了政府建议的修复措施，而采取由被告提出、经法院修改的修复措施。此外，法院拒绝确认潜在责任人之间达成的部分和解协议，因为政府的行为也造成了场地污染，但相比于私人被告承担的近400万美元的清理费用，政府却仅需承担不到10%。再如，在CPC国际公司（CPC International, Inc.）诉通用航空公司（Aerojet-General Corp.）案[3]中，虽然政府与场地所有者达成协议，允许场地所有者对污染场地采取净化措施并参与响应行动，但实际上政府未如此履行。起初法院认为对政府追责可能会影响政府对场地的管理活动，政府仅实施管理活动但不应承担责任。然而，法院最终认定政府可以作为法律主体承担超级基金法规定的责任，理由如下：如果一方当事人对一项活动拥有管理控制权却又不行

[1]　"United States v. Ottati & Goss, 694 F. Supp. 977（D. N. H. 1988）", https://law. justia. com/cases/federal/district-courts/FSupp/694/977/1874251/, 2022-10-31.

[2]　"U. S v. Hardage, 750 F. Supp. 1460（W. D. Okla. 1990）", https://casetext. com/case/us-v-hardage-wdokla-1991, 2022-10-31.

[3]　"CPC International, Inc. v. Aerojet-general Corp., 759 F. Supp. 1269（W. D. Mich. 1991）", https://casetext. com/case/cpc-intern-inc-v-aerojet-gen, 2022-10-31.

使，那么该方应当对由此造成的污染承担责任。

从以上案例可以看出，超级基金法已经变得非常严苛。虽然法院普遍认为，政府对污染场地的管理行为不受超级基金法潜在责任条款的约束，但是，管理行为和可能被追责行为之间的界限逐渐模糊。法院需要判别政府是否仅仅实施了管理行为，而没有对场地造成其他不良影响。随着超级基金法不留情面地扩大对政府的追责范围，市政机构也受到了影响。在美国政府诉克莱默（Kramer）案[1]中，联邦政府对受污染垃圾填埋场的清理费用提出赔偿要求。被告提出反驳：政府政策没有把市政机构列为潜在责任人，这违反了平等保护原则。法院认为，政府执行政策是对超级基金法立法目的的合理补充，但是市政机构不能免除超级基金法规定的责任，应是本案中的潜在责任人。总而言之，尽管关于潜在责任人的争议颇多，但超级基金法仍然将众多主体纳入了责任体系。相较于一般环境侵权责任，可以说超级基金法规定的责任更加广泛且严格。

二、超级基金法责任体系分析

（一）潜在责任人

有四类潜在责任人，应当就相应的响应费用和自然资源损害承担责任：

（1）设施当前所有人和经营人；

（2）危险物质处置时设施所有人和经营人；

（3）危险物质处置安排人或危险物质产生人（安排人是指安排在他方处理危险物质的人，或为危险废物处置安排运输的人）；

（4）选择处置危险物质场地的运输人。

以上四类潜在责任人还涉及贷款人、受托人、承租或转租人、公司经营管理人、公司股东等特殊潜在责任人。针对部分特殊潜在责任人，法院也规定了一些免责条款，以防对审慎或善意的主体过于严苛。在爱德华兹·海因斯木材公司（Edwards Hines Lumber Co.）诉瓦肯材料公司（Vulcan Materials Co.）案[2]中，法院认为被告不是潜在责任人，理由在于被告仅设计、制造设施并

[1] "United States v. Kramer, 757 F. Supp. 397 (D. N. J. 1991)", https://casetext.com/case/us-v-kramer-4, 2022-10-31.

[2] "Edward Hines Lumber Co. v. Vulcan Materials Co., 861 F. 2d 155 (7th Cir. 1988)", https://casetext.com/case/edward-hines-lumber-co-v-vulcan-materials-co, 2022-10-31.

对工人进行培训，没有对设施的经营施加控制，对设施所有者的危险物质排放行为不承担责任。

（二）严格责任和责任要素

一般认为，超级基金法采用的归责原则是严格责任。但是该法的责任条款并未直接写入严格责任，而是规定采用《清洁水法案》第 311 条的严格责任标准。严格责任对应大陆法系的无过错责任，即责任的成立并不考虑行为人实施危害行为时的主观状态，行为人无论过错与否都应当承担相应责任。通常情况下，严格责任与异常危险活动有密切联系。异常危险活动是指可能给环境和公众健康带来严重伤害的活动。虽然行为人已经履行了合理注意义务，但由于其所从事活动的异常危险性，行为人必须对相关损害承担赔偿责任。

法院认为，追究响应责任通常包括以下要素：①有关场地是"一个设施"；②在该设施发生危险物质的排放或威胁性排放；③被告属于四类潜在责任人范畴；④原告因响应行动产生了响应费用；⑤响应费用符合国家应急计划。其中，"设施"、"排放或威胁性排放"和"危险物质"等术语有广泛含义。例如，在美国政府诉环保化工有限公司（Conservation Chemical Co.）案[1]中，法院认定"设施"包括"有害物质的全部所在地"。也有法院指出"排放"应包括以下含义：危险物质在土壤和地下水样品中被发现，被风吹散，作为抑尘剂喷洒、散播到空气中，通过产品或工人的身体/着装运出制造工厂。如果任何排放或可能的排放违反了州或联邦标准，都可能产生相应责任。

（三）赔偿范围

超级基金法第 107 条规定，危险物质释放或释放危险的责任人应当承担的费用包括以下 3 个部分：①在不违反国家应急计划的前提下，联邦政府、州或印第安部落因采取清除、修复行动所产生的所有费用。②他人符合国家应急计划的行动所引起的任何其他必要响应费用；因自然资源伤害、破坏或灭失而产生的损害赔偿金，包括合理的评估费用。③根据超级基金法第 104 条（i）款进行的健康评估费用或健康影响研究费用以及各部分费用的利息。

---

[1]　"United States v. Conservation Chemical Co., 619 F. Supp. 162（W. D. Mo. 1985）"，https://casetext. com/case/united-states-v-conservation-chemical-co，2022-10-31.

联邦最高法院在埃克森公司（Exxon Corp.）诉亨特（Hunt）案[1]中指出，超级基金法并没有为排放危险物质造成的经济损害提供救济。很多案件的审理法院在医疗监测费用是否可以根据超级基金法进行追偿的问题上持有不同意见。支持者认为这种费用与超级基金法中的监测或调查费用相近，不同于人身伤害费用这种经济损害。但是在韦莱恩（Werlein）诉美国政府案[2]中，法院经过长时间分析后得出结论：医疗监测费用不能根据超级基金法进行追偿。因此，法院不允许原告因财产减值、经济损失和医疗费用获得赔偿。由此可见，超级基金法的赔偿范围仅包括响应费用、自然资源损害赔偿和公众健康评估费用，不包括因危险物质释放或释放危险而使私人主体遭受的财产和人身损害。

关于"响应费用符合国家应急计划"的举证责任，则因主体不同而有所差异。如原告是政府，则无须证明自己的响应费用符合国家应急计划，仅需反驳被告关于原告提出的响应费用与国家应急计划不一致的观点；如原告是私人主体，则须证明响应费用的必要性及其与国家应急计划的一致性。其实，超级基金法并不要求严格遵循国家应急计划。从整体上看，如果私人主体所提出的响应费用与国家应急计划的规定一致，并能够达到超级基金法中对清理场地的要求，那么该私人主体所提出的响应费用将被视为与国家应急计划一致。超级基金法第107条（c）款进一步规定了惩罚性损害赔偿：对危险物质释放或释放危险负有责任的人，如没有充分理由，且没有按照总统依本法第104条或第106条作出的命令采取恰当的清除或修复行动，则应当向国家承担至少等同于因其未采取恰当行动而花费的响应费用和不超过3倍的惩罚性损害赔偿。

（四）共同侵权中的连带责任

关于数个侵权行为人连带责任的成立问题，原告有初始证明责任，即证明被告的行为与原告的损害之间有因果关系。法院认为，除少数有限的积极抗辩外，超级基金法第107条下的责任不同于传统普通法的因果关系概念。原告虽然不必证明是被告造成了有害物质的释放或释放危险，但必须证明释放

---

[1]　"Exxon Corp. v. Hunt, 475 U. S. 355, 106 S. Ct. 1103（1986）", https://casetext.com/case/exxon-corp-v-hunt-2, 2022-10-31.

[2]　"Werlein v. U. S. , 793 F. Supp. 898（D. Minn. 1992）", https://casetext.com/case/werlein-v-us-2, 2022-10-31.

或释放危险与响应费用之间的因果关系。正如戴德姆水务公司（Dedham Water Co.）诉坎伯兰农场乳品公司（Cumberland Farms Dairy，Inc.）案[1]，第一巡回上诉法院运用"客观标准"解释说阐释因果关系：当被告排放有害物质并没有对原告造成实质性损害时，如果原告能够证明他的响应费用是必要的，并且与国家应急计划一致，原告将被允许向被告追偿。当两个或多个污染源导致一个场地污染时，如果被告能够证明其有害物质不是导致原告产生响应费用的实质性因素，则可免于担责。关于数个侵权行为人的责任分担问题，则由被告对损害的可分割性承担举证责任。在无法区分损害责任的情况下，潜在责任人的责任是连带的，即是"共同且个别的"，责任主体中的各方对外承担责任时，不区分各自的责任份额，任何一方都有义务承担全部或部分责任。虽然损害责任是不可分割的，但法院认为各方责任人内部可以根据公平原则分摊责任。

（五）响应费用追偿诉讼与分摊诉讼

超级基金法对响应费用设置了两种类型的诉讼：一是响应费用追偿诉讼，是指实施了响应行动的主体根据超级基金法第107条就发生的响应费用向潜在责任人主张追偿的诉讼；二是响应费用分摊诉讼，是指承担了相应责任的潜在责任人根据超级基金法第113条（f）款就其他潜在责任人的责任份额主张分摊的诉讼。两者之间的一个重要区别是，响应费用追偿诉讼的责任通常是连带责任，而响应费用分摊诉讼的责任可能只是个别责任。在响应费用追偿诉讼中，如果被告能证明损害是可以区分的，则可根据归因于其本身的份额承担责任。但是在实际的案件中，损害的可分割性几乎无法证明。因为各自的排放量不一定与造成的危险成比例，尽管被告提供了排放污染物的数量，但是法院可能依旧无法准确区分各被告对环境或公众健康造成的影响或损害。

超级基金法第113条（f）款特别赋予一方潜在责任人要求其他潜在责任人分摊责任的权利，法院会比较过错、清理后财产价值等公平因素，在各方责任人之间分摊响应费用，从而间接地在某种程度上减轻连带责任的严格程度。另外，还可以通过达成行政或司法认可的和解协议分摊责任。在和解协议中，可以免除或减轻其他潜在责任人的责任，这种做法对非和解方产生了

---

〔1〕 "Dedham Water Co. v. Cumberland Farms Dairy, 889 F. 2d 1146 (1st Cir. 1989)"，https://casetext. com/case/dedham-water-co-v-cumberland-farms-dairy，2022-10-31.

不利影响。在美国政府诉加农斯工程公司案[1]中，法院认为在和解协议中减少和解方的责任，可能导致在响应费用追偿与分摊两种不同的诉讼中产生较大的分配责任差异。但是，法院认为两种诉讼所达成的和解协议本来就有所不同，因为超级基金法并非优先考虑对待场地污染潜在责任人的公平性。另外，法院在审查两种诉讼的和解协议时也会区分对待。例如，当潜在责任人通过签订补偿协议、免责协议等类似协议，或通过不动产让与向他人转移责任时，响应费用追偿诉讼中所达成的和解协议无效；而在响应费用分摊诉讼中，该协议效力不受影响。

（六）自然资源损害赔偿诉讼

除追偿已发生的响应费用外，原告还可以对未来的清理和修复费用提出诉讼请求，在响应费用追偿诉讼中一并提出。由于自然资源属于公共利益，超级基金法第 107 条（f）款"自然资源责任"规定：总统或州授权的代表应作为自然资源的信托人，代表公共利益进行自然资源损害赔偿金的追索。因此，主张自然资源损害赔偿的只能是自然资源的信托人，包括联邦政府、自然资源所在州等。潜在责任人对获得政府许可和授权的自然资源损害不负赔偿责任，并且如果危险物质的释放及其导致的自然资源损害均发生在超级基金法颁布之前，则潜在责任人也不承担赔偿责任。但是，如果危险物质的释放发生在该法生效之前，但相应的自然资源损害结果出现于该法生效之后，潜在责任人仍需对自然资源损害承担责任，该责任包括对自然资源的审美价值、生物学价值、历史价值等非使用价值损害的赔偿。

如何对自然资源损害进行评估，这一直是人们争论的焦点。根据超级基金法的要求，美国内政部颁布法规，试图确定评估自然资源损害的最佳程序。该法规规定，应以较低的恢复价值或使用价值进行评估。在俄亥俄州诉美国内政部案[2]中，这些法规立即遭到了州官员和环保组织的质疑。主要的问题是，超级基金法是否更倾向于根据自然资源损害的恢复价值而不是使用价值进行评估。在仔细研究了超级基金法及其立法历史后，华盛顿特区巡回上诉法院认为，国会强烈支持根据自然资源损害的恢复价值进行评估。因此，法

---

[1] "U.S. v. Cannons Engineering Corp., 720 F. Supp. 1027（D. Mass. 1989）"，https://casetext.com/case/us-v-cannons-engineering-corp，2022-10-31.

[2] "State of Ohio v. U.S. Dept. of the Interior, 880 F. 2d 432（D. C. Cir. 1989）"，https://casetext.com/case/state-of-ohio-v-us-dept-of-the-interior，2022-10-31.

院要求内政部重新制定法规，并限制仅在恢复价值不可行或非常昂贵的情况下，才能根据使用价值进行评估。

（七）免责条款

超级基金法第107条（b）款规定了一般潜在责任人的法定免责条款：①不可抗力；②战争；③被告的员工、代理人之外的第三人或与被告没有直接或间接合同关系的第三人实施的行为，如果被告可以证明其对危险物质尽到了合理注意义务，并对可能产生的危害后果采取了预防措施；④以上几点的任意组合。由于超级基金法规定了严格责任，无过失或采取了应有谨慎等抗辩均无效。

在大多数案件中，被告根据第107条（b）款（3）项进行第三方抗辩。在这种抗辩中，被告承担了证明完全无关的第三方是排放唯一原因的责任，这种举证责任十分沉重。正如第四巡回上诉法院在美国政府诉孟山都公司（Monsanto）案[1]中所述，要确立第三方抗辩，被告必须证明完全没有因果关系，第三方必须是在与被告的直接或间接合同关系中与作为或不作为无关的人。虽然要求第三方完全无关的司法解释表明第三方与被告之间的任何合同关系都足以击败抗辩方，但是法院认为该合同关系必须与处置废物活动有关。在夏皮罗（Shapiro）诉亚历山大逊（Alexanderson）案[2]中，法院指出，如果第三方的作为或不作为是在合同解除之后发生的，则不存在合同关系。第三方抗辩还要求抗辩方对危险物质持审慎态度，并对第三方可能的危害后果采取预防措施。危险物质的所有者原本知道它的危害性，但并没有警告之后的购买者，所以他未达到应有的谨慎要求。最后，被告的员工或代理人在抗辩中并非第三方。在一个案例中，被告辩称，其员工受贿后实施了非法处置废物的行为，已经超出其本职工作范围，因此应当由该员工承担责任。法院驳回了此观点，并认为这与被告和第三方之间必须完全无关的立法相抵触。鉴于超级基金法规定的责任过于严苛，自1986年开始的修正案都注意增加免责条款，从而修正这种情况。例如，修正案增加了善意所有人抗辩：在购买土地时不知道土地已经污染的土地所有人，应当就其在取得土地时不知道该

---

〔1〕 "United States v. Monsanto, 491 U.S. 600, 109 S. Ct. 2657（1989）"，https://casetext.com/case/united-states-v-monsanto，2022-10-31.

〔2〕 "Shapiro v. Alexanderson, 743 F. Supp. 268（S. D. N. Y. 1990）"，https://casetext.com/case/shapiro-v-alexanderson，2022-10-31.

土地上曾经处置过危险物质承担举证责任，即在购买前进行了充分调查，仍无法知悉该土地污染既存事实，则构成善意所有人，无须承担责任。

三、总结

关于超级基金法责任体系过于严苛的争议不断。为了解决涉及有害废物或危险物质的环境污染案件，超级基金法始终采用严格责任作为归责原则，即与污染场地有关联的潜在责任人，无论过错与否，都应当承担相应责任。危险物质释放或释放危险的责任人应当承担清理、修复行动等响应费用，因自然资源损害或灭失的损害赔偿费用以及合理的评估费用。诉讼因原告所主张费用不同而划分为响应费用诉讼和自然资源损害赔偿诉讼，其中响应费用诉讼又包括响应费用追偿诉讼和响应费用分摊诉讼。随着超级基金法的修改，越来越多的主体被纳入潜在责任人范围。一个多年累积的污染场地可能涉及多个责任人，在责任人无法证明责任可分割且未提供分摊损害之合理依据的情况下，潜在责任人必须承担连带责任，任何一方都有义务承担全部或部分责任。不过该法也规定了一些免责条款和抗辩事由，防止过苛责善意审慎的当事人。然而，作为一部致力于解决历史污染场地案件的环境法，超级基金法所规定的责任体系必然是广泛且严格的。今后其可能会在寻找全部潜在责任人和避免处罚无辜当事人之间寻求一种平衡，并规定相应的免责条款和抗辩事由，在清理和修复危险废物场地的同时，避免其责任体系过于严格。

第一部分

美国环境污染责任索赔概要[*]

────
* 由李奕杰、费伟良、卢军执笔。

第一章 普通法中的毒物侵权行为

疏忽（Negligence）

毒物侵权索赔是指对因接触危险物质（包括但不限于药物、杀虫剂或化学物质）而造成的损害提出的合法索赔。为确立普通法疏忽索赔，动议方必须证明：①对方当事人有义务谨慎关注动议方或公众；②对方当事人的作为或者不作为违反该义务；③受害人或者公众受到伤害。要在普通法疏忽索赔［如卡森（Carson）诉所有安装起重机租赁公司（All Erection & Crane Rental Corp.）案[1]］中胜诉，原告必须证明：①被告对原告所负的义务；②被告的行为未达到适用的关注标准从而导致违反义务；③被告违反义务直接对原告造成伤害（可以赔偿）。然而，在环境污染案件中，疏忽行为很少成为唯一的索赔理由。这是因为，相较于严格责任或故意侵权，疏忽更难以证明，原告通常会提出多个索赔理由，而不仅仅是疏忽。

侵入（Trespassing）

侵入是故意侵犯他人财产的行为。当原告持有有争议土地的所有权且被告非法进入该土地时，便称为侵入。因为侵入行为是一种故意侵权行为，所以被告提出的合理性理由并不构成对侵入责任的有效抗辩。此外，实际造成的损害，即动议方所遭受的经济损失，不构成侵入行为的组成部分。因此，在没有造成实际损害的情况下，侵入人要对名义上的损害负责。

法院普遍认为，环境污染也可能构成侵入行为。当污染物由个人故意引入或由个人造成，直接并实际进入他人所拥有的土地时，即属非法侵入。注意，被告必须实际侵入。因此，被告故意将石油产品泄漏到他人拥有的土地，

---

　[1] "Carson v. All Erection & Crane Rental Corp., 811 F. 3d 993（7th Cir. 2016）", https://casetext. com/case/carson-v-all-erection-crane-rental-corp-1, 2022-10-31.

即属故意侵入。

对于土地上持续存在的污染物是否构成不受时效限制的持续侵入,法院意见不一,例如霍格(Hogg)诉雪佛龙美国公司(Chevron U. S. A., Inc.)案[1]审理法院认为,地下储罐停止泄漏之后,污染物继续迁移进入原告拥有土地,并不属于持续侵入。然而,霍里(Hoery)诉美国案[2]审理法院则认为虽然造成污染的条件已经停止,但有毒污染物持续迁移进入原告所拥有土地,且原告所拥有土地仍存在有毒污染物,此种情形仍构成持续侵入。

妨害(Nuisance)

妨害通常指一方对其所有物的使用严重干扰另一方所有物的价值及其对所有物的合理使用/享有,损害生命或健康,冒犯他人情感或违反礼仪原则,阻碍公路、通航水域、公园、海滩及其他公共领域的自由通行或者使用。妨害可以是公共的,也可以是私人的。公共妨害是冒犯国家和/或全部公众,可由相关政府机构进行申请后予以消除或起诉。例如,可将污染视为公共妨害,对其提起诉讼[纽约州政府诉肖尔不动产公司(Shore Realty Corp.)案[3]]。此外,威尔逊维尔村(Village of Wilsonville)诉爱生雅服务公司(SCA Services, Inc.)案[4]审理法院认为化学废物处置场对公众造成妨害,并危害村、县和州公民的健康;米奇(Michie)诉五大湖钢铁事业部(Great Lakes Steel Division)案[5]审理法院根据《密歇根州妨害法》认定污染者对空气污染造成的损害承担连带责任。私人妨害是指对个人造成威胁或对土地的使用/享有造成某种程度的干涉。私人妨害成立的前提是必须构成对土地私人使用和享有权利的侵犯。该侵犯是:①故意的且不合理的;②过失的或不计后果的;③在无

〔1〕 "Hogg v. Chevron U. S. A., 35 So. 3d 445(La. Ct. App. 2010)", https://casetext. com/case/hogg-v-chevron-usa-45-128-laapp-2-cir-41410, 2022-10-31.

〔2〕 "Hoery v. United States of America, 64 P. 3d 214(Colo. 2003)", https://casetext. com/case/hoery-v-united-states-of-america, 2022-10-31.

〔3〕 "State of New York v. Shore Realty Corp., 648 F. Supp. 255(E. D. N. Y. 1986)", https://casetext. com/case/state-of-new-york-v-shore-realty-corp, 2022-10-31.

〔4〕 "Village of Wilsonville v. SCA Services, Inc., 77 Ill. App. 3d 618, 396 N. E. 2d 552(Ill. App. Ct. 1979)", https://casetext. com/case/village-of-wilsonville-v-sca-services, 2022-10-31.

〔5〕 "Michie v. Great Lakes Steel Div., Nat'l Steel, 495 F. 2d 213(6th Cir. 1974)", https://casetext. com/case/michie-v-great-lakes-steel-div-natl-steel/, 2022-10-31.

力处理危险条件或活动的情况下，对其提起诉讼。参见科帕特工业公司
（Copart Industries, Inc.）诉纽约联合爱迪生公司（Consolidate Edison Co. of New
York, Inc.）案[1]及布墨（Boomer）等人诉大西洋水泥公司（Atlantic Cement
Company）案[2]。

---

〔1〕 "Copart Industries, Inc. v. Consolidated Edison Co. of New York, Inc., 41 N. Y. 2d 564, 394
N. Y. S. 2d 169, 362 N. E. 2d 968（N. Y. 1977）", https://casetext.com/case/copart-inds-v-con-ed, 2022-
10-31.

〔2〕 "Boomer v. Atlantic Cement, 55 Misc. 2d 1023, 287 N. Y. S. 2d 112（N. Y. Sup. Ct. 1967）", ht-
tps://casetext.com/case/boomer-v-atlantic-cement, 2022-10-31.

第二章

美国联邦环境法典（US Federal Environmental Laws）

超级基金法

超级基金法颁布于 1980 年。该法通过提供联邦超级基金，清理不受控制或废弃的危险废物场地，以及处理污染事故、污染物泄漏、污染物紧急排放及环境污染。超级基金法赋予美国环境保护署寻找并强制污染物排放负责方承担责任的权利，并可要求其在清理工作中予以配合。超级基金法第 107 条（a）款规定了所有人、运营商和运输商应负的严格责任。如第四章所述，超级基金法还要求责任人负连带责任和追溯责任。

1986 年《超级基金修正和再授权法》重新授权超级基金法继续规范清理活动，并增加了若干具体的修正案、定义诠释、技术要求和额外的执法机构。此外，《超级基金修正和再授权法》第三章授权《应急规划和社区知情权法案》（42 U.S.C. § 110011et seq.，EPCRA）要求每个州组织一个州应急委员会（SERC），并要求工业行业向联邦、州和地方政府报告其危险物质的储存、使用和释放情况。《应急规划和社区知情权法案》要求州和地方政府以及美洲土著部落使用该信息，以保护其社区免受潜在环境风险的威胁。

超级基金法规定的场所是指当潜在责任人无法确定，无法定位场所或未采取行动时，美国环境保护署所清理的遗弃场所。美国环境保护署通过命令、同意令、与其他方和解等手段强制私人进行清理。在完成响应行动后，美国环境保护署还向有经济能力的个人和公司收回清理成本。

资源保护和回收法

美国国会于 1976 年制定了《资源保护和回收法》，赋予美国环境保护署管理废物的权利。《资源保护和回收法》计划的三个关键举措是：①终身危险废物管理计划；②非危险固体废物管理规定和建议；③地下储罐（USTs）安全性。1984 年，美国国会颁布《资源保护和回收法联邦危险废物和出售废物修正案》（Federal Hazardous and Sold Waste Amendments to RCRA），其重点是废物最小化和逐步淘汰危险废物的土地处置方法，以及对排放采取纠正行动。《资源保护和回收法修订案》（1986 年）的通过，使得美国环境保护署能够处理储存石油和其他危险物质的地下储罐可能造成的环境问题。

《资源保护和回收法》的实施由资源保护和回收办公室（ORCR）负责，其任务是确保从国家层面对危险废物和非危险废物进行管理，从而保护人类健康和环境。

《资源保护和回收法》没有明确规定责任标准。然而，严格的法定解释表明，如果没有明确规定标准，就要承担严格责任。根据《美国法典》第 42 卷第 6972 条（a）款（1）项（B）目，原告必须确立三个要素，以确定《资源保护和回收法》下的责任：①某个场所可能对人类健康或环境构成重大危害；②因处理、储存、运输或处置任何固体或危险废物而产生危害；③被告正在或已经参与该等处理、储存、运输或处置活动。

清洁空气法

1970 年《清洁空气法》（CAA）旨在"保护和提高国家空气质量，以增进公众健康和福祉以及人口生产能力"。《清洁空气法》的目标是确保联邦、州和地方政府采取适当行动，防止空气污染，减少温室气体排放。《清洁空气法》的基本结构包括：

（1）污染防控标准：制定《国家环境空气质量标准》（NAAQS），确定空气中污染物的允许水平，保护公众健康和福祉；

（2）可用最佳技术：《清洁空气法》第 111 条适用于新的固定空气污染源，对空气排放采用最佳技术性能标准；

（3）技术强制：为减少汽车和卡车尾气排放，《清洁空气法》第二章设定了严格的国会标准，并授权美国环境保护署继续定期减少允许的排放量；

（4）市场准入：《清洁空气法》第四章提出了一项创新性排放交易计划，主要针对二氧化硫的排放。

《清洁空气法》指导制定国家实施计划（SIPs），以执行该等标准。此外，《清洁空气法》还制定了新污染源性能标准（NSPS），旨在推动清洁技术的发展，防止空气质量显著恶化。《美国法典》第 42 卷第 410 条（a）款（2）项（D）目之（i）（I）禁止"州内"污染源造成任何其他州空气未达标。诺思·

卡罗琳娜（North Carolina）诉美国环境保护署案〔1〕中讨论了未达标区和达标区。事实上，美国环境保护署对未达标区进行了法律分类。虽然根据第 1 部分，美国环境保护署有权将达标期限延长 12 年，但根据第 2 部分，它有权延长的达标期限不超过 2 年。同样，第 1 部分赋予美国环境保护署相当大的自由裁量权来确定不达标项目，第 2 部分则通过法律规定了其中大部分项目。参见惠特曼（Whitman）诉美国卡车运输协会公司（American Trucking Assns., Inc.）案〔2〕。

清洁水法案

1948 年，美国国会通过了《联邦水污染控制法》（FWPCA），这是美国第一次试图通过立法控制水污染。1972 年，《联邦水污染控制法修正案》对《联邦水污染控制法》进行了重大修订；1977 年，对其进行再次修订，并冠以新的名称《清洁水法案》（CWA）。1987 年的《水质法案》（WQA）对《清洁水法案》进行了修订。

《清洁水法案》的主要目的是"恢复并维持国家水资源的化学、物理和生物完整性"。《清洁水法案》第 301 条禁止任何人未经许可排放任何污染物。《清洁水法案》的监管框架包括两种不同类型的许可：①经美国环境保护署或州批准并颁发的第 402 条国家污染物排放消除系统（NPDES）许可；②美国陆军工程兵团（USACE）颁发的第 404 条疏浚和填筑许可。未经许可，个人不得在被认定为"美国水域"（包括湿地）的地方放置填充物。在决定是否给予批准或否决许可时，美国陆军工程兵团可依据经济、美学、娱乐以及大众的需求和福祉等因素行使"开明专制者的自由裁量权"。参见拉帕诺斯（Rapanos）诉美国政府案〔3〕。

事实上，《清洁水法案》使用"通航水域"（定义用语）这一传统用语，进一步证实了它只赋予相对永久水域的管辖权。按照传统理解，"通航水域"

---

〔1〕 "North Carolina v. E. P. A, 550 F. 3d 1176 (D. C. Cir. 2008)", https://casetext.com/case/north-carolina-v-epa, 2022-10-31.

〔2〕 "Whitman v. American Trucking Assns., Inc., 531 U. S. 457, 121 S. Ct. 903 (2001)", https://casetext.com/case/whitman-v-american-trucking-associations, 2022-10-31.

〔3〕 "Rapanos v. United States, 547 U. S. 715 (2006)", https://supreme.justia.com/cases/federal/us/547/715/, 2022-10-31.

只包括离散水域。例如，在丹尼尔·鲍尔号轮船（The Daniel Ball）案[1]中，交替使用"水域"和"河流"这两个术语。在美国政府诉阿巴拉契亚电力公司（Appalachian Electric Power Co.）案[2]中，则一直把"通航水域"称为"水道"。很明显，因为该等"水域"必须是可航行的，或者是允许航行的，所以这个术语不包括季节性水流。正如北库克县固体废物局（Solid Waste Agency Northern Cook Cty.）诉美国陆军工程兵团案[3]法院所指出的那样，传统术语"通航水域"——即使被定义为"美国水域"——也带有其原有的实质内容："赋予某个词限定含义是一回事，不赋予其含义则完全是另一回事。"这种限定含义至少包括普通水域。

有毒物质控制法

1976 年 9 月，美国国会通过《有毒物质控制法》（TSCA），禁止生产或进口不属于该法清单或豁免范围的化学物质。《有毒物质控制法》清单上的化学品均被视为现有化学品，所有未列入清单的化学品均被视为新化学品。《有毒物质控制法》禁止生产或进口未列入该法清单或豁免范围的化学品。制造商必须提供现有化学品构成风险的数据，并将化学品的任何重大新用途通知美国环境保护署，新化学品制造商必须在生产前通知美国环境保护署，并告知其生产意图。

农药法

《联邦杀虫剂、杀菌剂和灭鼠剂法案》（FIFRA）于 1947 年制定，主要规制农药的分销、销售和使用。根据《美国法典》第 7 卷第 136a 条（c）款（1）项（C）目及（F）目，在美国销售的所有农药都必须经过美国环境保护署注册和许可。在美国环境保护署根据《联邦杀虫剂、杀菌剂和灭鼠剂法案》

---

〔1〕 "The Daniel Ball, 77 U. S. 557（1870）", https://casetext.com/case/the-daniel-ball, 2022-10-31.

〔2〕 "United States v. Appalachian Electric Power Co., 311 U. S. 377（1940）", https://supreme.justia.com/cases/federal/us/311/377/, 2022-10-31.

〔3〕 "Solid Waste Agency Northern Cook Cty. v U. S. Army Corps Eng'r, 531 U. S. 159, 121 S. Ct. 675, 148 L. Ed. 2d 576（2001）", https://casetext.com/case/solid-waste-agency-northern-cook-cty-v-us-army-corps-engr-2, 2022-10-31.

批准使用农药之前，申请人必须证明，除其他事项外，按照规范使用农药"通常不会对环境造成任何不合理的、不利影响"。《联邦杀虫剂、杀菌剂和灭鼠剂法案》将"对环境的不合理的、不利影响"定义为"①考虑到使用杀虫剂带来的经济、社会和环境成本与效益，为人类或环境带来任何不合理风险；②在不符合《联邦食品、药品和化妆品法案》第408条标准的前提下，于食品中或食品上使用农药，为人类饮食带来风险"。

州法不必特别将《联邦杀虫剂、杀菌剂和灭鼠剂法案》的标准作为诉讼因由的一个要素来保留优先权［参见贝茨（Bates）诉陶氏农业科学有限责任公司（Dow Agrosciences LLC）案[1]］，或根据《联邦杀虫剂、杀菌剂和灭鼠剂法案》预先制定特定的州法。这必须满足两个条件：第一，它必须是标签或包装要求（例如，不能预先制定产品设计法规）；第二，它必须强制规定标签或包装要求，且该要求必须在《联邦杀虫剂、杀菌剂和灭鼠剂法案》要求之外或不同于该法要求（例如，如果美国环境保护署规定用红色字母标注"毒药"一词，那么州法就不能预先规定同样的要求）。

本书案例侧重超级基金法，这里引介《清洁水法案》相关案例作为例子，以了解其他法案下的环境损害索赔情况。

在毛伊县政府（County of Maui）诉夏威夷野生动物基金会（Hawaii Wildlife Fund）案[2]判决中，联邦最高法院对国家污染物排放消除系统许可进行了讨论，发现如果排放污染物点源直接通过地下水到达通航水域，相当于污染物直接从点源排放到通航水域，那么《清洁水法案》则要求该排放获得许可。

案例 1　毛伊县政府诉夏威夷野生动物基金会案

（County of Maui v. Hawaii Wildlife Fund）

一、案例背景

（一）基本情况（时间、地点、涉及人员）

毛伊岛为夏威夷群岛中的第二大岛。自2006年以来，毛伊县政府在没有

---

［1］"Bates v. Dow Agrosciences LLC, 544 U. S. 431, 125 S. Ct. 1788（2005）", https://casetext.com/case/bates-v-dow-agrosciences-llc-4, 2022-10-31.

［2］"County of Maui v. Hawaii Wildlife Fund, 140 S. Ct. 1462, 206 L. Ed. 2d 640（2020）", https://casetext. com/case/county-of-maui-v-hawaii-wildlife-fund, 2022-10-31.

美国环境保护署许可的情况下拥有并运营一处废水回收场地——拉海纳废水回收设施（LWRF）。该设施位于毛伊县拉海纳镇以北约3英里、距太平洋约半英里的地方。该设施每天从一个服务于约4万人的收集系统接收约400万加仑的污水，对其进行过滤和消毒后（处理后的污水并非完全不具污染性的），排放到4口注水井中。这4口注水井携带污水到达地下蓄水层（即地下水），最终流入海洋。经相关部门对污水流经路径的技术性测试，可以确定这些污水通过水井进入地下水后最终汇入太平洋（属于通航水域），上述案情不存在任何实质性争议。然而，美国《清洁水法案》规定：禁止在未经美国环境保护署许可的情况下将任何污染物从污染点源输送到通航水域。本案中毛伊县政府在这样处理污水的数年中并未获取美国环境保护署的任何许可，因此数家环保机构在了解到该污水流入海洋的情况后，依据《清洁水法案》对毛伊县政府提起诉讼。从2012年数家环保机构首次提起动议开始，到2020年经联邦最高法院给出审理意见，本案于2021年才迎来最终结果。本案主要争议的问题是污水从水井进入地下水再流入海洋的这种点源—非点源—通航水域的处理方式如何认定，是否受《清洁水法案》中获得许可的约束。这个问题涉及对立法目的的分析和对模糊规则语言的解释，不同的解读方法不仅关乎毛伊县政府是否要申请许可、支付罚款，还关乎对类似点源排污行为的认定导向。

（二）司法历程

本案涉及的裁判文书数量较多，此处整理与案件认定关联较大的环节。

2012年，以夏威夷野生动物基金会为代表的数家环保机构作为原告起诉了毛伊县政府，试图依据《清洁水法案》使毛伊县这一污水处理点源申请国家污染物排放消除系统许可并遵守相关条款，同时请求法院判定毛伊县政府为此前未经许可而排放污水的污染行为支付罚款。

2014年5月30日，地方法院给予原告简易判决，认定毛伊县政府未获国家污染物排放消除系统许可违反了《清洁水法案》。虽然拉海纳废水回收设施没有直接向太平洋排放废水，而是废水通过地下水这一环节后再流向大海，但是如果排放点很容易确定，而且向海洋的传输路径也清晰确凿，那么从功能上来说，废水就是流入通航水域的。因此法院认定，向拉海纳废水回收设施以下的地下水排放污水在功能上等同于向海洋本身排放，获得国家污染物排放消除系统许可是必要的。本案毛伊县政府在没有获得许可的情况下，将3

号和 4 号注水井中的污染物排放到通航水域，违反了《清洁水法案》。

由于本案有 4 口注水井，在经过一系列实验测试（包括对污水流经路径、污染浓度、水体自净等方面的专家论证）后，2015 年 1 月 23 日法院发布的另一份判决认定，向 1 号和 2 号注水井排放废水的行为同样违反了《清洁水法案》。这一判决主要影响的是罚款金额，并没有在解释规则条款方面发生变化。

在根据《清洁水法案》被判负有责任后，毛伊县政府一方面就是否需要获得许可进行辩解，另一方面就潜在的处罚寻求对其有利的即决判决。其辩称法院无法评估对该县的法定处罚，因为该县缺乏需要国家污染物排放消除系统许可的情形。与此同时，原告要求法院通过计算每口注水井的废水在限定时间内排出的天数确定毛伊县政府违反《清洁水法案》排放废水的最大可能量，然后合计 4 口井的结果。毛伊县政府显然不同意这种计算方法。

2015 年 6 月 25 日，地方法院否定了毛伊县政府的上述即决判决动议，批准了原告关于民事处罚的部分即决判决动议。

2017 年，毛伊县政府提起上诉，2018 年 3 月，第九巡回上诉法院在全面审查本案后确认了地方法院的裁判结果，但提出了不同的表述方法。第九巡回上诉法院认为，获得国家污染物排放消除系统许可是必要的，因为污染物"从点源到通航水域具有很强的可追踪性"。

2019 年 11 月，联邦最高法院批准调卷，并于 2020 年 4 月 23 日裁定毛伊县政府需要获得《清洁水法案》中所规定的许可，地方法院和上诉法院的裁判结果正确，但第九巡回上诉法院依据的"很强的可追踪性测试"过于宽泛，因此撤销了第九巡回上诉法院的判决并将案件发回重审。联邦最高法院认同的观点是：如果污染物排放过程相当于直接从点源排放到通航水域，则在污染物经地下水排放到通航水域的情况下，《清洁水法案》中的许可要求同样适用。

2020 年 6 月，第九巡回上诉法院发布一项指令，阐述将本案发回地方法院进行与联邦最高法院意见一致的进一步审理。

2021 年 7 月 15 日，地方法院在结合联邦最高法院意见和参考因素的基础上做出简易判决，认定拉海纳废水回收设施必须获得国家污染物排放消除系统许可，其他事项因为双方存在和解协议而不需要法院认定，至此本案结案。

（三）污染物的环境损害

本案涉及水污染。污水在注入海洋之前先经过了地下水系统，因此不仅污染了通航水域的水质，也污染了地下水（地下水中污染物浓度高于海洋中）。根据案卷记载，拉海纳废水回收设施每天接收约 400 万加仑的污水，对其进行处理后排放。虽然经过地下水时，水的自净能力和一些在此环节与岩石、土壤发生的化学反应使得污染物浓度在流入海洋时降低（例如，硝化反应使得 86% 的氮被去除），但不能否认流入海洋时废水仍具有污染性。有关研究已在海洋中发现了"废水示踪剂"——药物、有机废物指示化合物和 ^{15}N（一种来自污水的氮同位素）。无论毛伊县政府提出什么反驳，都无法否认废水仍然可以被识别出且可能随着流经路径污染更远的区域。

二、诉讼过程

（一）原告与被告

原告/被上诉人：夏威夷野生动物基金会、塞拉俱乐部、冲浪者基金会和西毛伊岛保护协会等环保组织。

被告/上诉人：毛伊县政府。

（二）原告诉讼法律依据与被告辩驳依据

1. 原告诉讼法律依据

2012 年，夏威夷野生动物基金会、塞拉俱乐部、冲浪者基金会和西毛伊岛保护协会等环保组织依据《清洁水法案》《联邦水污染控制法》的相关规定对毛伊县政府提起诉讼，认为毛伊县政府在未获得美国环境保护署适当许可的情况下将污染物排放到通航水域（即太平洋），且主张被告这种违法排放行为应该受到罚款处罚。

2. 被告辩驳依据

被告毛伊县政府认为《清洁水法案》中规定的获得许可这一要求并不适用于本案，其辩称《清洁水法案》创造了一种"界限检验"。其补充道，污染物必然是从点源或一系列点源"输送到通航水域"，如果"至少一个非点源（例如，不受限制的雨水径流或地下水）"位于"点源与通航水域之间"，则不在《清洁水法案》许可制度的规制范围内。只有在点源是将污染物输送到通航水域的最后一种"输送方式"的情况下，才会认为某种污染物"来自"点源，而拉海纳废水回收设施是将污水排入注水井，途经地下水（非点源）

后才进入海洋的，因此不受获得许可才能排放的限制。

（三）法院判决及决定性依据

2021年7月26日，根据对《清洁水法案》相关法条立法目的的分析，结合联邦最高法院的意见，地方法院重审判决如下：（1）拉海纳废水回收设施必须获得国家污染物排放消除系统许可（这一结论对原告有利，对被告不利）；（2）基于双方的和解协议，其他事由无须法院裁决，本案结案。

三、案例讨论

（一）诉讼所涉及的法律文件、条款

①《美国法典》第33卷第1311条（a）款、第1362条（12）款（A）项；②《清洁水法案》；③《联邦水污染控制法》第301条（a）款、第502条（12）款（A）项；④《水质法案》第316条。

（二）法院判决争议点

1. 本案排污方式是否受《清洁水法案》适当许可的约束

这一问题是本案最主要的争议点，不仅诉讼双方提出了不同的理解方式，不同法院以及美国环境保护署也有不同的表达。

《清洁水法案》禁止在未经美国环境保护署适当许可的情况下将任何污染物从（污染）点源输送到通航水域。本案中拉海纳废水回收设施是一处污染点源这一事实不存在争议，最终有污水流入海洋也不存在争议，但并不是直接从点源流入海洋，而是中间经过了一个非点源（地下水），这种情形的污水处理设施所有者是否受适当许可的约束就成为一个需要明确的问题。

从《清洁水法案》中的定义来看，①"污染物"采取广义，包括任何固体废物、焚烧炉残渣、热、废弃设备或沙子等；②将"点源"定义为"任何排放或可能会排放污染物的可识别、受限或离散输送工具"，例如"容器"、"管路、沟渠、渠道、隧道、管道"或"井"；③将"污染物排放"定义为"将任何污染物从点源输送到通航水域（包括通航溪流、河流、海洋或沿海水域）"。基于上述定义，《清洁水法案》又给出一个宽泛的条款：（除了某些例外情况）在未取得适当许可的情况下，"任何人排放任何污染物"的行为均"属违法行为"（第301条）。广义的限定存在笼统性和模糊性，因此这样的定义无法为当前问题提供明确的解决方案。

地方法院在审理本案时酌情考虑了此前对本案污染物排放的详细研究。

通过该项研究成果可以发现，注水井中的大量污水最终流入海洋（通航水域）。地方法院认为：由于完全可以确定污染物输送到海洋的路径，因此污染物从毛伊县政府的那些注水井排放到附近地下水这一过程"相当于将污染物排放到通航水域"，这就意味着即使通过了非点源，本案排污设施也需要获得许可后才可排污。地方法院基于此做出了对原告有利的即决判决。

第九巡回上诉法院认可被告应受《清洁水法案》适当许可的约束，但是其对相关法定标准的表述有所不同。该法院认为："污染物从点源到通航水域的输送一路下来都具有很强的可追踪性"是需要获取许可的情形。如果没有很强的可追踪性，点源和通航水域之间的联系过于间接，则不需要获得许可。这种很强的可追踪性可能会打破点源、非点源的路径限制，相当于扩大了美国环境保护署的许可权限和管制范围，联邦最高法院认为这种扩大是违背《清洁水法案》立法目的的，因此不认同第九巡回上诉法院的解读。

联邦最高法院认为解释需要找到一个中立立场，既授予联邦政府监管进入通航水域的可识别污染物来源的权限，同时又不损害各州长期土地及地下水监管权限。对法令关于是否需要获得许可规定的解读应当为：当点源直接存放污染物并将其输送到通航水域或者通过类似方式的排放达到了相同的效果时，污染物输送方式满足"来自任何点源"这一法定要求。

不可否认，有多种潜在相关要素适用于事实上不同的案件，因此法院无法使用更为具体的措辞。这并不是法院解释模糊，而是法令本身宽泛的定义所导致的不确定。因此在具体案件中还要考虑一些可能证明相关性的要素（取决于特定案件的具体情况，不一定都要考虑，也不一定只从这几方面考虑）：①传输时间；②传输距离；③用于污染物传输的材料的性质；④污染物在传输过程中的稀释程度或化学变化程度；⑤进入通航水域的污染物的数量相对于离开点源的污染物的数量；⑥污染物进入通航水域的方式或区域；⑦污染物（在该点源处）维持其特性的程度。当然在大多数案例中，时间和距离是最重要的因素。

2021年1月14日，美国环境保护署发布了《对监管团体和许可当局的指导意见》，以确定向地下水排放污染物并进入通航水域是否符合国家污染物排放消除系统许可的要求。美国环境保护署指出，它的指导意见"不具有法律的效力，也不以任何方式约束公众"。该指导意见中提出另外一个因素——污染物产生系统的设计和性能——在确定某设施是否具有相当于从点源直接排放污染物到通航水域的功能时要考虑。该规定下设施的设计和性能"可以影响联邦最高法院在考虑国家污染物排放消除系统许可申请时确定的 7 个因素"。事实上，法院已经考虑了拉海纳废水回收设施的设计和性能，以审查特定的身份、材料的性质、稀释/化学变化，以及污染物入水方式或区域等因素。毫无疑问，拉海纳废水回收设施的设计目的是处理污水并将其放入注水井。经过处理的废水将从那里通过含水层流向海洋。虽然废水在这一过程中会发生变化，但毫无疑问，当废水排放到太平洋时，它仍将被视为污染物。同样毫无争议的是，一些废水现在被改道用于灌溉。考虑到这些无可争议的事实，美国环境保护署提出的额外因素在这里毫无用处。美国环境保护署提出的因素并没有改变联邦最高法院对影响因素的平衡。

案件发回重审后，地方法院参考联邦最高法院列举的 7 个因素进行分析，最终认定，拉海纳废水回收设施必须获得国家污染物排放消除系统许可。废水从毛伊县的注水井排放到地下水并最终进入海洋，在功能上相当于直接排放，因此它触发了国家污染物排放消除系统许可的要求。

2. "来自"一词如何解释

一个词语可能有着较为广义的理解方式，具体案件中对词语含义的解读受具体语境的限制和影响。本案中诉讼双方就"来自"一词的范围存在很大的分歧。环保组织认为污染物从点源释放必然是"污染物被输送到通航水域的一个直接原因"，其基本上同意第九巡回上诉法院的意见：只要污染物对于一个点源而言具有"很强的可追踪性"，那么即便其在抵达通航水域之前已经输送了很远（如通过地下水），《清洁水法案》中规定的获得许可这一要求也同样适用。毛伊县政府则认为只有在点源是将污染物输送到通航水域的最后一种"输送方式"的情况下，才会认为某种污染物"来自"点源。如果某种污染物"来自"点源，且该污染物在抵达通航水域之前必须途经任意数量的地下水，则《清洁水法案》中的许可要求不适用。这种解读侧重关注污染物如何到达通航水域。

联邦最高法院认为，法定语境的适用范围既不能过宽，也不能过窄，双方的主张都不合理。如果像第九巡回上诉法院那样解释法条内涵，会破坏美国现有的水污染管控制度结构，导致点源和非点源污染管控出现权力冲突，扩大美国环境保护署的许可权限，威胁各州传统水污染监管的权威，而这将违背《清洁水法案》的立法目的和初衷，因为《清洁水法案》中特别明确了提倡保留各州对非点源和地下水污染的控制权限。此外，从立法历史上看，曾有人提议扩大美国环境保护署对地下水污染的监管权限，但国会并未批准，而是刻意地未将地下水纳入美国环境保护署的许可规定中，将更为具体的地下水相关监管权限给予各州政府。因此从上述分析可知，第九巡回上诉法院对法令做出的广义解释是不合理的。与此同时，毛伊县政府对法令的解读又过于狭隘，可能严重干预美国环境保护署管控普通点源排放的能力。如果不是最后一种输送方式就不受许可规定约束，则排污者完全可以将管道往回迁移一段距离来逃避美国环境保护署的管控，这会给法令制造一个非常明显的漏洞，助长排污者规避法律的行为。

（三）本案启示

本案诉讼时间长、程序多，核心争议在于如何对法定语言进行合理解读，使其既能维护个案正义，又不至于带来规避法律调整的长远漏洞和不良倡导。

美国有关水污染规制的法令框架是基于对污染分类构建的，其中点源污染受《清洁水法案》调整，美国环境保护署享有许可权限，许可的方式可根据具体排污情况确定。非点源污染的管控权限由各州享有，各州可制定水质量标准。美国环境保护署在管理非点源和地下水污染方面的作用仅限于问题研究、与各州共享信息、收集各州的信息以及发放补助等。

《清洁水法案》的基本立法目的是从源头控制污染，恢复并维护国家水域的完整性。对《清洁水法案》中模糊的许可范围进行解释之所以如此重要，是因为：一方面要防止不合理扩大许可范围对各州监管权限的侵害；另一方面要防止过分地限缩许可范围令排污者钻空子，通过改变排污管道刻意规避许可，导致《清洁水法案》的许可规定形同虚设。

州超级基金法及其他环境法典
(State Superfund and other environmental laws)

第三章

加利福尼亚州 (California)

1981 年，加利福尼亚州建立了有害物质清单 (Hazardous Substance Account)，由州卫生服务部门 (DHS) 直接管理。该基金的资金来源与联邦基金类似，根据州法案和州一般性收入征收税收和罚款。清单的授权使用项目包括：根据联邦行动采取的响应成本、州超级基金管理成本、评估和恢复有害物质释放对自然资源造成的损害的成本。与联邦超级基金不同的是，加利福尼亚州超级基金允许第三方对医疗费用提出索赔。自处理有害物质造成损失之日起，个人可以在 3 年内收回所有未投保的自费医疗费用和 80%未投保的工资损失。个人必须证明责任人的身份未知或无法通过合理努力确定其身份，不存在责任人，或有责任人不能满足判决。

纽约州 (New York)

如果责任人不赔偿受害者的经济损失，则纽约州环境保护和泄漏赔偿基金负责赔偿石油和汽油泄漏的清理费用。《纽约州航海法》 (N. Y. NAV. Law) 第 12 条规定，该基金随后可以要求排放者偿还这些清理费用。业主要严格遵守纽约州溢油基金的规定。如果某个没有过错的土地所有者拥有的石油发生泄漏，那么其便成为石油泄漏者，并有责任承担清理费用，因为他可以控制发生在其所有土地上的活动，且有理由知晓石油产品会储存在该处。

州政府管辖下的环境损害追责及索赔案例众多，本书以纽约州政府诉格林 (Green) 案[1]为例，介绍州超级基金法的诉讼过程。

---

[1] "State v. Green, 96 N. Y. 2d 403 (N. Y. 2001)"，https://law. justia. com/cases/new-york/court-of-appeals/2001/96-n-y-2d-403-1. html，2022-10-31。

案例 2　纽约州政府诉格林案（State v. Green）

一、案例背景

（一）案情概述（时间、地点、涉及人员）

本案涉及一个从地面储罐意外排放的煤油导致污染后回收清理费用的问题。被告雷克赛德公司（Lakeside）在其公司所在地橘子郡拥有并经营一家拖车场，被告凡妮莎·格林（Vanessa Green，以下简称"格林"）在该拖车场租了一个拖车垫，用于维护她拥有的一个 275 加仑的地上煤油箱，该煤油箱用于储存生活住房供暖燃料，为其住房供暖。此外，被告雷诺德父子公司（H. Reynolds & Sons）负责维修该地的煤油箱。1992 年 1 月，该煤油箱掉落在地上造成煤油洒漏，引发了污染。事故发生后，相关方并未采取任何行动清理泄漏物，直至州政府干预并将该事故的泄漏物移除和清理。事故清理成本超过 15 000 美元，该费用先由纽约州环境保护和泄漏赔偿基金垫付，因此在清理事故后需要向相关方追偿。纽约州政府根据《纽约州航海法》第 12 条对上述 3 名被告提起本次诉讼，请求收回其已支付的清理费用。被告格林并未出席此次诉讼，被告雷克赛德公司和被告雷诺德父子公司均作出回应并向对方及格林提出交叉索赔请求。纽约州政府发起交叉动议，要求法院作出即决判决。被告雷克赛德公司随后要求法院作出即决判决以撤销对其提起的控诉，并诉称：根据《纽约州航海法》第 181 条第 1 款的规定，其并非该煤油箱的所有者，也并未负责维护或安装该煤油箱，不应作为排放者承担相应责任。本案经历数个诉讼阶段，主要争议在于被告雷克赛德公司（场地所有者）是否属于本案事故中的"排放者"以及其是否应承担相应的场地清理费用。

（二）司法历程（部分阶段）

（本案涉及的文书数量较多，有些判决阶段找不到文献，因此只整理了找到的部分。）

1999 年 10 月，纽约州最高法院发布命令，批准原告的动议，认定被告雷克赛德公司应该对本事故承担责任并支付清理费用。

2000 年 6 月，被告雷克赛德公司对纽约州最高法院的该项命令提出上诉，请求撤销对其提起的控诉。上诉法庭审理后不赞同纽约州最高法院的观点，批准了被告雷克赛德公司的动议，驳回原审对其提出的控诉。

纽约州政府撤回了对格林和雷诺德父子公司提起的诉讼，雷诺德父子公司也撤销了其对雷克赛德公司和格林提起的交叉诉讼。纽约州政府在上诉中要求审查上诉法庭的非终审裁定。2001 年 7 月 5 日，经过对法条内涵和立法目的的再次阐释，纽约州最高法院认为本案被告（雷克赛德公司）作为土地所有者，应作为排放者承担相应的清理费用，因为其可以控制场地上所开展的活动。因此纽约州上诉法院撤销了上诉法庭的判决及审查命令，恢复了纽约州最高法院给予原告的即决判决。

（三）污染物的环境损害

本案涉及煤油泄漏污染，被告格林所有的一个 275 加仑的煤油箱掉落在地上，箱中煤油泄漏进而污染了土壤。煤油中有多种有害化学成分，渗漏至地面会对土壤和地下水产生严重影响，尤其煤油中的化学物质还可能和土壤中的细菌作用后发生转化，易诱发对植被和农作物根茎的污染。本案污染场地的清理成本超过 15 000 美元。

二、诉讼过程

（一）原告与被告

原告：纽约州政府。

被告：雷克赛德公司、格林、雷诺德父子公司。

（二）原告诉讼法律依据与被告辩驳依据

1. 原告诉讼法律依据

原告在清理污染之后，依据《纽约州航海法》第 12 条对雷克赛德公司、格林和雷诺德父子公司提起诉讼，请求 3 名被告作为事故相关方支付污染的清理费用。原告提起动议后请求法院作出即决判决，针对被告雷克赛德公司辩称自己不是排放者的主张，原告认为被告雷克赛德公司作为污染场地的所有者，应对事故负严格责任，分摊费用。

2. 被告辩驳依据

被告雷克赛德公司和被告雷诺德父子公司均向对方及格林提出交叉索赔请求。此外，被告雷克赛德公司主张撤销对其提起的控诉，其认为依据《纽约州航海法》第 181 条的规定，自己不应作为排放者承担责任，因为其并不是煤油箱的所有者，自然无须对清理费用负严格责任。

（三）法院判决及决定性依据

2001 年 7 月 5 日，根据对《纽约州航海法》相关法条立法目的的分析，纽约州上诉法院判决：①撤销上诉法庭的判决和命令；②驳回被告雷克赛德公司的动议；③认定被告雷克赛德公司需要支付清理费用。

三、案例讨论

（一）诉讼所涉及的法律文件、条款

《纽约州航海法》第 12 条、第 170 条、第 171 条、第 172 条、第 179 条、第 181 条第 1 款、第 187 条、第 188 条、第 195 条。

（二）法院判决争议点

1. 无过失土地所有者是否属于排放者

依据《纽约州航海法》第 12 条和既往判例，本案需要解决的问题是：石油溢出到某无过失土地所有者的场地上时，该土地所有者是否属于排放者，是否应承担相应的场地清理费用。

《纽约州航海法》第 181 条第 1 款规定："任何排放石油的人都应严格承担本节所定义的所有清理和清除费用以及所有直接和间接损害责任，无论这些费用是由谁承担的，无论是否存在过错。"这种严格责任的设定，使得过失与否和知情与否均无须证明，更广泛地圈定了相关责任人，这主要是为了保障环境损害赔偿基金能够追回。

2. "排放"一词的解释

《纽约州航海法》第 172 条第 8 款进一步规定："'排放'是指任何故意或非故意的行为或不作为，导致石油向国家水域或者可以流入或排入上述水域的陆地上释放、溢出、泄漏、泵送、倾泻、排放、排空或倾倒；在可能对国家管辖范围内的土地、水域或自然资源造成损害时，进入国家管辖范围以外的水域。"结合上述分析可知，被告雷克赛德公司虽是无过失土地所有者，但属于《纽约州航海法》第 181 条第 1 款中的排放者。

本案中，被告雷克赛德公司是污染场地的所有者毋庸置疑，从立法目的和维护个案正义的角度来看，并不是土地所有者就必然负有严格责任，我们还要考虑土地所有者对排污地点、来源的控制或预知能力。假设一个场景：对污染物排放毫无控制能力的某路段土地所有者，如果要对无过错且无法控制的他人在该路段的污染行为承担责任，显然是不公平、不合理的。因此法院认为，如果土地所有者在可控场地对污染行为有理由知情的情况下未采取行动控制泄漏，则应该担责。被告雷克赛德公司作为该场地的所有者能够控制污染物排放的地点及来源。除此之外，雷克赛德公司作为格林的出租方，本可以合理预知格林会使用这些燃料为其活动住房供暖；而且雷克赛德公司也从租赁以及清理过程中获益。在此类情况下，雷克赛德公司对污染物排放负有责任。

尽管法院必须首先根据《纽约州航海法》第181条第1款的规定确定土地所有者是否对排放事故负有责任，但是留置权的规定将土地所有者视为偿付来源，即"'环境保护和泄漏赔偿基金'应对'对本基金负有责任的人员所有'且'发生污染物排放'的不动产享有留置权"。土地所有者从州政府的清理活动中受益，即使不是实际造成污染排放的责任人，也不影响赔偿责任的广泛性。

综合上述分析，法院得出结论的依据有两条：①被告雷克赛德公司作为土地所有者，可以控制其场地上所开展的活动，并且有理由知晓石油产品将存储于该场地，应作为排放者承担严格责任和相应的清理费用；②被告雷克赛德公司从清理活动中受益，环境保护和泄漏赔偿基金对其不动产享有留置权。

（三）本案启示

环境保护和泄漏赔偿基金的设立是为了在尚未查明排放者或者排放者不愿或无法支付清理费用的情况下，为州政府清理污染提供援助。这样的基金设立能够使政府和环保部门在清理污染、恢复生态环境时无须担心经费问题，可以高效启动清理行动，减少因时间耽搁引发的污染扩散等问题。污染事件众多，为了使先行垫付的费用能够收回，不至于追偿无门，在相应追责条款中必然会采取宽泛的解释，尽可能多地囊括费用分摊责任人。

第四章 环境污染责任赔偿分配法律依据
（Legal basis of environmental liability allocation）

超级基金法授权美国政府（通常为美国环境保护署）、一个州或任何其他相关方清理实际或威胁释放的危险物质，并从广泛定义的潜在责任人中收回相关成本。责任主体的广泛性加之责任内容的严苛性，使得潜在责任人之间的响应成本分配成为当今超级基金案件处理中最具争议的问题之一。

分摊是损害赔偿的划分，根据联邦普通法的传统原则和演进原则，数份责任将分配给每个潜在责任人。根据这些原则，只有潜在责任人能够证明其有合理理由确定每种事件造成的损害后，才能进行分摊。相比之下，根据《美国法典》第42卷第9607条（a）款，被起诉的任何一方可以获得损害或赔偿的分配，且允许该方向承担责任或潜在责任的任何其他人寻求赔偿。基于环境污染责任通常的连带性，1986年的《超级基金修正和再授权法》从制度层面给予潜在责任人相互分摊赔偿的权利。此外，在法院认定责任可分割性时，国会也明确规定，在响应费用分摊诉讼中法院可以使用其认为适当的公平因子在责任人之间分配响应费用，例如，PCS氮气公司（PCS Nitrogen Inc.）诉查尔斯顿公司的艾什莉（Ashley II of Charleston LLC）案[1]表明分配基于因果原则和衡平法原则。

立法历程表明，国会试图通过明确允许分担责任的诉讼理由来缓和连带责任的严厉性。[2]国会认为，如果各方能保证从其他潜在责任人那里获得捐助的权利，他们会更愿意承担清理工作。[3]然而，超级基金法没有提及在潜

---

〔1〕 "PCS Nitrogen Inc. v. Ashley II of Charleston LLC, 714 F. 3d 161 (4th Cir. 2013)", https://casetext. com/case/pcs-nitrogen-inc-v-ashley-ii-of-charleston-llc, 2022-10-31.

〔2〕 Report of the Committee on Energy and Commerce, H. R. REP. No. 253（1）, 99th Cong., 2d Sess. 59（1985）, reprinted in 1986 U. S. C. C. A. N 2835, 2861.

〔3〕 Id. at 2862（"Parties who settle for all or part of a cleanup or its costs…can attempt to recover some portion of their expenses and obligations…Private parties may be more willing to assume the financial responsibility for some or all of the cleanup if they are assured that they can seek contribution from others"）.

在责任人之间分摊费用时应采用的方法，在具体司法案件中，法院如何运用公平因子在各方当事人之间分配责任才能实现个案公平正义，这是个重要的难题。

由于国会将公平因子的确定和权衡主要留给法院逐案处理，很难预测特定案件中的成本如何分配，潜在责任人面临的风险极高。如今，清理一个超级基金国家优先事项清单场地，需要支付的平均成本约为2500万美元。[1]许多场地的修复行动则需要更高的费用，例如科罗拉多州的落基山兵工厂场地的清理预计花费至少10亿美元。[2]因此，潜在责任人雇用律师和顾问保护自己，并花费大量的时间、金钱和精力用于争论谁应该支付哪部分清理费用。"孤儿"份额的存在加剧了这一问题。"孤儿"份额是缺席或破产的潜在责任人应承担的份额，必须在其他责任人之间进行分配。这些"孤儿"份额通常很大，涉及因前期所有者和经营者对危险废物管理不善而引发的污染清理问题。虽然他们是导致问题的主要原因，但没有能力支付清理费用。加之案件相关原始记录材料不完整、不同污染废物的修复成本不同等问题，赔偿责任分配困难重重，实际分配情况因案件事实和各方资源的不同而存在巨大差异。

有鉴于此，成本分配问题在立法再授权过程中受到相当大的关注。克林顿政府于1994年2月3日提出了一项拟议的《1994年超级基金改革法案》，其中包括授权美国环境保护署进行正式的分配。[3]根据这一方案，美国环境保护署将对潜在责任人进行调查，向所有潜在责任人通知调查结果和费用分配程序，并向他们提供经美国环境保护署认定有资格进行分配的中立人员名单（非政府雇员）。如果潜在责任人不能在30天内就中立的分配者达成一致，美国环境保护署将任命一名中立人员。

美国环境保护署随后将向分配者和潜在责任人提供关于该场地的所有信息。在此过程中，他们可以收集更多的信息，确定并纳入更多的潜在责任人。如果双方无法就分配达成一致，分配者将根据既定的公平因子（称为"戈尔

〔1〕 Northern States Power Co. v. Fidelity & Casualty Co. , 523 N. W. 2d 657, 1994 Minn. LEXIS 1015.

〔2〕 United States v. Colorado, 990 F. 2d 1565, 1993 U. S. App. LEXIS 6950, 23 ELR 20800, 36 ERC（BNA）1377.

〔3〕 H. R. 3800, 103d Cong. , 2d Sess § 409（Feb. 3, 1994）and as revised. House Energy and Commerce Committee（Comm. Prim May 16, 1994）（reflecting amendments adopted by the Committee on May 18. 1994 and including expanded provisions beyond H R. 3800）; S. 1834. 103d Cong. , 2d Sess. § 409（1994）.

因子"）准备非约束性分配。对于最低限度的当事人、城市固体废物的生产者以及"孤儿"份额的处理，将有特殊规定（至少部分由政府资助）。此外，任何一方都可以根据分配情况与政府结算费用。这种解决办法将使当事方免于进一步的缴款要求。除该种解决方案外的分配不具有法律约束力。关于其是否应该具有约束力，接受有限和快速的司法审查，目前正在辩论之中。最后，政府将暂停成本回收诉讼，等待分配程序。

　　1980 年的立法历史对相关的公平因子提供了一些指导。超级基金众议院法案的早期版本关注到法院需要在项目参与方之间进行响应费用的分配，并提出 6 个公平因子供参考。[1]这些公平因子是由当时的众议员艾伯特·戈尔提出的，所以最终被称为"戈尔因子"，包括：

　　（1）各方有能力证明他们对危险废物的排放、释放或处置的份额是可以区分的；

　　（2）所涉危险废物的数量；

　　（3）所涉危险废物的毒性程度；

　　（4）各方参与产生、运输、处理、储存或处置危险废物的程度；

　　（5）基于这种危险废物的特点，各方对有关危险废物的关注程度；

　　（6）为防止对公众健康或环境造成任何危害，各方与联邦、州或地方官员合作的程度。[2]

　　"戈尔因子"没有出现在最后的立法中，显然是因为国会不希望通过指定的 6 个因子限制法院可能考虑的其他因子。然而，法院在根据超级基金法第113 条（f）款提起的分担诉讼中，为实现在潜在责任人之间的响应费用分配，上述 6 个因子仍然是最频繁使用的标准。[3]这些因子在 1986 年《超级基金修正和再授权法》中得到进一步认可。[4]

　　除了美国环境保护署提供的有限指导，我们还需要从制度和判例中寻找

―――――――――――――

〔1〕　H R. 7020, 96th Cong. , 2d Sess. （1980）.

〔2〕　126 Cong. REc. 26. 779, 26, 781 （1980）. In the original version of the House bill, 5 3017 （a）（3）（B）contained the six equitable factors. Section 4 （f）（4）of the Senate bill, S. 1480, 96th Cong. , 1st Sess. S 4 （f）（4）（1979）, contained all but the sixth factor. Neither section was retained in the final bill.

〔3〕　See e. g. , U. S. v. R. W. Meyer, Inc. , 932 F. 2d 568 （6th Gir. 1991）at 575-576: United States v. a & F Materials Co. , Inc. , 578 F. Supp. 1249, 1256 （S. D. Ill. 1984）.

〔4〕　See H. R, Rue No. 253 （III）, 99th Cong. , 2d Sess. 19 （1985）, reprinted in 1986 U. S. C. C. A. N 2835, 3042.

更多分配依据和支撑。根据超级基金法第107条（a）款，联邦或州可以起诉责任人，要求其支付政府按照美国环境保护署国家石油和有害物质污染应急计划（NCP）采取清理或修复行动而产生的所有费用。根据超级基金法，责任通常是连带的，想要避免连带责任的被告必须证明其有合理的费用分摊理由。被认定负有连带责任的被告可根据超级基金法第113条（f）款（1）项要求其他责任人提供赔偿，可以在第106条程序或第107条费用回收诉讼期间或之后，或在费用发生后的任何时间提出分担要求［参见亚利桑那州（Arizona）诉图森市（City of Tucson）案[1]］。超级基金法还规定，如果一方通过司法批准的同意令解决其超级基金法责任，那么对于与和解协议和同意令所述事项有关的索赔，其不向其他责任人承担责任。因此，法律框架认为，没有签订早期和解协议的潜在责任人可能承担超级基金法责任中的不均分配。未签订同意令的潜在责任人有权干预超级基金法行动，以反对签署同意令。

《美国法典》第42卷第9613条（f）款（1）项要求法院在责任赔偿分配诉讼中公平分配清理费用。如在环境运输系统公司（Environmental Transp. Systems, Inc.）诉废物处置公司（ENSCO, Inc.）案[2]中，除了上述六个"戈尔因子"，法院还使用了多项其他公平因子，[3]包括：

（1）当事人之间关于责任问题的现有合同，如赔偿协议；[4]

（2）所有者对经营者的活动和经营方式的默许；[5]

（3）所有者从经营者的经营活动中获得的收益；[6]

（4）如果清理后的土地比造成问题的作业开始时更干净，则对所有者有

---

〔1〕 "State v. City of Tucson, 761 F. 3d 1005 (9th Cir. 2014)", https://casetext. com/case/arizona-v-city-of-tucson, 2022-10-31.

〔2〕 "Environmental Transp. Systems, Inc. v. Ensco, 969 F. 2d 503 (7th Cir. 1992)", https://casetext. com/case/environmental-transp-systems-inc-v-ensco, 2022-10-31.

〔3〕 See Environmental Transp. Systems, Inc. v. Ensco, 969 F. 2d 503, 509 (7th Cir. 1992) ("the Gore Factors are neither an exhaustive nor exclusive list").

〔4〕 E. g., Kerr-McGee Chemical v. Lefton Iron Metal, 14 F. 3d 321, 327 (7th Cir. 1994), (reviewing the "Gore factors" but finding a pre-Superfund indemnification for "the maintenance of any…claim…concerning pollution or nuisance" to be dispositive), Olin Corp. v. Consolidated Aluminum Corp., 5 F. 3d 10, 14-16 (2d Cir. 1993); A M Int'l, Inc. v. Int'l Forging Equipment Corp., 982 F. 2d 989, 993-995 (6th Cir. 1993); Emhart Industries, Inc. v. Duracell Int'l, Inc., 665 F. Supp. 549. 574-575 (M. D. Tenn. 1987).

〔5〕 Weyerhaeuser Corp. v. Koppers Co., Inc., 771 F. Supp. 1406. 1420 (D. Md. 1991).

〔6〕 E. g., BCW Assoc., Ltd. v. Occidental Chem. Corp., 1988 WL 102641 (E. D. Pa. Sept. 29. 1988).

利。[1]

　　法院考虑的公平因子部分取决于所涉及潜在责任人的类别。例如，在生产者之间分配响应成本时，法院会认为数量是最为相关的因子。[2]合作程度等其他"戈尔因子"也影响了生产者的响应成本份额。

---

〔1〕　E. g., BCW Assoc., Ltd. v. Occidental Chem. Corp., 1988 WL 102641（E. D. Pa. Sept. 29. 1988）.

〔2〕　See e. g., United States v. Ottati & Goss, Inc., 630 F. Supp. 1361, 1396（D. N. H. 1985）.

第五章 环境污染责任赔偿分配方法
（Environmental liability allocation methods）

上一章介绍了分配连带责任时的法律依据，本章我们尝试从相关规定中找出一些普适性分配方法，以实现个案正义及类型化问题一致性判决。

公平因子

根据超级基金法，可以强制责任人缴纳赔偿，法院可以使用公平因子确定分配数额。参见案例 3 史密斯土地改良公司（Smith Land & Improv. Corp.）诉色罗提公司（Celotex Corp.）案[1]。

案例 3　史密斯土地改良公司诉色罗提公司案
（Smith Land & Improv. Corp. v. Celotex Corp.）

一、案例背景

（一）基本情况（时间、地点、涉及人员）

本案涉及的历史遗留污染问题与土地上的工业废物（主要含石棉）有关。菲利浦·凯瑞公司（以下简称"凯瑞公司"）在美国宾夕法尼亚州普利茅斯镇拥有一块土地（即涉案污染场地）。在拥有这块土地期间，凯瑞公司因制造石棉产品而产生了大量工业废物堆积。1963 年，凯瑞公司将该土地出售给色罗提公司（即本案被告），之后色罗提公司又将该土地出售给本案原告（史密斯土地改良公司）。1984 年 7 月，美国环境保护署通知原告：除非原告采取相应措施降低该地块上的石棉危害，否则联邦政府将开展相关工作并要求原告偿还相应的款项。基于此，原告一方面按照美国环境保护署的要求开始修正

---

[1]　"Smith Land Imp. Corp. v. Celotex Corp., 851 F. 2d 86（3d Cir. 1988）", https://casetext.com/case/smith-land-imp-corp-v-celotex-corp, 2022-10-31.

上述土地中存在的问题，另一方面告知被告色罗提公司其想要追偿相关清理费用。然而被告未能履行相应的清理责任，原告清理了土地中存在的污染且与美国环境保护署达成了和解协议，遂根据超级基金法及各项州法律（包括妨害法、不当得利法以及普通法赔偿）提起诉讼，要求被告作为凯瑞公司的继任者分摊本案清理费用。被告辩称应在本案中适用购者自慎规则，请求法院以即决判决确认自己的主张。地方法院在审理案件后得出了支持被告主张的结论，作出即决判决。原告不服，提起上诉，第三巡回上诉法院于 1988 年 6 月 30 日裁定撤销地方法院的判决，将案件发回重审。1989 年 1 月 17 日，联邦最高法院驳回了被告提出的调卷令请求。

（二）污染物、环境损害及清理费用

本案工业废物堆放在场地土壤上。这些污染物质主要成分为石棉，它对周围环境和公众健康产生重大潜在风险。在工业生产中，石棉因具有超常的难燃抗热属性，与许多化学品有良好的共容性。本案的石棉堆放在土地上长期未被处理，石棉纤维（石棉伞）进入空气，造成大气污染；如果进入自来水的地下输水管，会造成饮水和食品的污染；生产工人长期吸入石棉纤维，可发生石棉肺，还可诱发间皮瘤；一般居民长期吸入石棉纤维，可使呼吸系统疾病的发病率增加。石棉已被确认为致癌物，对多种环境要素和公众身体健康有重大潜在威胁，因此需要采取清理行动排除污染风险。原告宣称本案场地的清理费用为 218 945.44 美元。

二、诉讼过程

（一）原告与被告

原告/上诉人：史密斯土地改良公司。

被告/被上诉人：色罗提公司。

（二）原告诉讼法律依据与被告辩驳依据

1. 原告诉讼法律依据

《美国法典》第 42 卷第 9613 条（f）款（1）项规定："任何人员均可以要求根据第 9607 条（a）款确定的任何责任人分摊相关费用，此类索赔应受联邦法律管辖。"此外，"已在经行政或司法程序批准的和解协议中被确定对美国政府采取的部分或全部响应行动负有责任的人员可以要求未达成和解的任何人员分摊相关费用"。原告已经与美国环境保护署达成和解协议，根据超级基金法及各项州法律提起诉讼，要求被告作为凯瑞公司的继任者分摊本案清理费用。原告认为被告与凯瑞公司的利益相关，不符合超级基金法的法定抗辩事由，而且被告存在过错，对原告所有的土地构成妨害，因此被告应对清理费用承担分摊责任。

2. 被告辩驳依据

被告色罗提公司认为自己不应该承担费用分摊责任，因为自己从未拥有过本案场地的所有权，也从未在该场地上开展过任何经营性活动，不构成责任人，不应承担后继者责任。另外，被告还提出购者自慎抗辩。被告依据在庭上所述的"原告是在公开、公平交易中购买了该土地，被告没有做任何隐瞒，因此可以相信在原告支付相关土地款项时，其已经计算或者必须认为已经计算了未来可能需要支付的清理费用"，认为原告作为土地购买者应自行承担清理费用。

（三）法院判决及决定性依据

一审阶段，地方法院结合法律规定和既往判例经验支持了被告的主张，认为原告在购买这块土地时支付的价格反映了该土地可能存在环境风险，因此购者自慎原则适用于本案。地方法院基于此作出了有利于被告的即决判决。

原告针对索赔判决提起上诉。上诉阶段，根据超级基金法第107条、《美国法典》第42卷第9601—9675条，第三巡回上诉法院判决：①撤销地方法院有利于被告的即决判决；②将案件发回地方法院重审，以确定本案被告在后继者责任下具体应承担的清理费用；③将溯及既往问题提交地方法院审查与裁决。

三、案例讨论

（一）诉讼所涉及的法律文件、条款

①超级基金法第107条；②《美国法典》第42卷第9601—9675条；③宾夕法尼亚州法令；④《联邦地方法院判例汇编》；⑤《私营公司法律百科全书》（Cyclopedia of the Law of Private Corporations）。

（二）法院判决争议点

1. 购者自慎抗辩是否适用于本案

本案中，购者自慎抗辩是被告提出的，目的是通过相关案件记录证明原告是在公开、公平交易中购买了该土地，并且没有被隐瞒任何事项。被告认为，在原告支付相关土地款项时，其已经计算或者必须认为其已经计算了未来可能需要支付的清理费用，因此清理费用应该由原告自行承担，被告无须分摊。被告同时提出了赫拉克勒斯（Hercules, Inc.）案[1]来辅助增加自身主张的强度。原告认为被告提出的抗辩是不能适用的，因为超级基金法允许被告提起的抗辩非常有限，而购者自慎抗辩并不在其允许范围内。

针对这一争论焦点，我们首先要明确购者自慎原则的适用问题。就立法而言，这一原则的目的是敦促土地购买者在不存在任何欺诈隐瞒的情况下仔细检查即将购买土地的相关情况，以减少后续潜在风险，更加清晰地确认自己是否要购买以及支付什么样的交易价格。因此，购者自慎原则是禁止根据私人妨害理论追偿相关费用的。地方法院认为，结合案件相关记录，可以认定原告经过仔细调查应当知道场地存在环境风险。再结合先前赫拉克勒斯案的裁决，地方法院认为本案应当适用购者自慎原则，因此作出有利于被告的即决判决。

上诉法院不认同地方法院的结论，认为依据购者自慎原则认定本案被告不需要承担响应费用分摊责任是不合理的，这样的认定会使得市场对资源和风险的分配无效，似乎意味着以一定折扣价格出售土地的卖方对偏远买方不承担任何责任。这不仅不合理，还会产生恶性的价值倡导，诱发寻找制度漏洞的行为，使类似案件更加难以认定购买者接受折扣价格的行为是不是因为知晓风险，不利于实现实质正义。况且，本案和赫拉克勒斯案存在重要差别，不能仅从主张相似的角度保持判决的一致性。

首先，联邦法律不一定允许相关方提起州普通法中允许的抗辩。美国超级基金法明确规定，（响应费用）分摊诉讼受联邦法律管辖。因此，在赫拉克勒斯案中所作的裁决不适用于超级基金法项下的索赔。分析超级基金法涉及的免责，有关分摊诉讼中抗辩事由的规定在第 107 条（b）款中，而本案被告并不符合该条款规定的法定抗辩事由的任何一种。

其次，购者自慎原则违背了超级基金法的基本政策。无论其他衡平法是否对相关方产生影响，购者自慎原则都完全禁止购买者追偿相关费用，这一结果违背了国会鼓励任何责任人清理相关场地的意愿，因为一旦无法确保公

---

　　[1]　"Philadelphia Elec. Co. v. Hercules, Inc., 762 F. 2d 303（3d Cir. 1985）", https://casetext.com/case/philadelphia-elec-co-v-hercules-inc, 2022-10-31.

平分摊费用，一方就不太可能立即采取补救行动，而只会拖延并等待法院对其他相关方的分摊责任作出裁决。这不利于污染的快速清理，也不利于场地买卖等商业行为的实施。

最后，超级基金法授权政府要求任何责任人偿还响应费用，使其公平分摊相关费用。根据该法律，承担连带责任的人员要求其他潜在责任人分摊相关费用时，该权利的前提条件是该人员认为其所承担的清理工作或费用可能超出在该种情况下的公平份额。超级基金法也明确规定，应基于衡平因素确定分摊份额。这也就意味着，除了考虑超级基金法第107条（b）款的法定抗辩事由，在裁决分摊索赔的过程中，法院可以使用其认为合适的衡平因素裁定责任人的响应费用，例如折扣金额（如有）、是否达成和解等。这种衡平因素的考量是必需的，但在购者自慎原则的要求下不被考量，不符合个案正义。

综合上述几个原因，我们得出以下结论：本案是涉及环境污染清理费用分摊的诉讼，根据超级基金法的规定，被告没有法定抗辩事由。被告主张的购者自慎原则不适用于超级基金法项下的分摊责任抗辩，仅可在降低应付金额时予以考虑。

2. 后继者责任原则是否适用于本案

后继者责任这一主张是原告提出的，原告认为根据后继者责任理论，被告对凯瑞公司的过失负有责任，因此要分摊清理费用。被告则辩称自己从未拥有或者经营涉案场地，显然不属于后继者。本案并非土地买卖双方之间展开的直接诉讼，因此我们需要在超级基金法框架下对后继者责任的一般概念内涵进行理解分析。

从公司法相关规定来看，一般而言，公司股票所有权的变更不会影响公司本身的权利和义务。公司可以作为一个独立于其股东的实体存续，即使其所有股票已被另外一家公司收购。如果两家公司按照法律规定合并在一起，则新公司或存续公司应负责偿还相关债务，同时也有权提出与旧公司相同的抗辩。如果一家公司被合并到另外一家公司，其中一家公司不再存续，而另外一家公司继续存续，则前者的相关负债、合同和侵权行为均由后者负责（至少在后者收到的财产及资产的范围内）。如果不存在法定公司合并，但是一家公司购买了另外一家公司的全部资产，则后继公司无须承担出售全部资产公司的负债，除非存在某些特殊条件。

本案中，产生污染物质的凯瑞公司自1967年起开展了一系列交易，很显然其利益与本案被告色罗提公司和速捷美国公司（Rapid-American）有关联。相关记录表明，并不存在除法定合并之外的任何事项。因此，根据超级基金法的规定，评估承担清理费用的责任时，资产的出售或者实际合并导致某公司因其前身的侵权行为需承担公司普通法责任。通过研究超级基金法，上诉法院认为：国会希望与相关公司（此类公司属于超级基金法中界定的责任人）合并的公司承担后继者责任。地方法院审理本案时并未考虑后继者责任这一问题，缺少相关调查记录和结果，而这些调查结果可能关乎因公司合并而产生的负债。因此，上诉法院决定将本案发回重审，结合具体案情充分讨论该问题。

（三）本案启示

1. 相关清理费用承担的顺序

超级基金法项下的相关清理费用必须由某相关方承担。一般认为有两个相关方：①造成或维持场地有害条件发挥特定作用的实体；②联邦资金的纳税人。国会已经强调：相关方需承担相应的资金，但是在无法确定相关方或者相关方无法支付应付金额的情况下可以使用联邦资金。从这个规定可以看出，只有在责任人因缺乏必要资金而无法履行其义务的情况下，相关清理费用才可由联邦资金的纳税人来承担。回归到本案，相关清理费用应由后继公司承担。

这一排序是合理的。因污染物使用而产生的利益，以及因未使用适用于原公司、后继公司及其各自股东的无害处置方法而节省的间接成本（如果有），应优先应用于清理污染，这是符合立法宗旨的，也是符合公平正义的。

2. 购者自慎原则中的检查义务

虽然本案不适用购者自慎原则，但超级基金法并未忽略购者自慎原则中隐含的检查义务。国会从不同的角度对该义务作出要求并给出了更加严格的限制。在证明下述事实的情况下，超级基金法将免除土地所有者的初始责任："根据良好的商业做法或惯例进行所有适当调查"后，土地所有者没有理由知晓土地中存在有害物质［《美国法典》第42卷第9601条第35款（B）项］。

3. 超级基金法项下的响应责任

超级基金法将响应责任视为一种补救措施，而不是惩罚性措施，其首要目标是修正危害情况。正如需对普通侵权行为或合同索赔承担相关责任一样，后继公司负有采取必要步骤保护公众的义务，如果其前身的行为造成了污染，而其并未采取任何措施补救，则应承担后继者责任。

公平因子考量是责任分配的一种方法，司法实务中每个案件需要考虑的公平因子不尽相同。除了"戈尔因子"和法院列举的其他考量因子，仍需逐案分析，例如对不同潜在责任人进行类型区分，避免重复或遗漏责任分割时某方的权重计算；再如对各因子进行矩阵量化分析，通过关联性和影响性大小进行判定等。

美国环境保护署指南

1. 初步分配和废物清单

美国环境保护署在责任分配领域发布的两份指导文件对其认为重要的分配因素提出了一些见解。这些文件为初步无约束力的责任分配（NBARs）和废物清单提供指导，将数量作为在潜在责任人之间分配响应成本的决定性因素。

超级基金法第122条（e）款（3）项授权美国环境保护署制定准备自然资源评估报告的准则。[1]无约束力的责任分配是潜在责任人之间的响应成本百分比的初步分配，旨在促进结算和降低交易成本。无约束力的责任分配允许潜在责任人调整美国环境保护署的拨款。

虽然美国环境保护署有权决定任何地点的无约束力的责任分配，但其已经声明，其只应某一场地"大多数"潜在责任人的要求开展无约束力的责任分配。[2]潜在责任人一般倾向于自己做分配，或者使用无利益关系的第三方促进这一过程。此外，他们往往不愿意与美国环境保护署分享关于各自责任的详细信息，因为担心这些信息可能会以某种方式对他们不利。因此，截至1993年4月，美国环境保护署只发布了3份无约束力的责任分配文件。[3]

1987年5月28日，美国环境保护署发布了进行无约束力的责任分配的临时指南。美国环境保护署列出了在分配响应费用时需要考虑的以下因素：体量、毒性、流动性、在某个场地将废物追踪到潜在责任人的证据力度、潜在责

---

〔1〕 42U. S. C. § 9622 (e) (3) (A). Section 122 provides that EPA may include the following factors in preparing the guidance："volume, toxicity, mobility, strength of evidence, ability to pay, litigative risks, public interest considerations, precedential value, and inequities and aggravating factors."

〔2〕 52 *Fed. Reg*. 19919 (1987).

〔3〕 Information Network for Superfund Settlements, "Issue Analysis：Allocating Cleanup Costs Under CERCLA" A-I (April 1, 1993). The three sites are (i) Re-Solve Inc. Site in North Dartmouth, Massachusetts；(ii) Wells G and H Site in Woburn, Massachusetts；and (iii) Hassayampa Landfill in Maricopa County, Arizona. Id at A-5.

任人的支付能力、审理案件的诉讼风险以及各种其他因素。[1]虽然无约束力的责任分配主要基于数量，但美国环境保护署承认，在一些有限的情况下，废物的毒性可能需要在分配过程中加以考虑。[2]当然，这些因素主要反映了美国环境保护署作为执行者的观点，而不一定是潜在责任人自己进行分配时的观点。

为进行无约束力的责任分配，美国环境保护署收集有关数量、废物类型、潜在责任人的支付能力和其他因素的信息。超级基金法第104条（e）款规定美国环境保护署能够从潜在责任人那里获得以下信息：①在某一场地产生、处理、储存或处置的危险废物的性质和数量；②危险废物释放的性质或程度；③潜在责任人的支付能力。[3]这种信息通常由美国环境保护署收集。不管是否执行无约束力的责任分配，这种信息对潜在责任人自我分配都非常有用。

美国环境保护署的目标是在潜在的所有者和经营者之间分配所有的费用，并根据各方对场地的份额在生产者之间分配责任。[4]关于所有者和经营者，美国环境保护署对责任和各方拥有或经营场地的相对时间长度给予很大的重视。[5]至于运输者，要考虑体量和废物处理方法。[6]然后，美国环境保护署向潜在责任人提供最终分配方案，以及发送特别通知信，邀请他们就根据和解协议执行补救行动进行谈判，希望无约束力的责任分配能够促进自愿响应。[7]

超级基金法还规定，潜在责任人可以要求美国环境保护署提供有关潜在责任人对污染的相对份额以及现场废物的类型和数量等信息。[8]美国环境保护署已经发布了一份关于编制此类废物清单的指南。[9]在大多数多方超级基金场地，美国环境保护署都定期汇编包含在一个设施中每个潜在责任人产生的物质数量和性质的废物清单。在编制和分发这些清单时，美国环境保护署的目标是鼓励潜在责任人合作并自愿开展响应工作。目前美国环境保护署认

[1]　52 *Fed. Reg.* 19919 (1987).

[2]　Id at 19920.

[3]　42U. S. C. § 9604 (e)

[4]　52 *Fed. Reg.* 19920 (1987).

[5]　52 *Fed. Reg.* 19920 (1987).

[6]　52 *Fed. Reg.* 19921 (1987).

[7]　42 U. S. C. § § 9622 (c) (1), (2) & (4).

[8]　42 U. S. C. § 9622 (e) (1).

[9]　EPA, "Guidance on Preparing and Releasing Waste—in Lists and Volumetric Rankings to Prps Under CERCLA", OSWER Dir. No. 9835. 16 (Feb. 22, 1991).

识到，对分配的争议可能是这个过程中的障碍或实质性威慑，提供这些信息符合所有人的利益。

废物清单指南概述了美国环境保护署收集和汇编废物清单和体量排名的程序。[1]收集这类信息的途径包括正常的调查、记录审查和超级基金法第104条（c）款规定的信件、行政传票。[2]然后，美国环境保护署将这些信息提供给潜在责任人作为和解谈判的序曲。[3]

通常情况下，所有者和经营者不包括在废物清单中，除非他们也是生产者或运输者。运输者仅在其选择危险废物处置场地的范围内被包括在废物清单中。容量排名以设施总容量的百分比评估每个潜在责任人的份额。非生产者不符合美国环境保护署分配清理费用的模式。因此，虽然废物清单指南对"仅有生产者"的情况适用，也许还包括几个运输者，但当存在潜在的所有者和经营者时，该指南需要修改才能有效适用。

2. 最低限度和解

超级基金法第122条（g）款授权美国环境保护署与两类潜在责任人进行提前和解，这两类潜在责任人对问题的影响很小，因此在大多数情况下，其可分担的清理费用份额也是最小的。第一类包括那些处理物质的体积和毒性"与设施中其他危险物质相比最小"的相关方。[4]第二类是"无辜土地所有者"，即虽然拥有土地，但"没有进行或允许在其场地中产生、运输、储存、处理或处置任何有害物质，也没有通过任何行动或不作为促成或威胁在设施中释放有害物质"。[5]购买土地的所有人"在实际或推定知道地产用于生产、运输、储存、处理或处置任何有害物质的情况下"，不能被视为"无辜土地所有者"。[6]

---

[1] 42 U. S. C. 8 9622 (e) (1) (C).

[2] ld. §9622 (e) (3) (B) (1986), as amended by 42 U. S. C. s9622 (e) (3) (B) (1988). See EPA, "Guidance on Use and Enforcement of CERCLA Information Requests and Administrative Subpoenas", OSWER Dir. 9834. 4-A (Aug. 25, 1988).

[3] 42 U. S. C. § 9622 (e) (1).

[4] 42U. S. C. § 9622 (g) (1) (A)

[5] 42U. S. C. § 9622 (g) (1) (B).

[6] Id. Depending on the strength of the landowner's evidence, he may be able to escape liability altogether if he can show that in addition to his own non-participation, he made an appropriate investigation prior to purchase and still turned up no evidence of hazardous substance activity at the site. See 42 U. S. C. § § 9601 (35) & 9607 (b) (3) (1980), as amended in 1986.

虽然这些潜在危险废物份额可能在响应成本中占比极小，但在某些情况下，其总和可能在和解所达成的响应成本总额中占比很高。美国环境保护署报告称，尽管最低限度和解者的典型最大体量占某个场地总体的0.2%至2%（且单个废物的份额通常远低于这些数值），但他们占响应成本的总份额高达33%。[1]因此，至少在某些场地，最低限度和解者可以提供响应成本的实质性份额。

关于最低限度和解者的份额，美国环境保护署已经发布指导意见，规定了该机构在确定这些当事方的和解资格和限制时将遵循的程序，以及体现这些和解协议法令或行政协议命令的条款。[2]

这些最低限度和解解决方案的目的是通过允许那些在废物数量和毒性方面占比最小的各方在这一过程中尽早"兑现"，减少各方和美国环境保护署的交易成本，[3]然后将和解的收益用于支付过去或未来的响应费用，或二者兼而有之。[4]体现和解协议的法令既可以是与所有各方的全面和解的一部分，也可以是美国环境保护署与最低限度和解者之间的单独法令。[5]该和解协议法令包括一项不起诉契约和法定份额保护，使和解者在未来不对他人承担与和解所涉及事项有关的任何进一步付款责任，但须遵守下文所述的某些"重新开放"条款。[6]

在接受此类解决方案之前，美国环境保护署和各方必须收集两类信息。

---

〔1〕 See EPA, "Methodologies for Implementation of CERCLA Section 122（g）（1）（A）De Minimis Waste Contributor Settlements Proposals and Agreements", OSWER Dir. No. 9834. 7–1B（Dec. 20, 1989）at 3（hereinafter 1989 Guidance）.

〔2〕 EPA, "Streamlined Approach for Settlements With De Minimis Waste Contributors Under CERCLA Section 122（g）（1）（A）", OSWER Dir. No. 9834. 7–1D（July 30, 1993）; EPA, "Transmittal of Guidance on CERCLA Settlements With De Micromis Waste Contributors", OSWER Dir. No. 9834. 17（July 30, 1993）; "Methodology for Early De Minimis Waste Contribution Settlements Under CERCLA Section 122（g）（1）（A）", 57 *Fed. Reg.* 29312（1992）〔hereinafter 1992 Guidance〕; 1989 Guidance; "Superfund Program: De Minimis Contributor Settlements", 52 *Fed. Reg.* 24333, 24336（1987）〔hereinafter 1987 Guidance〕; see also EPA, "The First 125 De Minimis Settlements: Statistic From EPA's De Minimis Database", （Oct. 1993）（noting at p. 14 that on the average de minimis settlements have provided 8%of total cleanup costs at a site）（on file with The Business Lawyer）.

〔3〕 See 1987 Guidance, at 24 335; see also 1992 Guidance, at 29 317.

〔4〕 See 1992 Guidance, at 29 313, 29 318.

〔5〕 See 1992 Guidance, at 29, 317.

〔6〕 42 U. S. C. § § 9622（g）（2）and（5）（1986）.

第一，美国环境保护署需要关于所有潜在责任人的参与形式、废物数量和毒性的合理且可靠的信息，以及关于大型潜在责任人财务生存能力的信息。[1]为了确定潜在责任人是否符合法律规定的最低限度和解资格，尤其需要与废物数量和毒性有关的信息。[2]而对于非最低限度潜在责任人，为了保证其有足够的集体资源资助或执行响应行动，这些信息以及财务生存能力数据也是必要的。第二，美国环境保护署需要对响应行动的总成本进行合理可靠的估计。[3]这通常在美国环境保护署发布选择补救行动的决定记录时就可以得到，有时在那之前就可以进行可靠的评估。[4]

只要美国环境保护署确定了（响应行动）成本和废物量的截止水平，就可以继续计算每个符合条件的最低限度潜在责任人的体量份额。[5]在废物数据不完整的情况下，可能需要进行估计和推断。此外，如果来自最低限度潜在责任人的废物流比其他相关方的废物流毒性更大，或将导致特殊的或不成比例的更大响应成本，则该潜在责任人要么被排除在最低限度和解者范围之外，要么需要支付适当的溢价。[6]基于体量的份额也可以根据"当事人的支付能力、诉讼风险、公共利益考虑、当前金额在总体中所占份额、不公平和加重因素以及和解后针对其他当事人的案件性质"进行调整。[7]美国环境保护署还坚持认为，响应成本中涉及不存在的或无生存能力的潜在危险产品的任何"孤儿"份额，应在所有各方之间分配，包括最低限度和解者。[8]

此外，最低限度和解者支付溢价反映了响应费用最终数额的不确定性（只能在和解时估计）、非和解者将承担这种超额风险的事实，以及补救行动可能最终没有得到充分保护的风险，而这可能需要额外的工作。[9]因为其余的潜在责任人实际上是为未来可能出现的问题承担了责任，所以最低限度和

---

〔1〕 See 1987 Guidance, at 24 336.

〔2〕 See 1987 Guidance, at 24 336.

〔3〕 See 1987 Guidance, at 24 336.

〔4〕 The Record of Decision follows a remedial investigation to determine the nature and extent of the contamination and a feasibility study In evaluate alternative control measures and remedial technologies. This process is described in the National Contingency Plan at 40 C. F. R. pt. 300. subpt. E § § 400–440 (1993).

〔5〕 See 1987 Guidance, at 24 338.

〔6〕 See 1987 Guidance, at 24 338.

〔7〕 1987 Guidance, at 24, 338.

〔8〕 1989 Guidance, at 4.

〔9〕 1989 Guidance, at 4.

解者需要支付溢价。

如前所述，和解协议法令可能包含"重新审理"条款。在这种条款中，美国环境保护署或剩余的"主要"潜在责任人保留在下列任何情况下向最低限度和解者寻求进一步赔偿的权利：①随后的数据表明，和解者不符合最低限度标准；②响应行动的费用过高；③补救措施失败，需要额外的工作。[1]谈判焦点通常集中在潜在责任人希望在多大程度上支付更高的溢价以避免②和③的情况。溢价越高，责任的免除就越彻底。[2]

典型最低限度和解者的付款额计算如下：[3]

（1）生产者的体量百分比（包括任何被分配的"孤儿"份额，并根据任何相关的毒性因素进行调整）乘以过去的总响应成本；

（2）用生产者的体量百分比乘以估计的未来总费用；

（3）将（2）乘以以十进制表示的保费（即60%的保费为0.6）；

（4）累加项目（1）（2）（3）。

对于无辜土地所有者来说，在确定潜在责任人的份额时要考虑的因素包括获得土地的情况、潜在责任人对现场危险物质处置或设施建设情况的了解程度、响应行动中的合作程度，以及1989年8月18日公布的美国环境保护署指导文件中阐明的其他公平因子。[4]

通常情况下，在补救措施的最终成本比最低限度和解方案所需的成本更加确定之前，其余的非最低限度当事方不会设定自己的分配公式。这是因为：第一，这些潜在责任人的所有相关因素可能并不为人所知；第二，当风险较大时，各方不太可能愿意进行估计和假设。然而，允许最低限度潜在责任人提前和解对其余各方来说是一个潜在的积极机会，原因至少有如下两点：第一，继续与众多小份额相关方打交道的交易成本将得以避免；第二，获得现金捐助。此外，由于对最终响应成本的保守假设是溢价计算的基础，这种支付通常在某种程度上导致其他的潜在责任人获得额外收益，超过了仅基于数

---

〔1〕　1987 Guidance, at 24 337.

〔2〕　1987 Guidance, at 24 337.

〔3〕　1989 Guidance, at 12-13.

〔4〕　"Guidance on Landowner Liability Under Section 107 (a) (1) of CERCLA, De Minimis Settlements Under Section 122 (g) (1) (B) of CERCLA, and Settlements With Prospective Purchasers of Contaminated Property", 54 *Fed. Reg.* 34235, 34237 to 34243 (1989).

量和毒性的份额。[1]

由于非和解者（即"大户"）有这种潜在的收益，而且还被要求承担最低限度和解者的责任，他们通常会积极参与与最低限度和解者的谈判。认识到这一点，虽然美国环境保护署更倾向于至少将部分和解收益用于偿还自己过去的响应费用，但通常会允许至少部分收益用于补救行动。[2]无论怎样，这都是对所有潜在责任人的责任削减。因此，考虑最低限度和解应该是任何一组潜在责任人分配战略的一部分。

3. "孤儿"份额的混合资金

如果一个或多个对污染负有重大责任的潜在责任人无力偿还响应费用或不存在，美国环境保护署可以使用超级基金弥补这个"孤儿"份额的部分或全部。[3]因为超级基金是纳税人的钱，而在美国环境保护署看来，鉴于严格连带责任制度，使用该基金通常没有必要，所以其很少使用混合资金。然而，美国环境保护署已经认识到，在适当的情况下，将超级基金用于这一目的可能会让问题得到全面解决，这会促成清理更快完成，从而使所有相关人员受益。[4]如果美国环境保护署很有可能从一个或多个非和解者那里收回资金，其也可以使用混合资金。[5]因为在潜在责任人之间的分配中，"孤儿"份额的处理往往是棘手且有分歧的问题。

美国环境保护署的指导文件讨论了三种类型的混合资金安排：[6]

（1）预授权——如果潜在责任人同意做这项工作，而美国环境保护署

---

[1] This does not mean that the settlement is unfair to the de minimis settlers. They, after all, are also cutting short their transaction costs and freeing themselves from future liability, subject only to possible reopeners in the event of substantial and adverse new facts.

[2] See 1989 Guidance, at 16.

[3] See 42 U. S. C. 9611 (1980), amended 1986 (stating that funds may be used for response action); § 9622 (b) (1) (1986), entitled mixed funding (stating that EPA may pre-authorization a claim against the Fund for some or all of the costs of work that PRPs agree to perform). Also on preauthorization, see 40 C. F. R. 300. 700 (d) (3) (1993) and EPA guidance document, infra note 74. See generally, Daniel R. Hansen, "CERCLA Cost Allocation and Non Parties' Responsibility: Who Bears the Orphan Shares?", 11 *UCLA J. ENVT'L L. PoL.* 1 (1992), pp. 37–75.

[4] See EPA, "A Management Review of The Superfund Program 2–9 through 2–12", (June 1989) (on file with The Business Lawyer).

[5] "Evaluating Mixed Funding Settlements Under CERCLA", 53 *Fed. Reg.* 8279 (Mar. 14, 1988).

[6] "Evaluating Mixed Funding Settlements Under CERCLA", 53 *Fed. Reg.* 8279 (Mar. 14, 1988).

"预授权"向超级基金索赔部分或全部费用；

（2）兑现——美国环境保护署完成工作，而潜在责任人支付部分费用；

（3）混合工作——美国环境保护署和潜在责任人各自在现场执行不同的任务。

初步数据显示，超过一半的超级基金场地拥有"孤儿"份额。[1]然而，截至1993年9月，美国环境保护署只签订了12份预授权文件、4份混合工作协议以及不确定数量的兑现协议。[2]因此，美国环境保护署对混合资金的使用相对较少，部分原因是其基本上不符合"污染者付费"和"执法优先"政策，而这两项政策长期以来一直是美国环境保护署实施超级基金法的核心。[3]

在这些政策下，美国环境保护署主要依靠超级基金法第107条（a）款的责任计划从可行的项目需求计划中收回"孤儿"份额，并依靠第106条的行政命令要求项目需求计划执行工作，而不是从超级基金中为这些份额提供资金。虽然公平地说，可行的优先保护计划不应该承担很大一部分"孤儿"份额，而且立法历史表明，当这些份额过大时，美国环境保护署应该承担该份额，[4]但其没有表现出这样做的倾向。这之后的立法进程可能会改善这种情况。[5]

---

〔1〕 EPA, "Mixed Funding Evaluation Report: The Potential Costs of Orphan Shares", (Sept. 1993), at 5 (stating that of 78 sites identified by EPA as undergoing negotiations over remedial action in September, 1993, 52 sites, or 67%, had an orphan share). The authors' experience is that the percentage is probably higher. It is rare that every single PRP at a site has been identified and is financially viable. Of EPA's 52 sites evaluated in the report, the average size of the orphan share was 26.9%. Id. at 6-7 (on file with The Business Lawyer).

〔2〕 EPA, "Mixed Funding Evaluation Report: The Potential Costs of Orphan Shares", (Sept. 1993), at 1.

〔3〕 EPA, "Mixed Funding Evaluation Report: The Potential Costs of Orphan Shares", (Sept. 1993), at 2. See also Management Review, at 7, 1-3, 1-11, 1-12 and ch. 2.

〔4〕 See 132 CoNc. REc. H9564-66 (daily ed. Oct. 8. 1986) (statement of Rep. Lent): 132 CoNC. REc. H9586 (daily ed. Oct. 8, 1986) (statement of Rep. Fields). But see 132 CONG. Rec. S. 14903 (daily ed. Oct. 3, 1986) (statement of Sen. Stafford) (expressing more restrictive viewpoint).

〔5〕 The Administration's proposed legislation would expressly earmark funding for orphan shares. See H. R. 3800, 103d Cong., 2d Sess. §§ 409, 702 (1994); S. 1834, 103d Cong., 2d Sess. §§ 409. 702 (1994).

———◇第二部分◇———
环境污染责任索赔案例——责任类型[*]
（Types of liabilities）

＊ 由李奕杰、王元凤、张雅楠、翟雪薇、刘芷汀、张志奇、张浩翔执笔。

第六章 严格责任（Strict）

一些环境法规中包括了严格责任标准，不要求动议方证明对方鲁莽或粗心。《侵权法重述（第二版）》描述了异常危险活动的一般原则："①进行异常危险活动的个人应就活动对他人的人身、土地或动产造成的损害承担责任，尽管他已尽最大努力防止此类损害；②这种严格责任仅限于损害的种类以及使活动变得异常危险的风险……"在布兰奇（Branch）诉西部石油公司（Western Petroleum, Inc.）案[1]中，法院认定被告在原告的水井附近区域蓄积有毒水，因为其靠近原告的地产，所以构成异常危险和不适当的土地使用行为，并且对原告使用井水造成过度危险。

许多环境法规在其主体部分包含了严格责任条款。例如，超级基金法对某类场地污染的当事人规定了严格责任，参见案例4[2]和案例5[3]。

案例4　纽约州政府诉肖尔不动产公司案
（State of New York v. Shore Realty Corp.）

一、案例背景

（一）基本情况（时间、地点、涉及人员）

本案涉及危险废物场地承继人的环境民事责任。涉案污染场地位于纽约州格伦伍德兰德（Glenwood Landing）的亨普斯特德港（Hempstead Harbor）东岸，场地的当前所有者未参与危险废物的生产和运输。探究场地归属周转

---

〔1〕 "Branch v. Western Petroleum, Inc., 657 P. 2d 267（1982）", https://www.quimbee.com/cases/branch-v-western-petroleum-inc, 2022-10-31.

〔2〕 "State of New York v. Shore Realty Corp., 759 F. 2d 1032（2d Cir. 1985）", https://casetext.com/case/state-of-new-york-v-shore-realty-corp, 2022-10-31.

〔3〕 "United States v. Bestfoods, 524 U. S. 51（1998）", https://supreme.justia.com/cases/federal/us/524/51/, 2022-10-31.

的历史可知：1978 年，该房产归菲利普斯石油公司所有，并租给马蒂埃斯（Mattiace）石油公司，后者是一家危险废物处理公司。同年 10 月，现场发生了一次未公开的泄漏，导致一种有毒溶剂泄漏到港口。美国海岸警卫队（United States Coast Guard）发现了这起泄漏事件，但在采取任何执法行动之前，菲利普斯石油公司将这块地卖给了戈德韦普房地产公司（Goldwep Realty Corp.），后一公司的所有者是约瑟夫·萨利赫（Joseph Saleh）和阿姆诺·巴图尔（Amnor Bartur）。随后，戈德韦普房地产公司于 1980 年 6 月分别把这块地卖给了萨利赫和巴图尔。此后，萨利赫和巴图尔与 HWD 以及 AES 签订了租赁协议，其中，HWD 是一家危险废物运输公司，AES 是一家危险废物处理公司。HWD 和 AES 的所有者都是乔治·劳伦斯（George Lawrence），他通过这两家公司在现场非法经营了一处危险废物处理设施。1980 年至 1984 年，被列为第三方被告的众多相关人员与 HWD 签订了向该场地运输有毒有害物质的合同。

1983 年 7 月，被告肖尔不动产公司（以下简称"肖尔公司"）购买了该场地用于开发公寓。在购买该场地之前，肖尔公司就已经知悉当前承租人在该场地经营着一处危险废物处理设施，大约有 70 万加仑有毒有害物质被存储在 5 个大型储罐中，因此肖尔公司委托第三方对该地块进行了一项环境调查。作为肖尔公司的环境顾问，WTM 管理公司（WTM Management Corporation，以下简称"WTM"）在其出具的报告中称："现场的垃圾处理设施已经破旧不堪且该地点曾发生过几次危险废物泄漏，包括 1978 年的一次重大事故。尽管目前的承租人曾试图处理地下水中的泄漏问题，但地下水仍然受到污染。"WTM 得出的结论是："如果目前的承租人停止处理工作并将污染物留在现场，新业主将面临潜在的定时炸弹。"

尽管有 WTM 的报告，肖尔公司还是在 1983 年 10 月取得了这块地的所有权，并在 1984 年 1 月赶走了实施危险废物处理的原承租人。在被依法赶走前的 4 个月里，原承租人又向储罐中存放了近 9 万加仑有毒有害物质。1984 年 1 月，在肖尔公司驱逐原承租人之前的两天，纽约州政府对涉案场地开展了一次检查，发现装有有毒有害物质的储罐已经损坏，储罐中的化学品发生泄漏。原承租人在搬离之前没有清理场地，场地的污染状况被公认为与 WTM 报告时一样糟糕或更糟糕。在这之后，肖尔公司也没有采取任何措施清除已损坏并泄漏的储罐中共计数十万加仑的危险废物。

（二）司法进程梳理

1984年2月，纽约州政府向纽约东区联邦地方法院（以下简称"地方法院"）起诉了肖尔公司及其唯一的股东兼高管唐纳德·莱奥格兰德（Donald LeoGrande）。纽约州政府请求地方法院：①颁布一项禁令，要求肖尔公司清理污染场地；②依据超级基金法要求肖尔公司赔偿清理成本；③依据纽约州法律请求肖尔公司进行妨害索赔。

纽约州政府请求即决判决，地方法院认定肖尔公司对州政府之前的响应费用负责，并根据超级基金法以及纽约州法律中有关公共妨害的规定，认定肖尔公司承担处理费用，同时给予纽约州政府禁令性救济，由被告清理场地上的危险化学品。

被告提出动议，主张各方共同参与才能使得污染尽快得到处理并实现公平。被告认为，依据《联邦民事诉讼规则》第12条（b）款（7）项、第19条和第21条，原告应将有关地产的各种"运输者"、"制造者"和前所有人作为被告，否则这些相关方的缺席会使法院的判决无法在原被告之间实现完全救济。

被告的动议被地方法院驳回。地方法院认为目前的被告很可能要承担连带责任，而且即使在没有连带责任和若干责任的情况下，被告也没有承担多重责任的风险，因为法院可以根据普通法原则，例如《侵权法重述（第二版）》，确定责任追偿。此外，被告还可以对侵权行为人进行起诉，以进一步保护自己。被告未提出任何特殊证据证明因他方不参与而造成的损害，或无法给予这些当事人完全救济。地方法院认为：考虑到国会并没有要求原告预先确定所有的责任人，为防止诉讼被过分拖延，应驳回被告的上述主张（1984年6月8日）。

被告不认同地方法院的观点和判决，遂上诉至第二巡回上诉法院。1985年4月4日，第二巡回上诉法院维持了地方法院的部分即决判决，认为被告可以作为业主承担响应费用，即使其在处置危险废物时并不拥有该场地，也没有造成危险废物的释放；同时将案件发回重审，以便进一步查明案件情况。

1985年5月7日，第二巡回上诉法院又做出一份裁定。此前地方法院判处肖尔公司及其工作人员每天1000美元的罚款，直到该公司及其工作人员遵守两项移除危险废物的命令以及根据《纽约州公共妨害法》和《美国法典》（1982年）第42卷第9601—9657条的命令。被告对认定其藐视法庭的判决提出上诉。原告对命令中指示向美国财政部支付罚款的部分进行了交叉上诉。第二巡回上诉法院维持认定被告藐视法庭的判决，并将罚款分配到三种违法行为上。第二巡回上诉法院认为，即使原告诉讼的某些方面仍悬而未决，对认定被告违反两项永久禁令的藐视法庭判决仍然可上诉。第二巡回上诉法院对被告违反命令的行为行使未决管辖权。这三个命令都是正确的，被告没有为其不遵守行为辩护。被告准备签署一份搬迁合同，以排除其不能遵守第一项命令的任何严重索赔。第二巡回上诉法院下令地方法院还押，以确定被告的经济能力可使其遵守第二项命令，并重新考虑支付命令。

（三）污染物、环境损害及清理行动

本案涉及储罐中存放的有毒有害物质，储罐的破损导致发生污染物质泄漏，并对周围环境和公众健康产生重大潜在风险。

通过前期的环境调查可知，涉案场地所在 3.2 英亩的土地是一个小半岛，三面环绕着亨普斯特德港和莫特湾（Mott Cove）的水域。在场地中心的一块空地上，有 5 个大型储罐，存放着危险化学品中的大部分，约 70 万加仑，地上和地下各有 6 个小型储罐，也存放着危险废物，另外还有一些空储罐。储罐通过管道与油罐车装载架和码头设施连接，以便由驳船装载。4 个滚装集装箱和一辆油罐车拖车容纳额外的废物。在 1984 年 6 月 15 日之前，场地上有两个破旧的砖石仓库，其中一个存放着 400 多桶化学品和受污染的固体，这些桶许多都被腐蚀了。储罐和桶中含有法定的"危险物质"，具体包括二氯苯、乙苯、四氯乙烯、三氯乙烯、1,1,1-三氯乙烷、氯丹、多氯联苯（通常称为 PCB）和邻苯二甲酸（2-乙基己基）双酯等，它们都是有毒的，在某些情况下还是致癌的，对环境和公众健康造成了巨大威胁。这些物质以不同的组合形式存在于该场地，其中一些可使毒性具有协同作用，泄漏后污染地下水和邻近的海湾水域。

纽约州政府要求肖尔公司承担清理场地的责任，于 1984 年 2 月 29 日申请临时限制令后，与肖尔公司约定由该公司用围栏保护现场，派遣训练有素的人员防止污染扩散的不当恶化，每小时检查泄漏情况。此外，肖尔公司还同意采取其他安全措施，包括向联邦和纽约州报告任何泄漏事件。

就清理费用而言，早在 WTM 评估时就预计环境清理和监测的成本在 65 万美元到 100 多万美元。

二、诉讼过程

（一）原告与被告

原告/被上诉人：纽约州政府。

被告/上诉人：肖尔公司及其股东兼高管唐纳德·莱奥格兰德。

第三方被告：过去的所有者和经营者、向场地运输危险废物的人员等（被告对其他相关方提起第三方诉讼）。

（二）原告诉讼法律依据与被告辩驳依据

1. 原告诉讼法律依据

纽约州政府认为，依据《美国法典》第42卷第9607条（a）款，为了确保迅速清理危险或有潜在危险的废物处理场地，授权州或私人向其他责任人寻求赔偿，以支付清理工作产生的费用；第9607条（a）款规定了责任人包括危险废物场地现有和过去的所有者和经营者、危险废物的运输方以及安排运输或处置危险废物的相关方。肖尔公司是污染场地的当前所有者，属于法条规定的责任人，应承担超级基金法项下的责任。

纽约州法律规定的公共妨害是指向环境中排放或威胁排放有害废物对公共利益的不合理侵犯。纽约州政府认为肖尔公司在购买场地之前就对场地上的污染状况知情，但并没有采取获得许可或者清理污染的行动，构成了对周边环境及公众健康的侵犯。纽约州政府作为环境保护相关方有资格提起公共妨害诉讼，要求被告赔偿清理成本。

基于以上制度依据，1984年2月，纽约州政府向纽约东区联邦地方法院起诉了肖尔公司及其唯一的股东兼高管唐纳德·莱奥格兰德。纽约州政府请求法院：①颁布一项禁令，要求肖尔公司清理污染场地；②依据超级基金法要求肖尔公司赔偿清理成本；③依据纽约州法律请求肖尔公司进行妨害索赔。

2. 被告辩驳依据

被告肖尔公司辩称，《美国法典》第42卷第9607条（a）款（1）项的责任人不包括该公司，该公司也不应该承担公共妨害责任，因为它在处置危险废物时既不拥有该场地，也没有造成危险废物在该设施的存在或释放。肖尔公司认为适用第9607条时应说明存在因果关系，并且自己可依据第9607条（b）款的法定事由进行积极抗辩，其辩称自己与危险废物的运输没有任何关系，而且自控制该地点以来，该公司已经采取了适当的谨慎措施。

（三）法院判决及决定性依据

根据超级基金法、《美国法典》、《纽约州公共妨害法》等的规定，地方法院判决：①被告承担污染场地的后续清理工作；②被告对纽约州政府在评估和监测场地时发生的响应费用承担责任。

1. 肖尔公司的责任

地方法院认为，虽然肖尔公司没有参与危险废物的生产和运输，但作为购买前就对污染知情的土地继承者，符合超级基金法对相关责任人身份的认定，此时承担费用分摊责任不需要考虑因果关系。肖尔公司对法条的解释会使规定出现漏洞，诱使相关方逃避承担责任，违背制度初衷。此外，它没有采取行动清理和恢复场地，使得污染持续存在并危害环境，对公众构成妨害，应该依据禁令对污染场地进行清理并接受政府监督。

2. 唐纳德·莱奥格兰德的责任

地方法院认为，被告唐纳德·莱奥格兰德作为肖尔公司的股东兼高管，对公司的策略和行动有着参与和决策权，因此根据上述法律规定，与肖尔公司承担连带责任。

三、案例讨论

（一）诉讼所涉及的法律文件、条款

①超级基金法；②《美国法典》第 42 卷第 9601 条、第 9606 条、第 9607 条；③《联邦判例汇编》；④《联邦水污染控制法》；⑤《纽约州公共妨害法》；⑥《联邦民事诉讼规则》第 12 条（b）款（7）项、第 19 条、第 21 条；⑦《侵权法重述（第二版）》。

（二）法院判决争议点

1. 对超级基金法责任标准的探讨

被告肖尔公司作为土地当前所有者，是否要承担超级基金法项下的责任是本案的争议焦点，这折射出对责任标准的反思与探讨。由于超级基金法仅有一条规定按照《联邦水污染控制法》的责任标准进行评估，一些法院认为要实行严格责任标准，但这同样引发一些质疑，即让少数可辨的相关方承担高昂的分摊费用是否公平。

从有助于废物清理费用筹集的角度分析，责任人应采用广泛的定义。如果采取了狭隘的解释，即免除废物场地继任所有者的责任，则往往会导致废物场地唯一有偿付能力的相关方超出超级基金法的管辖范畴。

地方法院在本案中适用了严格责任和连带责任，这一决策受到了不少批评。首先，有观点指出，这样的决策违背了超级基金法的另一个目标，即鼓励私主体承担清理场地的责任。地方法院判定废物场地继任所有者要承担相关清理费用，这样的责任过重。为了避免承担该责任，相关方在购买场地前如果认为场地存在这样不可估量的风险和责任，则不会购买场地。这削弱了当事人自愿清理的可能性，政府将最终承担该情形下的清理费用，而这也不符合制度目的。其次，《联邦水污染控制法》在适用严格责任时，要求相关方"密切参与相关污染活动"，而依据超级基金法，某些被告可能未倾倒过任何废物。因此，盲目类比适用严格责任并不合适，应该对相关方的行为做进一步限定和分析。最后，地方法院判定两被告承担连带责任，这一裁定为超级基金法规定的连带责任提供了具有约束力的先例，但没有提供可供参考的司法标准。事实上，超级基金法的最终版本中删掉了关于连带责任的规定。地方法院援引先前判例支持本案适用连带责任，但这也忽视了普通法原则。根据普通法，污染损害赔偿责任由污染责任人分摊，当污染者的责任不可分割时，法院便会适用《侵权法重述（第二版）》中所述的关于连带责任的普通法原则（第 875 条）。

本案上诉法院认定被告应承担连带责任的理由是被告购买场地之前知晓场地的危险废物状态，但未对此进行处理和控制。这样的裁决引发了对购买场地之前不知晓场地中存在危险废物的场地所有者的责任限制问题，意味着场地购买者必须事前进行环境调查，如果发现场地有危险废物，必须高度重视并采取措施进行预防、处理和控制。这类义务虽然和法条鼓励自愿对场地进行清理的宗旨是一致的，但如果再加上连带责任，就会使某些潜在责任人面临巨大的财务风险，这是不合理的。

2. 禁令的依据

原告主张宽泛地解释法条，依据超级基金法申请禁令。但法院认为，从立法历史分析，国会并不打算将超级基金法中规定的禁令性救济延伸到本案的情形下。《美国法典》第 42 卷第 9606 条明确规定美国环境保护署可以寻求禁令性救济，以便减轻场地中危险废物的实际释放或威胁释放。如果按原告的主张，将《美国法典》第 42 卷第 9607 条解释为授权各州寻求禁令性救济，则显得第 9606 条中的规定和措辞有点多余。因此，法院没有认同原告基于超级基金法寻求的禁令性救济，而是只授予根据此法案向相关方追偿清理费用的权限。最终判决时，本案中的禁令是依据《纽约州公共妨害法》批准的。

（三）本案启示（制度介绍、法律评论）

1. 超级基金法的立法背景

超级基金法是在国会的妥协中通过的，因此其存在许多分歧与遗漏。法案最初是在第96届国会的最后几天由参议院领导人和早期法案的提案人起草的，最初的法案包含了规定严格责任标准和连带责任范围的条款。1980年，当参议院考虑超级基金法的一个早期版本时，众议院考虑并通过了另一个版本。国会的最终版本中删除了严格责任标准和连带责任范围这些条款，而立法本身对场地所有者征收清理费用的责任标准和范围并没有明确规定。关于责任标准和范围的唯一参考是第9601条（32）款，其中规定，超级基金法下的责任标准与《联邦水污染控制法》下的责任标准一致。因为规定的模糊性，关于如何解释法定语言、责任表述已经引发了许多争议和诉讼。

2. 超级基金法制度内涵

超级基金法的目的是整顿联邦有害物质清理和赔偿法律，实现污染的快速清除和修复，它主要适用于不使用或废弃泄漏地点的清理，以及对泄漏的紧急响应。该法区分了两种响应：修复行动——通常是长期或永久的遏制或处置计划；清理行动——通常是短期的清理工作安排。

危险废物的清理工作在如下几个方面进行：①法律要求废物处理场所的所有者向国家响应中心报告向环境中排放的废物。②根据联邦法律，超级基金法规定废物处理场所的所有者和经营者对向环境中释放或威胁释放有害物质负有民事责任，废物处理场所过去或现在的所有者可能会被命令清理该场所，或者政府机构可能会进入该场所直接进行清理。③如果联邦或任何州政府为应对有害物质释放而花费了一笔费用，那么它可以起诉各责任人以收回这笔费用。④授权美国环境保护署在废物处理场所的所有者或经营者未采取行动清除废物的情况下，从废物处理场所清除危险废物。联邦财政收入将通过超级基金用于支付垃圾清理费用，与废物处理场所有关的各方将被要求承担赔偿责任。美国环境保护署可以寻求任何必要的禁令性救济，以减少实际释放或威胁释放对公众的"迫在眉睫和实质性的"危险。

3. 临时和解政策

美国环境保护署发布了一份超级基金法临时和解政策，该政策将私人当事人谈判确定为国家清理行动中的必要组成部分。

美国环境保护署打算根据超级基金法的规定免除根据诚信善意原则行事且已达成和解的相关方与其他侵权者进行分摊的所有责任，以及部分场地过去和当前所有者的责任。任何此类责任免除都必须包含重新谈判条款，以维护政府要求开展额外清理行动和追偿额外费用的权利。

尽管上述做法体现出政府鼓励并促进相关方达成和解的努力，但临时和解政策授予潜在责任人的特权十分有限，而且因为场地条件的不确定性，和解的内容也没有充分的确定性，协商达成和解并参与私人清理行动的潜在责任人可能仍需承担未来的清理费用。政府仍需进一步制定更为有力的责任免除和分摊保护规定。

案例5 美国政府诉顶好（Bestfoods）国际有限公司案（United States v. Bestfoods）

一、案例背景

（一）基本情况（时间、地点、涉及人员）

本案涉及的是美国密歇根州马斯克根（Muskegon，Michigan）西部道尔顿镇的一处场地（the Dalton Township site）。

1957年，奥特一世化学公司（Ott I）的一家化学工厂开始在道尔顿镇生产药学和农学相关的有机化学品，其在生产化学品过程中时常排放有害物质，严重污染了该场地的土壤和地下水。

1965年，CPC国际有限公司（CPC International Inc.，现已更名为顶好国际有限公司）在特拉华州成立了四湖化工公司（the Four Lakes Chemical Company），这是一家注册资本为1000美元的CPC国际有限公司全资子公司。四湖化工公司最初的董事是阿诺德·奥特（Arnold Ott）和CPC国际有限公司的3名员工，该公司通过以股票购买资产的方式收购了奥特一世化学公司。收购奥特一世化工公司不久，四湖化工公司更名为奥特二世化学公司（Ott II），保留了原公司的57位经理（包括创始人）、董事长、股东。其中，阿诺德·奥特和其他几名高管在CPC国际有限公司也有担任职务。奥特二世化学公司继续在密歇根州马斯克根附近场地制造化学品，附近土壤、地表水和地下水持续遭到污染。

1972 年，CPC 国际有限公司将奥特二世化学公司卖给斯托里化学公司 (Story Chemical Company)。斯托里化学公司一直经营奥特二世化学公司，直到 1977 年斯托里化学公司宣告破产。不久，密歇根州自然资源部 (Michigan Department of Natural Resources，MDNR) 在进行环境调查时，发现奥特二世化学公司经营的化学工厂场地堆满了大量渗漏甚至爆炸过的废料桶，水和土壤都充斥着有毒化学物质。密歇根州自然资源部为了清理该场地，需要寻找一位愿意为其出资的买家。经过广泛谈判，由通用航空公司创建的一家全资子公司——科尔多瓦化学公司 (Cordova Chemical Company) ——与密歇根州自然资源部达成协议，科尔多瓦化学公司为密歇根州自然资源部出资 60 万美元，用于解决该场地的废料容器、污泥及附近居民的水井清理的问题，但并未就地下水污染问题达成协议。科尔多瓦化学公司于 1977 年从斯托里化学公司破产管理人处受让该地产，其又创建了一家全资子公司，即密歇根化学公司 (Cordova Chemical Company of Michigan)，该公司在 1986 年之前一直在该场地生产化学品。

1989 年，美国政府向 CPC 国际有限公司、斯托里化学公司、通用航空公司、科尔多瓦化学公司、密歇根化学公司和阿诺德·奥特（奥特一世化学公司和奥特二世化学公司已经注销）等提出支付清理费用的要求。

1991 年 5 月和 6 月，密歇根地方法院进行了为期 15 天的审判，以确定哪些当事人应对道尔顿镇污染场地的清理费用负责。除 29 名证人的现场证词外，法庭还收到了 2300 多件物证，并审阅了数十份证词誊本。

（二）污染物及环境损害

本案涉及土壤污染、地表水污染和地下水污染，以及其对周围环境和公众健康产生的重大潜在风险。

在 1957 年以前，涉案场地尚未有工厂生产化学品，其地下水水质良好；至 1959 年，由于化学废物的排放，该场地用于化学生产的水泵开始污染；到 1964 年，该场地地下水污染严重。在 1957—1972 年奥特一世化学公司和奥特二世化学公司经营期间，大量的废料桶被掩埋，倾倒在木桶中的化学废物溢出导致了环境污染。该期间不仅有奥特一世化学公司和奥特二世化学公司排放的化学废物的污染，还有进一步的污染源，例如从火车车厢溢出的化学物质。1972 年后，斯托里化学公司和科尔多瓦化学公司经营期间也发生过泄漏。

该场地污染的主要原因是排放池处理不得当，导致化学物质泄漏。此外，还有汽车、装有化学物质的桶等其他来源导致土壤、地下水、地表水受到污染。

涉案工厂生产化学品且处置措施不当。一方面，涉案工厂排放池设计不合理导致其中的化学物质渗入地下；另一方面，大量装有废料的桶被埋在地下也导致化学物质的地下渗入。最终，该场地的土壤、地表水和地下水受到污染，渗透的化学物质从该场地延伸到了东南部，最终污染了小熊河和无名支流（ Little Bear Creek and the Unnamed Tributary）。

（三）场地清理及费用

美国环境保护署已经承诺清理场地，其补救计划中的清理、恢复预计费用达数千万美元。

二、诉讼过程

（一）原告与被告

原告：美国政府。

被告：CPC 国际有限公司、斯托里化学公司、通用航空公司、科尔多瓦化学公司、密歇根化学公司和阿诺德·奥特。

（二）原告诉讼法律依据与被告辩驳依据

1. 原告诉讼法律依据

1989 年 5 月 15 日，美国政府根据超级基金法第 107 条（a）款认为 CPC 国际有限公司应当承担有害废物的清理费用。CPC 国际有限公司的全资子公司的化学工厂在道尔顿镇的一处场地排放了有害物质，导致周边环境被污染。CPC 国际有限公司作为母公司，其职工常在子公司奥特二世化学公司指导下工作，共享管理人员、董事和股东，CPC 国际有限公司还直接参与了奥特二世化学公司的重大事项管理。因此，CPC 国际有限公司应当承担该场地清理费用的赔偿责任。

2. 被告辩驳依据

被告 CPC 国际有限公司辩称，原告没有证明 CPC 国际有限公司知晓道尔顿镇的工厂排污。如果 CPC 国际有限公司不知情，就不可能存在安排排放有害物质的责任，法院无权审查对 CPC 国际有限公司以某种形式合资经营该设施的指控，原告也无证据证明被告直接控制了奥特二世化学公司。

与 CPC 国际有限公司不同，被告通用航空公司在法庭上并没有采用母子公司责任承担的常见抗辩事由（独立法人、有限责任等）提出自身无责任的主张，而是声称它和它的子公司都没有在其设施运行期间处置危险物质，在经营期间并没有产生额外的环境污染，因此不承担清理费用。通用航空公司认为，它有权根据超级基金法第 107 条（b）款第（3）项提出法定的第三方责任抗辩。

（三）法院判决及决定性依据

超级基金法第 107 条、《美国法典》第 42 卷第 9607 条规定：①设施的所有者和经营者承担责任；②在处置任何危险物质时拥有或操作处置该等危险物质的任何设施的人承担责任；③通过合同、协议或其他方式安排处置或处理该等危险物质的人，或者安排运输单位运输以处置、处理危险物质的人承担责任；④从导致危险物质排放、可能产生费用的地方接受或接受过危险物质，以运输到其选择的位置去排放、焚化者，承担所有转移或者补救的费用［《美国法典》第 42 卷第 9607 条受且仅受本条（b）款所述抗辩的约束］。依据上述规定，法院做出如下认定。

1. CPC 国际有限公司的责任

根据超级基金法第 107 条（a）款（2）项，如果事实表明母公司对表面运营污染设施（污染工厂）的子公司的支配和控制是如此深入，以至于母公司实际上是该设施的运营者，则母公司可以作为污染设施的运营者直接承担责任。地方法院发现，本案 CPC 国际有限公司作为母公司完全控制了奥特二世化学公司，以至于其已成为道尔顿镇污染设施的实际经营者。大量证据支持这一事实性的发现，例如 CPC 国际有限公司与奥特二世化学公司共用董事、经理等人员，积极参与奥特二世化学公司的业务。因此，地方法院根据超级基金法第 107 条（a）款（2）项认定 CPC 国际有限公司作为污染设施的实际运营者负有直接责任。

第六巡回上诉法院在本案中否定了地方法院的判决。第六巡回上诉法院拒绝追究 CPC 国际有限公司对其全资子公司奥特二世化学公司环境污染行为的责任，认为只有该公司的控制已达到滥用公司独立人格的地步时，才需要刺破公司面纱。

第六巡回上诉法院审查了地方法院判决所依赖的事实，如 CPC 国际有限公司对奥特二世化学公司的 100% 所有权，参与奥特二世化学公司的董事会，让 CPC 国际有限公司与奥特二世化学公司参与决策和日常运营的官员相互交流、积极参与环境事务，通过批准预算和资本支出等方式对奥特二世化学公司进行财务控制。第六巡回上诉法院认为虽然这些因素表明母公司对其子公司的事务有积极的兴趣，但并不表明母公司完全控制子公司，即此时并非两个公司的独立人格不复存在，CPC 国际有限公司没有利用公司独立人格实施欺诈或其他应受惩罚的行为。认定母公司是否承担责任，不是看母公司是否经营子公司，而是母公司是否经营污染设施，这种经营是通过参与经营污染设施的活动而不是参与子公司活动来证明的。

虽然根据超级基金法第 107 条（a）款（2）项，如果母公司直接运营子公司或者积极地控制子公司，将负直接责任，但是，是否负直接责任完全取决于母公司控制子公司的程度。根据密歇根州法律刺破公司面纱的规定，CPC 国际有限公司没有控制奥特二世化学公司实施欺诈或者破坏正义的行为，两个公司均具有独立的人格。

联邦最高法院认为地方法院仅依靠母子公司关系而判定 CPC 国际有限公司有直接责任是错误的。联邦最高法院同意第六巡回上诉法院关于"母公司不因为母子公司关系承担直接责任，而应当看控制程度"的观点。但是，第六巡回上诉法院仅依据独资或合资形式而判定 CPC 国际有限公司承担直接责任，这种方法欠妥。因此，联邦最高法院驳回第六巡回上诉法院的判决，指示地方法院作出与联邦最高法院一致的决定，即 CPC 国际有限公司不承担直接责任。

2. 科尔多瓦化学公司与密歇根化学公司的责任

根据超级基金法第 107 条（a）款（1）项中将责任分配给"设施的所有者和经营者"的规定，地方法院认为科尔多瓦化学公司和密歇根化学公司在 1977 年 10 月至 1978 年 12 月期间为该场地的所有者（1978 年 10 月，科尔多瓦化学公司与密歇根化学公司合并成一家公司），是受污染场地的直接经营者。尽管在该期间，科尔多瓦化学公司按照和密歇根州自然资源部签订的协议认真完成清理工作，但还是发生了额外的有害物质排放，因此也需要承担直接责任。科尔多瓦化学公司与密歇根化学公司对该决定未提出异议。

第六巡回上诉法院认为科尔多瓦化学公司与密歇根化学公司未提出异议，故对此不作评论。

3. 通用航空公司的责任

地方法院认为通用航空公司作为母公司对密歇根化学公司百分之百控股，

积极参与子公司的人员选择、财务控制、业务整合。至少有 20 名通用航空公司的职工同时在密歇根化学公司具有相同的职位。通用航空公司甚至还将债务转移至密歇根化学公司，使该公司沦为它的工具。因此，通用航空公司才是造成环境污染的化学工厂的实际直接经营者，应当刺破子公司面纱，由母公司承担清理污染场地的直接责任。

第六巡回上诉法院认为地方法院依据的证据与密歇根州法律关于刺破公司面纱的规定不符，其认定理由与证据并没有达到证明密歇根化学公司失去了独立性、只是通用航空公司的工具的程度。况且通用航空公司表达出诚意，与密歇根州自然资源部签约合作，应对滥用公司独立人格限制污染环境责任保持谨慎。没有其他任何证据能够证明通用航空公司想滥用公司独立人格破坏正义或者具有欺诈的意图。

联邦最高法院认为通用航空公司不因母子公司关系而承担直接责任。

三、案例讨论

（一）诉讼所涉及的法律文件、条款

①超级基金法第 107 条；②《美国法典》第 42 卷第 9601—9675 条；③密歇根州法律；④《美国制定法大全》；⑤《北落基山脉生态系统保护法》（Part 201 of the NREPA）；⑥《密歇根州法律汇编服务》第 324 章自然资源和环境保护 20101 节（MCLS § 324.20101）；⑦《密歇根州酒吧法案》第 13 修正案第 201 部分 20101 节（M.S.A § 13A.20101）。

（二）法院判决争议点

1. 母公司是否因母子公司关系承担责任

美国公司法的一项普遍原则是母公司（通过拥有另一家公司的股权进行投资、盈利等）与子公司法人人格相对独立，一般不对其子公司的行为负责。两家公司之间存在母子公司关系这一事实不能使一家公司对其子公司的侵权行为承担责任。但是如果母公司控制了子公司经营，则需要刺破子公司面纱，使母公司对自己的直接控制行为承担责任。根据《美国法典》第 42 卷第 9607 条（a）款（2）项，母公司不因其子公司是污染场地直接经营者承担直接责任，而是承担替代责任。母公司承担直接责任的情况有且只有两种：一是，刺破子公司面纱（母公司完全控制了子公司）；二是，母公司直接实施了或者和子公司共同实施了环境侵害行为。超级基金法、《美国制定法大全》、《美国

法典》第 42 卷第 9601 条显示，在母公司直接经营了产生有害物质、导致污染的工厂或者完全控制子公司经营的情况下，需要刺破子公司面纱，由母公司承担直接责任。这里的"经营"（operate）是指管理、指导、实施，特别是管理、指导、实施与环境污染相关的事务，例如污染物的泄漏或排放。

2. 第三方责任

根据超级基金法第 107 条（b）款（3）项，可能负有赔偿责任的人可以通过优势证据证明有害物质的释放或威胁释放及其造成的损害完全是由与被告直接或间接地存在合同关系的第三人的作为或者不作为所造成的。如果被告采用优势证据证明其对有关危险物质保持了应有的注意，或者对任何第三方可能的作为或不作为以及该等作为或不作为可预见的后果采取了预防措施，那么被告被要求赔偿环境污染清理费时可因与第三方签约而进行法定抗辩，不必承担环境污染责任。但被告需要证明以下几个要素：①其没有造成污染；②其与造成污染的人没有直接或间接的合同关系；③其在拥有或操作污染设施的整个过程中都采取了应有的谨慎；④其防止了污染者这些作为和不作为以及这些作为和不作为可预见的后果。如果被告没有证明以上因素，则不能提出第三方责任抗辩。

（三）本案启示

通过本案可以看出，虽然超级基金法对责任主体类型的规定是明确的，但在个案情形下仍需逐案分析，并联合其他相关法律，找出责任判定的合理解释依据。本案涉及多个案件相关人，涉及公司所有者变更、公司与第三方合同，还涉及母子公司关系。

超级基金法第 107 条（a）款规定的"设施"可能是任何建筑、设备、管道、废料桶、集装箱、垃圾填埋山、交通工具等，在本案中指化学工厂及其导致污染的设施。

根据超级基金法第 107 条（a）款和《美国法典》第 42 卷第 9607 条，经营污染设施的人对解决污染具有直接责任，不管这个人是设施的所有者还是所有者的母公司或者合作者。

本案中针对母子公司环境侵权责任如何划分，地方法院的重点是母公司与其子公司之间的关系，而不是母公司与其子公司的污染设施之间的关系。同时，地方法院错误地、无意识地将子公司高管和董事的行为归为母公司的行为，认为 CPC 国际有限公司控制了奥特二世化学公司，是产生有害化学物质并导致污染的实际决策者。然而，第六巡回上诉法院采取了更加严格的责任认定标准，认为母子公司关系的存在并不导致母公司直接承担责任，而应当看母公司对子公司的控制程度。在本案中，CPC 国际有限公司没有达到完全控制奥特二世化学公司的程度，没有利用母子公司独立人格进行欺诈或者破坏正义，地方法院错误地将母公司对子公司的合理控制与监督变相夸大了。母子公司关系的存在并不天然使得母公司承担直接责任，除非原告拿出母公司直接参与环境侵害或者对子公司行为起到决定性作用的证据。本案原告美国政府虽想证明 CPC 国际有限公司直接控制了奥特二世化学公司，但是仅仅提供了 CPC 国际有限公司职员在奥特二世化学公司流动的证据，未能提供足够的证据证明 CPC 国际有限公司的职员直接对环境侵害行为起到了决定性作用，未达到证明母公司职员是决策者、母公司是导致污染的化学工厂直接经营者的目的。

第七章 连带责任（Joint and several）

从历史上看，原告有责任证明损害行为与损害后果之间的因果关系，且必须收集充分的证据向每个被告展示其遭受的损害。连带责任原则就是在这种情况下逐渐发展起来的，它要求被告对原告的全部损害承担连带责任，且允许原告对法庭上追诉的被告进行选择，原告在这种情况下更容易获得全部赔偿。如果在连带责任的基础上取得判决，普通法允许原告从任何一个或所有负有连带责任的被告那里获得全部赔偿，然后承担责任的被告可以向其他被告追讨赔偿。参见维尔西科尔化学公司（Velsicol Chemical Corp.）诉罗威（Rowe）案〔1〕，以及伯灵顿北方和圣达菲铁路公司（Burlington Northern Santa Fe Ry.）、壳牌石油公司（Shell Oil Co.）诉美国案〔2〕（推翻了第九巡回上诉法院关于供应商和所有人应根据超级基金法对修复成本承担连带责任的判决）。

案例6 BFI公司诉理查德·特马特案

（Browning-Ferris Industries of Illinois, Inc. v. Ter Maat）

一、案例背景

（一）基本情况（时间、地点、涉及人员）

本案涉及的污染场地是位于伊利诺伊州布恩县的垃圾填埋场。该填埋场占地约47英亩，最初由瑞曼·迪温（Raymond DeWane）、简·佛瑞娜（Jean A. Farina）和LAE公司（L. A. E., Inc.）所有并运营。

---

〔1〕 "Velsicol Chemical Corp. v. Rowe, 543 S. W. 2d 337（Tenn. 1976）", https://casetext. com/case/velsicol-chemical-corp-v-rowe, 2022-10-31.

〔2〕 "Burlington N. & Santa Fe Ry. Co. v. United States, 556 U. S. 599, 129 S. Ct. 1870, 173 L. Ed. 2d 812, 21 Fla. L. Weekly Supp. 839（2009）", https://casetext. com/case/burlington-n-amp-santa-fe-ry-co-v-united-states, 2022-10-31.

在 1969 年 2 月到 1971 年 3 月，大约有 45 000 立方码的垃圾被放入挖掘区域。在此期间，由于垃圾填埋场的运营商没有正确处理垃圾，渗滤液可能已经污染了地下水。

1971 年至 1975 年，BFI 公司租用了该垃圾填埋场。该垃圾填埋场的所有人于 1971 年初将其出租给 BFI 公司，BFI 公司于 1972 年 5 月向伊利诺伊州环保局（Illinois Environmental Protection Agency）申请了新的垃圾填埋许可证，并于 1973 年 4 月开始接收垃圾。在其运营期间，BFI 公司两次向伊利诺伊州环保局申请处理克莱斯勒公司（Chrysler plant）贝尔维代尔（Belvidere）装配厂液体废物的补充许可证，但是伊利诺伊州环保局两次拒绝了该项申请。于是 BFI 公司在没有许可证的情况下，擅自处理了克莱斯勒公司的危险废物和液体废物。

1975 年至 1988 年，该垃圾填埋场所有者将其出租给 MIG 公司（M. I. G. Investments, Inc.）和 AAA 公司（AAA Disposal Systems, Inc.）。在租赁期间，MIG 公司主要作为运营商，AAA 公司主要作为运输商，向该垃圾填埋场倾倒了 350 万立方码的垃圾。理查德·特马特（Richard Ter Maat）是两个公司的股东和董事。MIG 公司于 1988 年向伊利诺伊州环保局提交了场地关闭申请，但因为场地所有者拒绝签署，该关闭申请被拒绝。之后 AAA 公司被转让，理查德·特马特也搬到了佛罗里达州。1988 年 6 月 30 日，该垃圾填埋场未进行最后的处理就关闭了。

1990 年 8 月，美国环境保护署将该垃圾填埋场列入国家优先事项清单，并于 1990 年 10 月、1991 年 3 月联合伊利诺伊州环保局共同发布了关于清理该垃圾填埋场的行政命令。根据该行政命令，所有被告应：①立即采取废物稳定措施，例如从地表蓄水池抽取渗滤液，修复蓄水堤并在垃圾填埋场建造临时封盖；②根据国家优先事项清单进行补救调查和可行性研究；③支付过去美国环境保护署和伊利诺伊州环保局产生的响应费用、调查成本和监督成本。

（二）垃圾填埋场污染物评估（废物量和溶剂量）

该垃圾填埋场于 1969 年至 1988 年 6 月 30 日期间运营，共有 3 个不同的运营期，分别是肯尼迪-莫伦多夫时期、BFI 时期、MIG 时期。本案为了确定各被告应承担的响应成本，需要确定：①BFI 公司运营期间运往该垃圾填埋场的废物量；②3 个运营期被告带到现场的溶剂量，重点是挥发性有机物

（VOC）的数量。

1. BFI 公司运营期间运往该垃圾填埋场的废物量

废物量是按照重量或体积进行计算的：①估计固体废物的密度；②将废物重量转换为体积；③以体积计算废物的质量，用得出的质量与现场压实固体的重量进行比较，以验证计算结果。

根据现场数据以及往来数据记录的车辆运输情况得知，BFI 公司在 1973 年 4 月 2 日至 1975 年 10 月 15 日期间向现场运送了大约 665 000 立方码的废物。

2. 挥发性有机物的计算

肯尼迪-莫伦多夫运营期间的废物堆积量是 45 000 立方码，假设密度是 1 000 磅/立方码，总质量为 4500 万磅。固体废物的溶剂含量是 0.0143%，计算出溶剂量是 6435 磅。

BFI 公司运营期间有四种含有溶剂的废物来源，包括：①克莱斯勒公司废物；②液体废物；③伊利诺伊州环保局特别许可废物；④其他商业、工业和城市垃圾。

克莱斯勒公司在贝尔维代尔装配厂制造汽车时使用了大量溶剂（VOC），通过计算在运营期间制造的汽车数量、每辆车的油漆使用量、油漆中溶剂挥发的估计值以及基于克莱斯勒公司废物数据中每辆车产生的污泥量，得到所含溶剂的总量大约是 2 833 214 磅或 398 631 加仑。

液体废物主要包括油漆污泥、氢氧化铬沉淀、水油混合物和溶剂。溶剂使用量大约是 334 731 磅（这里缺少数据，此数据通过比例分担推算出来）。

特别许可废物的质量与体积的平均比率是 0.0257，这些废物中所包含的溶剂量是 52 123 磅。

剩余的废物总量是 644 760 立方码，使用城市固体废物中 0.0143%的溶剂百分比和每立方码 400 磅的密度，计算出溶剂量为 36 880 磅。

MIG 时期与 BFI 时期的废物类型一致。克莱斯勒公司的废物被运送至其他垃圾填埋场，所以不用计算这部分废物的废液量；通过计算伊利诺伊州环保局特别许可废物中每种废物的密度和溶剂含量，计算出在此期间这些废物中约有 223 902 磅溶剂被带到垃圾填埋场；估测的伊利诺伊州环保局的特殊废物中含有溶剂量是 80 801 磅；其他商业、工业和城市垃圾中溶剂量是 225 271 磅。

表 7-1　垃圾填埋场 VOC 溶剂数量汇总表

废物	时期	单位（磅）
VOC 溶剂	肯尼迪-莫伦多夫	6435
	BFI	3 256 948
	MIG	529 974

3. 场地清理及费用

根据行政命令，本案污染相关责任人应支付过去美国环境保护署和伊利诺伊州环保局产生的响应费用、调查成本和监督成本，大体划分的份额见下表（表 7-2）。

表 7-2　响应费用、调查成本和监督成本分担比例表

责任人	份额
运输商	10%　1.02%由和解方支付 1.21%是"孤儿"份额 7.77%由 AAA 公司支付
运营商	45%　0.37%是"孤儿"份额 13.57%由 AAA 公司支付 18.21%由 MIG 公司支付 12.85%是其他份额
业主	5%
生产者	40%

二、诉讼过程

（一）原告与被告

原告：BFI 公司。

被告：理查德·特马特、AAA 公司、MIG 公司。

（二）原告诉讼法律依据与被告辩驳依据

1. 原告诉讼请求及法律依据

原告提起诉讼的目的是追回美国环境保护署和伊利诺伊州环保局行政命令中要求原告支付的费用。原告诉求：①依据公司法刺破公司面纱，理查德·

特马特作为两个被告公司的股东和董事，应当承担费用分摊责任；②国家应急计划下的损害赔偿责任应当合理分配；③紧急清除行动和临时补救措施相关的响应费用应全部由被告承担，因为被告在放弃这个站点时没有进行合理清理即关闭，这才导致了后续一系列响应费用的产生；④根据《统一比较过错法》第 2 条（a）款（2）项，MIG 公司和 AAA 公司应被视为单一主体；⑤对被告从 1995 年 1 月 31 日至判决之日应承担的与该站点相关的费用收取利息；⑥请求被告承担"孤儿"份额；⑦请求认定 MIG 公司是否遵守了租金支付、保险、赔偿及与场地关闭相关的租赁条款。

2. 被告辩驳依据

被告辩驳依据主要有：①证人帕内罗（Parnello）口供作为 BFI 公司在 1973 年至 1975 年期间拖运的克莱斯勒公司废物的类型和数量的间接证据应当予以采信；②反对以紧急清除行动和临时补救措施为依据，对未来的响应成本作出评估；③BFI 公司以及业主有必要向被告披露在 1975 年 10 月之前地下水被污染的情况，而且这一未披露事实应当影响响应成本的分配；④BFI 公司和 CNA 保险公司之间和解的应对方案；⑤MIG 公司将渗滤液重新引入垃圾填埋场是否违反其经营许可；⑥业主应对现场的渗滤液管理负责。

（三）法院判决及决定性依据

法院主要需要解决如下几个问题：①理查德·特马特是否因其参与了垃圾填埋场的日常运营而应当承担个人责任；②MIG 公司与 AAA 公司是否应当对法院此前分配给二者的运营商份额承担连带责任；③MIG 公司与 AAA 公司以及理查德·特马特共同承担国家应急计划 85% 的费用以及临时补救措施 27.14% 的成本是否恰当；④BFI 公司是否因未能清除 1972 年 5 月 5 日之前沉积在肯尼迪–莫伦多夫地区的废物而违反其垃圾填埋许可。

根据超级基金法以及《美国法典》，法院作出了以下具体判决。

1. 运营者的责任

伊利诺伊州西部地方法院认为：根据 MIG 公司的证据，例如 AAA 公司处理一些供应商向其发送的信函和发票等经营活动，可以认定 AAA 公司为该站点的实际运营商。根据超级基金法，AAA 公司应当对清理费用承担直接责任，而无须根据刺破公司面纱原则决定 AAA 公司是否承担责任。

2. 理查德·特马特的责任

伊利诺伊州西部地方法院认为：理查德·特马特承担个人责任的唯一方

式是适用刺破公司面纱原则，但理查德·特马特作为股东对公司控股没有出现人格混同的现象。例如，MIG 公司虽然没有大量资源，但它能够独立运作多年；AAA 公司和 MIG 公司都发行了股票；股东和公司行为都遵守了公司章程。所以，不能依据刺破公司面纱原则要求理查德·特马特承担个人责任。

第七巡回上诉法院认为：理查德·特马特应当承担个人责任。其依据是，理查德·特马特作为 AAA 公司和 MIG 公司的股东兼董事，直接参与了该垃圾填埋场的运营决策。例如，理查德·特马特亲自参与了 MIG 公司与垃圾运输商之间的每一份合同谈判；亲自参与废物处理过程，亲自查看或检查每一个被允许作为特殊废物的废物样本，并从每个废物生产者生产的废物中抽取样本等。上述行为都已表明其应作为运营商直接承担责任，符合法律规定的责任人类型。

3. MIG 公司、AAA 公司和理查德·特马特是否承担连带责任

第七巡回上诉法院认为：原告上诉提出 MIG 公司、AAA 公司和理查德·特马特应当承担连带责任，由于三者在同一时期运营该站点，理查德·特马特作为运营商的责任应当与 MIG 公司和 AAA 公司的责任具有连带性。

4. 帕内罗口供的可采纳性

伊利诺伊州西部地方法院认为：根据《联邦证据规则》第 801 条（d）款（2）项，证人帕内罗口供是证明 BFI 公司在 1973 年至 1975 年期间拖运克莱斯勒公司废物的类型和数量的间接证据。帕内罗是 BFI 公司的职员，在 1967 年至 1973 年期间将克莱斯勒公司废物运往市政府 1 号垃圾填埋场，直到该垃圾填埋场于 1973 年关闭。口供中进一步指出，在这 7 年期间，每两个月大约有 15 000 加仑因菲尔科（infilco）污泥，每周倾倒 3 次至 5 次 20 立方米的油漆污泥，每周倾倒 3 次至 5 次飞灰，每周倾倒 2 次至 5 次 30 码负载的金属碎片和废料，每天大约倾倒两次 15 码负载的工业废水污泥。帕内罗称，克莱斯勒公司每周还处理大约 60 桶垃圾，其中一些桶中含有溶剂、焦油或金属废料。

根据《联邦证据规则》第 801 条（d）款（2）项，该陈述被用以反对对方当事人，并且是：①当事人自己以个人或代表身份发表的声明；②一方已表明接受或相信其真实性的声明；③由该方授权的人就该主题发表的声明；④该方声明是在代理关系存在期间作出的关于代理或雇佣范围内事务的声明。因此该陈述不是传闻，是可以接受的。

本案中帕内罗口供满足条件①，同时依据条件②，BFI 公司是主动将帕内

罗口供交给美国环境保护署的，应为相信其真实性，因此帕内罗口供是 BFI 公司的自认。

5. 克莱斯勒公司废物问题

伊利诺伊州西部地方法院认为：BFI 公司在 1973 年至 1975 年期间将克莱斯勒公司废物运输到该站点，但难以确定这些废物沉积了多少、沉积到什么程度以及其中是否含有溶剂。依据被告方证人保罗·R. 阿曼（Paul R. Ammann）的专家意见，BFI 公司存放在现场的 340 万磅溶剂约占现场总溶剂含量的 91%。基于上述比例，伊利诺伊州西部地方法院认为，克莱斯勒公司废物中遗留的溶剂极大地影响了响应成本，所以分配责任时应考虑这一因素的影响。

6. 国家应急计划下损害赔偿的适当性

伊利诺伊州西部地方法院认为：依据超级基金法第 107 条（a）款（4）项（B）目的规定，原告要求追回的响应费用是根据 1990 年 4 月 9 日之后执行的两项行政命令所采取行动的费用，该费用与国家应急计划一致。此外，因原告的索赔项目包括一些由律师完成的工作，与实际的清理活动密切相关，所以原告有权追回其律师费。被告应返还原告 8 036 608.87 美元。

7. 紧急清除行动和临时补救措施相关的响应成本的分配

伊利诺伊州西部地方法院认为：被告应根据超级基金法第 113 条（g）款（2）项对未来的响应费用负责。被告认为此类费用具有推测性，无法作为宣告性判决的依据，但超级基金法第 113 条（g）款（2）项规定，在本小节描述的任何此类诉讼中，法院应就响应费用或损害赔偿的责任作出宣告性判决。因此，根据超级基金法，可以进行该损害赔偿责任的宣告性判决。

被告承担紧急清除行动和临时补救措相关的响应费用的 85%，而业主承担 15% 的费用。被告于 1988 年没有适当进行覆盖处理，从而导致积水过多，对渗滤液产生了重要影响。如果当时实施适当关闭，紧急清除行动和临时补救措施花费的响应成本将极大降低。业主因与被告签订了合同而有允许被告关闭该处站点的义务。业主不同意关闭该垃圾填埋场，导致伊利诺伊州环保局拒绝签署该垃圾填埋场的关闭申请，从而导致被告没能及时正确地关闭该垃圾填埋场。

分配响应成本的方法应该是：依据当事人的行为进行分配。与过错分配有关的行为包括：①产生的废物数量；②废物的种类和性质；③遵守监管计划；④垃圾填埋场的经营，包括关闭和关闭后的活动；⑤配合和参与场地清理。应当先在四个法定群体之间进行分配：业主、运营商、运输商和生产者。

8. MIG 公司和 AAA 公司是否应被视为同一主体

伊利诺伊州西部地方法院认为：MIG 公司和 AAA 公司不应被视为同一主体。根据超级基金法第 113 条规定的响应费用分摊规则，被告负有个人责任，而具体分配份额是由在运营过程中签订的订单情况决定的。

9. BFI 公司是否因未能清除 1972 年 5 月 5 日之前沉积在肯尼迪-莫伦多夫地区的废物而违反其垃圾填埋许可

伊利诺伊州西部地方法院认为：伊利诺伊州环保局并未修改或者替代有关肯尼迪-莫伦多夫地区的垃圾填埋许可的原始条件，所以 BFI 公司违反了垃圾填埋许可，这一决定将会影响最终责任的承担。伊利诺伊州环保局颁发给 BFI 公司的垃圾填埋许可包含一个特殊条件：要求 BFI 公司从肯尼迪-莫伦多夫地区清除垃圾并根据设计规范对该地区进行密封。但是 BFI 公司没有满足上述条件，并且在后续运营中也没有对原始的垃圾填埋许可进行修改和替换。

10. MIG 公司是否遵守了与租金支付、保险、赔偿及与场地关闭有关的租赁条款

伊利诺伊州西部地方法院认为：MIG 公司是否遵守此类条款的问题与本案无关。

11. 被告是否应当承担"孤儿"份额

伊利诺伊州西部地方法院认为：依据原告方专家证人亨吉迈赫利（Hengemihle）的建议，应将"孤儿"份额分配给原告与被告。在超级基金法背景下，"孤儿"份额意味着无法解释所有危险废物流，也无法将金钱责任分配给其他责任人。在诸如本案中的响应费用分摊诉讼中，法院享有广泛自由的裁量权来考虑和应用其认为适当的公平因子，从而在责任人之间公正公平地分配责任。原告方专家证人证明，34 615 立方码废物归于运营商，大约 510 580 立方码废物归于运输商，"孤儿"份额为 1.58%，将按比例分配给各方。

12. 业主是否对现场渗滤液负有责任

伊利诺伊州西部地方法院认为：业主不承担现场渗滤液管理的责任。虽然业主应当维护垃圾填埋场，一旦场地建成或关闭，业主就有责任进行渗滤液维护，但是该站点从未关闭，所以业主不承担任何责任。

三、案例讨论

（一）诉讼所涉及的法律文件、条款

①《统一比较过错法》第2条（a）款（2）项；②《联邦证据规则》第801条（d）款（2）项；③《美国法典》；④超级基金法第107条（a）款（4）项（B）目、第113条。

（二）法院判决争议点

1. 关于被告理查德·特马特是否承担个人责任

（1）对是否适用刺破公司面纱原则的讨论。原告在起诉状中依据刺破公司面纱原则认为，可以将担任 MIG 公司和 AAA 公司的共同股东和董事的理查德·特马特的责任归为个人责任。

刺破公司面纱的行为受公司注册地的法律管辖，而伊利诺伊州法律规定只有在资金和所有权统一导致公司和股东个人的独立人格都不存在，且公司的独立性荡然无存的情况下，才可以刺破公司的有限责任面纱，以制裁欺诈或不公平行为。在认定公司实体是否存在时，我们要考虑以下几种情况：资本不足、未发行股票、不遵守公司手续、不支付股息、当时的债务人公司破产、其他管理人员或董事不履行职责、没有公司运营记录、公司是否仅仅是主要股东经营公司的外壳。要实现上述要求，需要提供大量的实体证据，证明该公司对于具有支配性地位的股东来说的确是一个空壳。一方面，原告并没有相关证据证明该公司资本不足，且两家公司都发行了股票；另一方面，该公司的运营行为实际上遵守了公司的章程。因此，本案中被告理查德·特马特是否承担个人责任不能依据刺破公司面纱原则来判断。

（2）对理查德·特马特承担个人责任法律依据的讨论。第七巡回上诉法院驳回了原告的诉讼请求，认为不能依据刺破公司面纱的法律要求原告承担个人责任，而应根据理查德·特马特直接参与公司经营要求其作为运营商承担个人责任。第七巡回上诉法院给出一条明确的指导方针：如果理查德·特马特不只是指导 MIG 公司和 AAA 公司的一般运营，或者进行与处理污染物无关的具体运营，而是监督垃圾填埋场的入场运营，就必须作为运营商承担个人责任。法院查明，理查德·特马特参与整个垃圾填埋场的运营，包括与业主商谈了场地租约、亲自参与了几乎所有的废物运输合同谈判；亲自参与了贝尔维代尔市、布恩县和伊利诺伊州的谈判，并且讨论了1980年后期的许可证要求、扩建计划以及解决场地环境问题；同时他也是建立运营网络的关键人物，建造了 AAA 公司的转运站；参与实施了污染控制措施，亲自查看或者检查每一个特殊废物的废物流，从废物生产者中抽取废物样本，安排实验室对每个特殊废物样本进行测试，并为特殊废物向伊利诺伊州环保局申请特殊废物许可证；亲自参与了甲烷气体管理、场地扩建、道路管理，以及实施生物修复计划以解决挥发性有机物的问题。

从上述查明的事实可知，理查德·特马特参与了与污染物处理相关的事项，符合法条中对运营商身份的界定，应承担本案的污染清理费用分摊责任。

2. 对超级基金法责任体系的争议——关于连带责任

原告认为 MIG 公司和 AAA 公司作为运营商应当承担连带责任。在普通法中，当两名或两名以上人员造成不可分割的损害时，每个人都应就损害负全责。换言之，如果原告就全部损害起诉其中一名侵权行为人，要求其赔偿全部损失，则可以不起诉另一名侵权行为人。超级基金法规定责任人之间可以分担责任，但这种修改并不意味着在分担责任的情况下，各个责任人不需要承担共同责任。以往判例表明，法院应采用衡平因素分配各方当事人承担的共同责任。所以第七巡回上诉法院认为，无论 AAA 公司和 MIG 公司造成的污染有多少，都应该对其在运营期间造成的污染以及应当承担的响应费用承担连带责任。由于 MIG 公司和 AAA 公司都已解散，其潜在的资产是各自的保险单，两家公司共同承担责任可以最大限度地扩大可用于赔偿的保险范围。而且公司记录表明两家公司股东理查德·特马特故意将资金从 MIG 公司转移到 AAA 公司，也没有将该笔资金用于恰当地关闭污染场地。其用意昭然若揭，即故意让 MIG 公司破产，从而逃避关闭污染场地的费用。鉴于上述行为，MIG 公司和 AAA 公司应当承担连带责任。同时上述争议点也已表明，股东理查德·特马特作为运营商应与 AAA 公司和 MIG 公司承担连带责任。

3. 关于国家应急计划下损害赔偿的适当性——追回费用与国家应急计划之间的因果关系

原告要求追回自己进行修复行动的费用，但被告辩称其修复费用与国家应急计划之间的关系是非必然的，因此不可追回。法院从必要性和合理性两个方面对此问题进行了解释。超级基金法第 107 条（a）款（4）项（B）目规定：任何人产生的任何必要响应费用都与国家应急计划一致。这表明一旦产生响应费用，则必然可以追回。依据《联邦法规汇编》第 40 卷第 300.700

条（c）款（5）项、（6）项，如果根据美国环境保护署命令或法令采取的响应行动符合该命令或法令，则该行动将被认定为与国家应急计划一致。原告要求的费用是根据 1990 年 4 月 9 日之后执行的两项行政命令所采取的行动产生的，因此，法院认为此费用与国家应急计划一致。

（三）本案启示

本案的一个讨论焦点是股东承担个人责任的问题。在公司中，股东过多参与公司事务，最终将公司变为一个空壳的事例很多。在本案中，公司与股东之间的资本与所有权问题清楚明白，无法适用刺破公司面纱原则，要求股东对外承担责任。但是通过分析股东的行为可以发现，其不仅参与了公司的一般运营，还具体参与了垃圾填埋场的运营，所以可以将其视为运营商，要求其承担个人责任。由此可知，在判断一个潜在责任人是否承担责任时，制度依据可以从不同部门法中搜寻。

关于响应费用，本案一方面讨论原告根据行政命令而采取的行动所花费用是否由被告承担，另一方面讨论预估计算的未来响应费用是否可以作为正式判决中的费用。事实问题已在前文得到讨论，其中 AAA 公司和 MIG 公司由于缺乏基本的环境保护意识，未适当关闭垃圾填埋场就对其进行遗弃，这种行为不仅是不道德的，还引发了高额的响应费用。因此，环境问题应本着早发现早修复的原则解决，这才是成本最少且损害最小的方式。

案例 7　伯灵顿北方和圣达菲铁路公司、壳牌石油公司诉美国政府案（Burlington N. & Santa Fe Ry. Co. v. Untied States）

一、案例背景

（一）基本情况（时间、地点、涉及人员）

本案涉及的当事方：

（1）布朗和布莱恩特公司；

（2）艾奇逊、托皮卡和圣达菲铁路公司（伯灵顿北方和圣达菲铁路公司的前身）、太平洋铁路运输公司（联合太平洋铁路公司的前身）（合称为"铁路公司"）；

（3）壳牌石油公司；

（4）美国环境保护署；

（5）加利福尼亚州有毒物质控制部（DTSC）。

本案所涉污染场地包括两个地块：

（1）布朗和布莱恩特公司在加利福尼亚州阿尔文的一块用于农业化学品分销业务的土地，该地块面积为 3.8 英亩，以前用作农田（布朗和布莱恩特公司地块）；

（2）与上述地块相邻的 0.9 英亩的土地，该地块由两家铁路公司共同拥有（铁路地块）。

1. 案情简述

布朗和布莱恩特公司于 1960 年起在其租赁的布朗和布莱恩特公司地块开展肥料和农业化学品储存、配送和定制业务，该地块于 1976 年被布朗和布莱恩特公司购买。1975 年，布朗和布莱恩特公司为了扩展在加利福尼亚州阿尔文的农业化学品分销业务，在原本使用的布朗和布莱恩特公司地块附近又租赁了由两家铁路公司共同拥有的铁路地块，将该地块用于存放化肥和化学喷洒设备，并向客户运送各种化学品。1989 年，布朗和布莱恩特公司因破产而停止运营。在公司发展过程中，布朗和布莱恩特公司购买壳牌石油公司生产的农业化学品进行储存与销售，以补充公司的业务版图。

1978 年，加利福尼亚州政府发现位于该州的二溴氯丙烷工厂的工人将化学物质大量释放到地面对地下水产生的影响后开始注意这些物质。同年，地区水质委员会检查布朗和布莱恩特公司位于阿尔文场地的设施（法院遵循原告对设施的定义：设施可以是类似容器的物体，它是有害物质释放或威胁释放的来源，例如管道、机动车辆或储存容器；也可以是作为释放源或威胁释放源的地理区域，例如垃圾填埋场、填埋坑或污水池；也可以是有害物质通过被动扩散，如地下水迁移、地表径流、风扩散，或者通过人类引导而到达的地理区域）时发现布朗和布莱恩特公司已将含有杀虫剂的废水排放到深层地下水中，于是命令其完成废物排放报告和纠正计划。

1979 年 10 月 29 日，美国环境保护署发出了壳牌杀线虫剂（Nemagon，一种熏蒸杀虫剂）暂停令，因为该产品中包含二溴氯丙烷。同时，壳牌石油公司深知其生产的杀虫剂 DD（一种农业化学品）易燃、腐蚀性强且有毒。在经历了美国环境保护署的调查以及在某些地区的饮用水井中发现二溴氯丙烷之后，壳牌石油公司向农业化学品分销商发布了 DD 处理和安全手册，目的是促进其分销商遵守环境法。相比之下，铁路公司没有采取任何修复措施来保护阿尔文场地的环境或地下水，而布朗和布莱恩特公司作为壳牌石油公司的农业化学品分销商，向壳牌石油公司证明其已经按照建议多次改进相关设施。然而在布朗和布莱恩特公司的经营、交货过程中发生过泄漏、设备故障、储罐和卡车冲洗，导致有害物质渗入场地的土壤及上层地下水中。

1983年，加利福尼亚州卫生服务部发现布朗和布莱恩特公司违反了多项危险废物法律。此外，美国环境保护署进行的一项单独调查发现了布朗和布莱恩特公司运营场地过程中污染土壤和地下水的大量证据。尽管布朗和布莱恩特公司采取了一些措施对场地进行修复，但是到1989年，该公司无力偿付债务，因此终止了所有的业务活动。同年，根据超级基金法的授权，美国环境保护署和加利福尼亚州有毒物质控制部承担了污染的清理和修复费用，而后代表美国政府对铁路公司、壳牌石油公司提起诉讼（布朗和布莱恩特公司因破产而未被列为被告），请求根据超级基金法规定的清理权收回其清理和修复费用。

2. 案件审理过程

1999年，加利福尼亚州东部地方法院就上述问题进行审判，并于2003年作出了对原告有利的判决：铁路公司和壳牌石油公司均构成超级基金法规定的潜在责任人。地方法院虽然确定了责任人，但是其并没有要求铁路公司和壳牌石油公司承担连带责任，而是要求铁路公司和壳牌石油公司分别承担美国环境保护署和加利福尼亚州有毒物质控制部处理污染所产生总成本的9%和6%。原告对地方法院作出的责任分摊判决不服，提起上诉。壳牌石油公司对法院作出的赔偿责任判决提起交互上诉。2008年，第九巡回上诉法院撤销了地方法院作出的责任分摊判决，并认定：壳牌石油公司和铁路公司应对美国政府支付的场地污染处理费用承担连带责任。铁路公司和壳牌石油公司要求对案件进行复审。2009年，联邦最高法院推翻了第九巡回上诉法院的结论，认为第九巡回上诉法院认定壳牌石油公司对修复费用承担责任是错误的，其无须对场地污染承担责任，同时认定将铁路公司对场地修复成本的份额确定为9%是合理的。

（二）污染物及环境损害

本案涉及土壤污染和地下水污染问题，污染所涉及的主要化学品为：壳牌石油公司生产的DD、杀线虫剂以及由陶氏化学公司制造的除草剂地乐酚。

DD 的主要成分包括 1, 2-二氯丙烷（DCP）、顺式-1, 3-二氯丙烯以及反式-1, 3-二氯丙烷与少量 1, 2, 3-三氯丙烷的组合。杀线虫剂的成分为二溴氯丙烷，这些产品用于杀死线虫这类攻击作物根部的微小蠕虫。除草剂地乐酚的主要成分为二硝基丁酚。在这些产品的储存、接收和转移过程中，泄漏频繁发生，防护和修复措施却寥寥无几。

根据美国环境保护署的调查抽样和分析，在布朗和布莱恩特公司运营场地的土壤和地下水中（A 区）发现的有害物质包括但不限于二溴化乙烯、二溴氯丙烷、1, 2-二氯丙烷、1, 3-二氯丙烯。经评估，美国环境保护署得出结论：地乐酚和 DD 污染了场地的土壤，并通过集中渗透转移到上层地下水中；地乐酚和 DCP（DD 的一种主要成分）通过水流被输送到地下水中。场地设施排放出的地下污染物羽流的存在进一步证明了危险物质已从设施中释放出来。同时，铁路地块上的溢出物没有到达地下水，地块下无连续污染柱。整体来说，无法准确量化每个地块的污染情况。

通过调查可知，场地中的地下水分为三个区：A 区（上层）是位于地表以下 60 英尺至 80 英尺的滞水含水层；B 区（中间层）位于地表下大约 150 英尺，A 区和 B 区被一个通常情况下不透水但可能发生渗漏的黏土隔水层隔开；C 区（最深层）位于地表以下大约 200 英尺处，由一种不渗漏的黏土与中间层隔开。

目前只有 C 区被用作饮用水源。最近的饮用水井是阿尔文市政 1 号井（阿尔文井），位于场地西南 1700 英尺处，该井只从 C 区含水层取水。B 区虽然当前尚未被用作饮用水源，但将来有可能会被用作饮用水源，所以即便现在没有在 B 区发现任何污染，由于分隔 A 区与 B 区的黏土可能发生渗漏，从长远来看，B 区的水仍有被污染的风险。同时，A 区的水以每年 53 英尺的速度向西/西南方向流动，流向在场地下方的不同位置会发生变化。场地南部和西部的 3 口地下水监测井以及土壤采样显示受到污染，同时也显示 A、B 两区含水层的坡度总体向南偏向阿尔文井，这表明阿尔文井和附近居民的饮水安全也受到了威胁。

（三）场地清理及费用

场地响应成本包括调查、清理、取样、监督调查、安全围栏、其他限制性措施以及执法活动的成本。美国政府还可以收回与管理超级基金计划相关的间接费用。

本案中，在收到美国政府要求治理场地污染的行政命令后，布朗和布莱恩特公司采取了一些措施对场地进行修复，但是到 1989 年，该公司因资不抵债而终止了所有的业务活动。同年，美国环境保护署和加利福尼亚州有毒物质控制部承担了污染的清理和修复费用。美国环境保护署为地下土壤的前 7 英尺选择了 80% 的清理水平。截至 1998 年，美国政府已花费超过 800 万美元应对场地污染，这项费用在将来仍可能进一步增加。

二、诉讼过程

（一）原告与被告

原告：美国环境保护署和加利福尼亚州有毒物质控制部。

被告：艾奇逊、托皮卡和圣达菲铁路公司和南太平洋铁路运输公司，壳牌石油公司。

（二）原告诉讼法律依据与被告辩驳依据

1. 原告诉讼法律依据

根据超级基金法（《美国法典》第 42 卷第 9601 条、第 9604 条）的授权，原告对场地遭受的污染进行及时清理而产生了修复费用，因此原告寻求从铁路公司和壳牌石油公司收回成本。原告认为壳牌石油公司和铁路公司对污染损害发生的责任是不可分割的，两者都是百分之百连带责任。

《美国法典》第 42 卷第 9607 条（a）款（3）项所述的安排者要求某实体进行"安排"处置。原告不否认法令要求某实体进行"安排"处置，但是其认为应当参照法律术语"处置"一词的含义对其进行解释：《美国法典》第 42 卷第 6903 条（3）款将"处置"广泛定义为"将任何固体废物或危险废物排放、沉积、注入、倾倒、溢出、泄漏或投放到土地或水体的表面或内部的行为"，也可参照第 9601 条（29）款（采用《固体废物处置法》中"处置"的定义）。原告声称，通过将"溢出"和"泄漏"等无意行为纳入处置的范畴，国会的目的是向直接处置废物的实体以及从事有害物质合法出售的实体施加法律责任，明确有些处置行为可能会产生与出售相同的后果。基于对上述法令的解读，原告称壳牌石油公司在明知会导致部分有害物质溢出和泄漏的情况下，通过买方或公共承运人将 DD 运送至布朗和布莱恩特公司，安排对 DD 进行《美国法典》第 42 卷第 9607 条（a）款（3）项所述的处置。虽然交付有用产品是该安排的最终目的，但是壳牌石油公司在明知会导致有害物质溢出和泄漏的情况下，继续参与并推进该交付过程，该情况足以证实壳牌石油公司处置有害物质的意图，因为壳牌石油公司已预料到此类溢出和泄漏。因此原告坚称壳牌石油公司确有安排处置 DD 的意图。此外，按照《美国法典》第 42 卷第 9607 条（a）款（1）项、（2）项的规定，铁路公司作为铁路地块的所有者，理应承担责任。

同时，原告认为在责任分摊的分析中不应考虑公平分摊因素，且只有明确的证据表明共同潜在责任人造成的损害可分割的情况下，才可以进行责任分摊，而地方法院以各当事方有害物质释放比例为指标对整体损害进行责任分摊的假设没有任何记录支持。因此原告拒绝承认损害的潜在可分割性，要求各责任人承担连带责任。

2. 被告辩驳依据

铁路公司辩称：①在已经花费在阿尔文场地修复工作上的 3 057 700 美元中，2 607 318 美元是为响应美国环境保护署的行政命令而产生的，可以从壳牌石油公司收回；②铁路公司不质疑分配给壳牌石油公司的责任百分比，但坚称铁路地块上的危险化学品泄漏并未到达地下水，其不应承担任何责任，如果要承担，那应该只对被证明可实际追溯计算的铁路地块地下水污染的那部分负责，因此拒绝任何估计的由铁路地块释放造成的地下水污染的数量；③铁路公司声称在审判后获得的其他文件表明美国环境保护署的修复措施是任意的、反复无常的，并且与国家应急计划不一致。

壳牌石油公司辩称：①在阿尔文场地交付时，DD 的所有权已从壳牌石油公司转移给布朗和布莱恩特公司。由于与布朗和布莱恩特公司的合同安排（采用 FOB Destination Point [1]），壳牌石油公司聘请了公共承运人，用油罐车将 DD 运送到布朗和布莱恩特公司的阿尔文场地，因此它不能作为安排者承担责任。②在卸货过程中，DD 发生的泄漏、溢出、滴落既不是固有的，也不是不可避免的。③壳牌石油公司不作为《美国法典》第 42 卷第 9607 条（a）款（3）项所规定的安排者对公共承运人卸下 DD 时发生的任何泄漏承担责任。没有证据表明壳牌石油公司的意图是雇用公共承运人来安排危险物质的处置。证据表明，壳牌石油公司只是打算将其产品交付给布朗和布莱恩特公司。④有用产品原则排除了壳牌石油公司的安排者责任，因为其出售给布朗

---

〔1〕 FOB 为国际贸易中常用的贸易术语之一。

和布莱恩特公司的 DD 是有用产品，而不是故意制造的废物。⑤壳牌石油公司不应对与地乐酚去除行动相关的响应成本负责，因为这些成本是可分的。⑥卸货过程中发生的任何泄漏与阿尔文场地下方的地下水污染之间没有因果关系，法院没有发现任何在将 DD 从公共运输工具转移到布朗和布莱恩特公司储罐的过程中发生的滴漏、泄漏或溢出导致或促成了阿尔文场地下方的地下水污染的证据。

（三）法院判决及决定性依据

美国联邦最高法院作出如下判决：

第一，壳牌石油公司不应作为阿尔文场地污染的安排者承担相应责任。《美国法典》第 42 卷第 9607 条（a）款（3）项所规定的责任不应超出法令本身的限制。《美国法典》未专门定义"安排"有害物质处置中的"安排"一词，因此应采用该词通常的含义。按一般说法，"安排"是指为达到特定目的而采取的行动。因此，如果一个实体有目的性地采取相关措施来处置有害物质，则该实体属于安排者。如果要把壳牌石油公司定义为安排者，那么壳牌石油公司在出售 DD 的过程中，必须通过《美国法典》第 42 卷第 6903 条（3）款中的一种或多种方法至少处置其中的一部分产品，而依据地方法院发现的相关事实不足以得出这一结论。

相关证据表明，壳牌石油公司知晓 DD 由公共承运人转移到布朗和布莱恩特公司储罐的过程中发生了几次轻微的意外泄漏；然而，还有证据表明，壳牌石油公司曾采取多种措施，鼓励其分销商降低发生泄漏的可能性。换言之，壳牌石油公司制定各种技术规范与方法的意图在于杜绝 DD 转移过程中的泄漏，而非处置 DD。因此，仅仅从壳牌石油公司知晓阿尔文场地持续发生泄漏事故不足以推断出其"安排"了对 DD 的处置活动。

第二，地方法院判决由铁路公司承担 9% 的场地修复费用是合理的。地方法院根据 3 个数据指标计算相关责任比例，即归铁路公司所有的地块占场地总面积的百分比、布朗和布莱恩特公司的营业期限除以租赁铁路地块的期限以及污染化学品的来源。泄漏到租赁地块上的污染化学品中，铁路公司只需对其中两种（除去 DD）进行修复，而这两种污染化学品约占整个场地污染来源的 2/3。尽管相关方提供的证据不允许地方法院精确计算铁路地块中的有毒有害物质在场地总污染中的比重或各种化学品所造成损害的精确百分比，但是相关证据表明，布朗和布莱恩特公司地块是污染的集中地，铁路地块中发生的泄漏较少。地方法院得出的调查结论显示，该场地的污染主要集中在距离铁路地块最近的部分设施中，铁路地块上发生的有毒有害物质泄漏未达到场地总污染的 10%，且其中一些污染无须进行修复。

1. 铁路公司的责任

《美国法典》第 42 卷第 9607 条（a）款规定了 4 类潜在的严格责任人：①设施的所有者和经营者承担责任；②在处置任何危险物质时拥有或操作处置该等危险物质的任何设施的人承担责任；③通过合同、协议或其他方式安排处置或处理该等危险物质的人，或者安排运输单位运输以处置、处理危险物质的人承担责任；④从导致危险物质排放、可能产生费用的地方接受或接受过危险物质，以运输到其选择的位置去排放、焚化者，承担所有转移或者补救的费用。

本案中，无论是根据第 9607 条（a）款（1）项还是第 9607 条（a）款（2）项，铁路公司在污染发生时都是布朗和布莱恩特公司所租赁铁路地块的所有者，且如今仍然是该土地的所有者，因此均属于本次污染事故的潜在责任人，这一点是没有任何争议的。因此铁路公司应当在本案中承担部分场地响应费用。

2. 壳牌石油公司的责任

《美国法典》第 42 卷第 9607 条（a）款（3）项的规定适用于"安排处置有害物质"的实体。根据相关法令措辞，很清楚的一点是，如果某实体开展交易的唯一目的是丢弃一种已使用的且不再继续使用的有害物质，则根据《美国法典》第 42 卷第 9607 条（a）款（3）项的规定，该实体应承担超级基金法规定的责任。同样很明确的一点是，如果某实体只是将一种新的且未使用的产品出售给他人，买方在处置此类产品时造成污染，而该实体完全不知情，则该实体无须作为安排者承担相应的责任。本案中，壳牌石油公司是将一种全新且未使用的产品售卖给布朗和布莱恩特公司，但知晓之后发生的轻微泄漏情况，此时需进一步结合案情分析。

通常而言，"安排"是指为达到特定目的而采取的行动。因此，当某一实体故意采取相关措施处置有害物质时，则可将该实体视为《美国法典》第 42 卷第 9607 条（a）款（3）项所述的安排者。虽然证据表明，壳牌石油公司知晓公共承运人将 DD 运送至布朗和布莱恩特公司大型储罐的过程中发生了几次轻微的意外泄漏，但该等证据尚无法证明壳牌石油公司是故意泄漏。相反，有证据证明壳牌石油公司采取了多种措施（包括为分销商提供详细的安全手册、要求分销商保持充足的储存设施，并为采用安全预防措施的分销商提供折扣等）鼓励其分销商尽可能减少此类泄漏。虽然壳牌石油公司的防泄漏工作并未取得理想的效果，但是基于该等事实，仅仅因为壳牌石油公司知晓会继续发生泄漏的情况，不足以得出壳牌石油公司"安排"对 DD 进行《美国法典》第 42 卷第 9607 条（a）款（3）项所述范围内处置的结论。因此，可以得出结论，壳牌石油公司并非安排者，也无须对阿尔文场地的污染承担责任。

3. 布朗和布莱恩特公司的责任

布朗和布莱恩特公司作为本案中土壤、地下水污染的始作俑者，理应承担场地修复的响应费用，但其已于 1989 年因无力偿付到期债务而破产，此处不再赘述。

三、案例讨论

（一）诉讼所涉及的法律文件、条款

①超级基金法；②《美国法典》第 42 卷第 6903 条（3）款、第 9604 条、第 9607 条（a）款（3）项；③《统一商法典》第 2-319 条 1 款 b 项；④《侵权法重述（第二版）》第 875 条；⑤《危险废弃物法》第 13.01 条、第 18.03 条；⑥《环境法专论》第 4A.02 条；⑦《清洁水法案》第 311 条。

（二）法院判决争议点

1. 对《美国法典》第 9607 条（a）款（3）项"安排者"的争议

超级基金法尚未明确规定在某实体开展交易的过程中，两种模糊情况下附带的各种责任：一是，卖方出售的是新的且未使用的产品，并且对买方的预期处置计划有一定的了解；二是，卖方出售有害物质的动机尚不清楚。因此，确定某一实体是不是安排者需要以事实为基础进行大量调查，而该等调查超出了当事人双方将"交易"定性为"出售"或"处置"的范畴。超级基金法未明确规定"出售"和"处置"的界限，当事人的责任认定必须依据以事实为基础对交易性质进行的特定调查。超级基金法本身也并未明确"安排有害物质处置"的具体含义，但通常而言，"安排"是指为达到特定目的而采取的行动。虽然在有些情况下，某实体确实知道其产品可能会泄漏、溢出、倾倒或以其他方式被废弃，该等情况可能会成为该实体处置有害废物之意图的证据，但是仅凭"知道"并不足以证明该实体为处置做好"安排"，尤其是当合法出售未使用的有用产品导致发生"处置"结果时。因此，要将某实体定义为安排者，则该实体必须抱有在产品出售的运送过程中通过《美国法典》第42卷第6903条（3）款所述的一种或多种方法至少处置部分产品的意图。

2. 对多个责任主体承担连带责任还是按份责任的争议

虽然超级基金法明确了严格责任标准，但是未规定每个案件的具体连带责任。相反，国会将责任范围确定为"根据普通法的传统和新出现原则确定"。根据声明，当有合理的依据确定每个人对单一损害的影响时，分摊责任即是合理的。超级基金法规定，请求分摊责任的举证责任由寻求分摊责任的一方承担。与此同时，该法也规定了当两个以上主体造成单一且不可分割的损害时，法院可自行决定作出任意分摊裁决，且每一方应对全部损害负责。虽然各方未能协助法院提供合理分摊责任的证据，但地方法院最终判定，无论根据被告行为发生的时间段和存在的所有权，还是各方活动对造成场地污染的有害物质释放的预估最大影响程度，该案件均为"典型的责任可分割"案件。因此，地方法院自行分摊了损害责任，判决铁路公司承担总修复费用的9%。

在超级基金法背景下适用连带责任只是确保责任人履行清理危险废物的义务，如果整个损害是可分的和能够分摊的，那么负责任的被告可以避免承担连带责任，每个被告都对责任可分摊承担举证责任。在可分情况下，法院必须确定由两个或多个原因造成的损害是否不可分割，或者损害是否能够在不同的原因中划分或分摊。进行损害不可分割性的第一次调查之后，如果发现被告承担连带责任，则任何被告都可以通过寻求在被告之间分配损害赔偿的分摊命令来限制其最终必须支付的损害赔偿金额。

在责任分摊背景下，法院在运用公平因子分配损害赔偿时保留酌处权，以避免仅对潜在的巨大不可分割损害作出少量贡献的被告被强加连带责任。通常在确定是否应分摊损害赔偿时可考虑"戈尔因子"：

（1）各方有能力证明他们对危险废物的排放、释放或处置的份额是可以区分的；

（2）所涉危险废物的数量；

（3）所涉危险废物的毒性程度；

（4）各方参与产生、运输、处理、储存或处置危险废物的程度；

（5）基于这种危险废物的特点，各方对有关危险废物的关注程度；

（6）为防止对公众健康或环境造成任何危害，各方与联邦、州或地方官员合作的程度。

（三）本案启示

通过本案可以看出，超级基金法设置的严格责任主体范围广泛，责任承担也非常严苛。在该法之下，责任的触发是处置危险废物时设施的所有权或运营，而不是污染的罪责或责任。当设施已经释放或威胁释放危险物质时，责任就产生了，因而无须讨论因果关系。在没有其他证据的情况下，所有者由于运营商的活动造成了其地块上存在的污染或与拥有的地块有关的污染时，使所有者对污染负责的行为并不是他们实际参与危险废物的处置，而仅仅是他们在处置危险废物时拥有对运营设施、场地的财产所有权。因此，虽然所有者实际上可能不参与危险废物的处置，但他们仍然被视为允许在其地产上发生超危险活动的污染者。这便是铁路公司承担最终责任的原因。

严格责任也并非没有边界，法律的解释终究不能超过文字含义本身而跳脱出普通人的理解范围。法律规定并非事无巨细，在一些模糊地带可以借助其他法律的相关规定进行体系理解，但是不能过度发散。壳牌石油公司在出售 DD 时，目的大概率只是完成一次商业交易，并不是要把对土壤和地下水有害的 DD 处置掉，即便壳牌石油公司对产品转移过程中发生的泄漏知情，将这样的商业交易解释成安排对危险废物的处置也显得牵强。但同时一些法官也认为，如果被告知道或应该知道危险废物的产生是农药交付过程的固有部分，并且保留了农药的所有权，则可以推断出安排者拥有控制在制品的权力，从而可以推断出他们应承担责任。这样的思路确实值得借鉴——对于可能造成污染的每一个节点都加以规制，也只有这样才能最大限度实现立法目的。

第八章 回溯责任（Retroactive）

一般来说，除非"条款不明确、不灵活，立法机关的意图不明确"，否则法令不具有追溯效力。法院认为追究超级基金法实施之前的行为是符合宪法的，并认为追溯适用超级基金法不违反正当程序。参见美国政府诉莫托洛（Mottolo）案[1]（案例9），美国政府诉克莱默（Kramer）案[2]以及美国政府诉威泰克化学公司（Vertac Chem. Corp.）案[3]。

案例8 爱达荷州政府诉汉纳矿业公司案（Idaho v. Hanna Mining）

一、案情介绍

（一）基本情况

本案污染场地黑鸟矿区位于爱达荷州中东部，即爱达荷州莱姆哈伊县境内、萨尔蒙以西约21英里处，于1893年发现的黑鸟矿是该地区的主要矿场。1917年至1967年，黑鸟矿区的多家公司开采和碾磨了硫化钴和硫化铜，主要开采期为1949年至1967年。

19世纪90年代至1967年期间，矿石尾矿被丢弃在黑鸟溪的排水系统中，从矿山排出的废水和尾矿中含有大量各种形式的铜、钴和铁，且酸性很强。运营初期，尾矿被直接堆放到黑鸟溪进行处理。1950年，这里建造了一个尾矿坝来收集冲到下游的尾矿。这个大坝目前包含约200万吨的尾矿。

1967年后，黑鸟矿区只运行了两个小型试点项目，以测试重新开放采矿

---

[1] "United States v. Mottolo, 695 F. Supp. 615（N. H. D. 1988）", https://law. justia. com/cases/federal/district-courts/FSupp/695/615/2345848/, 2022-10-31.

[2] "United States v. Kramer, 757 F. Supp. 397（D. N. J. 1991）", https://casetext. com/case/us-v-kramer-4, 2022-10-31.

[3] "United States v. Vertac Chem. Corp. , 364 F. Supp. 2d 941（E. D. Ark. 2005）", https://case-text. com/case/us-v-vertac-chemical-corp-4, 2022-10-31.

作业的可行性，几乎未进行商业采矿作业。被告汉纳矿业公司于 1967 年收购了黑鸟矿区，将工作人员留在现场，但从未在那里进行商业开采。诺兰达勘探公司（与下文的诺兰达矿业有限公司合称"诺兰达公司"）于 1979 年 12 月至 1982 年 5 月期间作为黑鸟矿业公司的普通合伙人在黑鸟矿区进行了有限的采矿活动。在此期间，作为试点采矿计划的一部分，诺兰达公司开采约 2500 吨矿石，以确定该矿全面运营的可行性。1980 年 8 月，汉纳矿业公司和诺兰达矿业有限公司成立了一家有限合伙企业，黑鸟矿业公司收购了该资产。

1980 年 9 月 25 日，诺兰达公司和爱达荷州政府就黑鸟矿区的运营达成了一项遵守时间表的协议。同一天，美国环境保护署向诺兰达公司颁发了关于黑鸟矿区的国家污染物排放消除系统许可。爱达荷州根据《联邦水污染控制法》第 401 条向美国环保保护署证明，对诺兰达公司发放国家污染物排放消除系统许可符合爱达荷州的水质标准。

根据合规令和国家污染物排放消除系统许可，诺兰达公司在黑鸟矿区建造了一个废水处理厂，以处理矿井的废水，成本约为 150 万美元。该废水处理厂于 1980 年 11 月建成，并从那时起按照国家污染物排放消除系统许可规定的标准运行。诺兰达公司的环境工作总成本约为 300 万美元。

诺兰达公司的试点采矿计划于 1980 年 9 月 8 日得到了美国林业局的批准。美国林业局编写的环境评估报告指出，该试点采矿计划不会对环境产生重大影响。在发布决定通知后，美国林业局向诺兰达公司颁发了使用该局土地的许可。1982 年 2 月，在发布最终的环境影响报告书（EIS）后，美国林业局还批准了诺兰达公司的建议，即每天 1200 吨矿石的全面运营。这份环境影响报告书指出，过去的采矿做法对豹溪（Panther Creek）排水沟的渔业和自然资源产生了不利影响，但不要求诺兰达公司纠正过去对自然资源的损害。

诺兰达公司于 1981 年停止了黑鸟矿区的所有采矿作业，并于 1982 年 5 月在试点采矿计划完成后，在该矿区开始任何全面作业之前，停止了所有地下活动。被告没有再在该矿区进行任何活动。从那时起，诺兰达公司继续维护和运营废水处理厂，按照国家污染物排放消除系统许可中规定的标准收集和处理废水。矿场关闭后，除了 3 名看守人员，诺兰达公司的所有员工都被解雇了。在被告拥有的地产上，污染物仍在继续排放。

（二）诉讼阶段梳理

爱达荷州政府于 1983 年 12 月提起诉讼，控告汉纳矿业公司、诺兰达矿业公司、诺兰达勘探公司以及豪梅特涡轮部件公司（Howmet），要求获得禁令性救济和赔偿。爱达荷州政府声称，在采矿作业中产生的采矿废物污染了地下水和地表水，且损害了水生生物和野生动物。

针对最初的简易判决动议，爱达荷州地方法院认为，尽管根据超级基金法的诉讼时效，该州的行动是及时的，但该州未能在提起诉讼前至少60天发出其索赔通知。地方法院因此驳回了原告根据超级基金法提出的索赔，并拒绝对未决索赔行使酌处权。

地方法院的判决被上诉到第九巡回上诉法院，爱达荷州政府要求复审地方法院的判决。第九巡回上诉法院经过审理，对原判决做出部分确认、部分撤销的决定。第九巡回上诉法院确认了地方法院关于爱达荷州行动及时的决定，但推翻了要求提前60天通知的决定。此案被发回地方法院进行进一步审理。

地方法院首席法官卡利斯特审查了被告提出的简易判决动议的全部内容，他认为：①缺乏证明不可逆转且不可挽回损害的具体语言排除了业主的权衡抗辩；②关于污染是由点源排放还是非点源排放引起的实质性事实问题，排除了对业主的联邦许可排放抗辩的简易判决；③根据爱达荷州法律，铜、钴矿废弃物为有害物质；④爱达荷州《环境保护与健康法》并未取代普通法引发诉讼；⑤关于污染是暂时的还是永久的，排除诉讼时效的问题。基于上述主张，地方法院驳回了被告要求作出简易判决的动议。

被告提出上诉。第九巡回上诉法院的巡回法官法里斯认为：①超级基金法的环境影响报告书例外不适用于在该报告书发布之前发生的活动造成的损害；②无论特定条款是否适用，例外都适用环境影响报告书中使用的"不可逆转"和"不可挽回"。

（三）污染物及环境损害（土壤、地表水、地下水）

在19世纪90年代至1967年期间，尾矿被直接堆放到黑鸟溪进行处置。来自矿山和这些尾矿的排放物含有大量不同形式的铜、钴和铁，且酸性很强，其直接排入地下水和地表水，造成鱼类死亡、溯河鱼类产卵减少或消失，并对附近溪流中的水生生物产生其他不利影响。

黑鸟矿区的开采方式有地下开采和露天开采两种。20世纪50年代末的露天开采留下了一个10.3英亩的未开垦矿坑和大约380万吨的废石，堆积在黑鸟溪和鹿尾溪上游一块45.8英亩的土地上。地下矿场至少有10英里的地下工作面的发展，大约有 100 万吨废石从地下工作面被开采出来，堆积在黑鸟溪、梅多溪和鸡尾溪的出口。

开采矿石的废水和尾矿对场地周边的土壤、地表水、地下水乃至水生生物的健康都造成了危害，这种危害持续数年。虽然诺兰达公司在获得国家污染物排放消除系统许可的情况下对排污方式进行了改进，也对污染场地进行了一定的清理，但没有完全消除场地污染。

二、诉讼过程

（一）原告与被告

原告：爱达荷州政府。

被告：汉纳矿业公司、诺兰达矿业有限公司和诺兰达勘探公司、豪梅特涡轮部件公司。

（二）原告诉讼法律依据与被告辩驳依据

1. 原告诉讼法律依据

爱达荷州政府要求根据超级基金法、《美国法典》第 42 卷第 9607 条的规定对数名被告追偿自然资源损害（赔偿），要求对矿山附近溪流中的水生生物实施禁令和货币救济。地方法院裁定，《美国法典》第 42 卷第 9607 条（f）款中所规定的环境影响报告书例外不适用，其中指出，如果"环境影响报告书将相关损害（赔偿）明确界定为不可逆转且不可挽回的自然资源承诺"，则不应判处任何责任。环境影响报告书未将确切的措辞纳入法令，地方法院借此作出该项裁定并证实可就该问题进行中间上诉。

地方法院对其证实可进行上诉的这一问题给出了一个狭义定义：为适用《美国法典》第 42 卷第 9607 条（f）款中所规定的环境影响报告书例外，是否一定要在环境影响报告书中使用"不可逆转"及"不可挽回"等特定用语。

爱达荷州政府及地方法院临时法律顾问提出了另外一个问题。其诉称，《美国法典》第 42 卷第 9607 条（f）款中所规定的环境影响报告书抗辩不应适用于环境影响报告书发布之前发生的活动引起的损害（赔偿）。

2. 被告辩驳依据

被告首先辩称，超级基金法索赔必须被驳回，因为原告所起诉的环境损害已在环境影响报告书中得到充分说明。具体而言，《美国法典》第 42 卷第

9607 条 (f) 款中规定，不得根据超级基金法强加任何责任。

除了环境影响报告书，被告还准备了与诺兰达公司的试点采矿计划相关的环境评估 (EA)。环境评估的功能是确定是否应该依据环境影响检查试点采矿计划。环境评估得出结论认为不需要环境影响报告书，并表示试点采矿计划不会造成"重大的不可逆转或不可挽回的自然资源承诺"。因此，很明显，试点采矿计划造成的任何损害都不属于《美国法典》第 42 卷第 9607 条 (f) 款的环境影响报告书例外。尽管环境评估像环境影响报告书一样详细说明了历史采矿活动造成的损害，但没有具体发现这些损害是"不可逆转且不可挽回的"。因此，环境评估不会根据《美国法典》第 42 卷第 9607 条 (f) 款为被告的论点提供任何额外的依据。

（三）法院判决及决定性依据

《美国法典》第 42 卷第 9607 条 (f) 款规定，在以下情况下，不应就自然资源损害（赔偿）施加任何责任：被起诉的一方已经证明，环境影响报告书或其他类似的环境分析已将所申诉的自然资源损害（赔偿）明确界定为不可逆转且不可挽回的自然资源承诺，授予许可或批准的决定认可了此类自然资源承诺，且已根据相关许可或批准条款以其他方式运营该场地或项目。

该项自然资源损害（赔偿）责任豁免的含义这一上诉问题已经被证实。

当一个项目被允许继续进行时就已经进行了权衡，即使它会造成不可逆转且不可挽回的损害。因为根据超级基金法，被允许者对这些确定的损害不承担任何责任。这里有争议的是环境影响报告书确实确定了一些不可逆转且不可挽回的自然资源承诺，这些承诺由拟议的黑鸟矿区项目引起。例如，环境影响报告书发现被告建设尾矿处理区、开采黏土材料以及倾倒 82 000 立方码的废石，将产生不可逆转且不可挽回的损害，国家将被明确禁止为这些损害寻求救济。但黑鸟矿区项目从未启动，爱达荷州政府诉讼的主要目的不是清理被告自己倾倒的废物，而是为之前所有者倾倒的废物寻求救济，其声称这些废物仍然是一个问题。因此，《美国法典》第 42 卷第 9607 条 (f) 款的真正问题是历史采矿活动造成的损害，即由先前所有者进行的废物处理造成的损害。

环境影响报告书确实发现历史采矿活动造成了今天存在的严重问题，其指出，历史采矿活动导致植被覆盖和水质"严重退化"，对植被、水质和鱼类造成了"严重破坏"。据此，环境影响报告书继续得出结论，认为历史采矿活动造成的水中高浓度铜对水生生物是致命的，并详细说明了矿物质渗入溪流造成的大量鱼类死亡。在检查了这种损害之后，环境影响报告书得出结论："虽然可以假设能恢复到开采前的水质，但目前实现这一目标的方法要么未知，要么在经济上不可行。"因此，"各机构决定不将研究区河流恢复到自然状态作为重新开放矿山的先决条件"。"不可逆转"和"不可挽回"这两个词从未被用来描述历史采矿活动造成的损害，但环境影响报告书确实得出结论，即不可能将水质恢复到开采前的状态。爱达荷州政府允许被告在不将该地区恢复到自然状态的情况下继续进行黑鸟矿区项目。

现在看来，原告试图通过这起诉讼重新履行协议并迫使被告清理黑鸟矿区。不幸的是，被告对这种不公平的修复措施的抗辩，法律依据必须来自除《美国法典》第 42 卷第 9607 条（f）款非常严格的语言之外的其他来源。只有当自然资源损害"被明确认定为对自然资源的不可逆转且不可挽回的承诺"时，才能依该条款免除责任。"不可逆转"和"不可挽回"是美国林业局法规中定义的术语，它们在环境影响报告书中用于描述黑鸟矿区项目可能对自然资源产生的预期影响，但并未用于描述历史采矿活动对自然资源的影响。由于环境影响报告书中没有关于历史采矿活动造成的损害的具体描述，法院认定《美国法典》第 42 卷第 9607 条（f）款不适用于这些损害。

法院裁定，超级基金法第 107 条（f）款对环境影响报告书确定的自然资源损害（赔偿）责任豁免不适用于环境影响报告书发布之前发生的活动所造成的损害（赔偿）。超级基金法第 107 条（f）款中的环境影响报告书责任豁免仅针对环境影响报告书所涉及的场地引发的污染，其不适用于该场地之前存在的问题。法院还裁定，根据超级基金法第 107 条（f）款中的环境影响报告书责任豁免规定，无须在环境影响报告书中使用"不可逆转且不可挽回的自然资源承诺"等特定用语。尽管此类特定用语是满足上述责任豁免的最佳方式且应将此类特定用语用于环境影响报告书的汇总章节，但只要其他措辞清晰且无歧义，即可使用其他措辞。关于律师费，由于超级基金法不涉及这一问题且其他案件中也从未解决这一问题，法院拒绝就律师费作出裁定。

三、案例讨论

（一）诉讼所涉及的法律文件、条款

①超级基金法第 107 条（f）款、第 112 条；②《美国法典》第 42 卷第

9601 条、第 9607 条（f）款，第 28 卷第 1292 条（b）款；③《清洁水法案》；④《妨害赔偿法》；⑤爱达荷州法律。

（二）法院判决争议点

1. 是否应当就过去所开展的活动负责任

地方法院将上诉问题定为：为适用《美国法典》第 42 卷第 9607 条（f）款中的环境影响报告书例外，是否一定要在环境影响报告书中引用"不可逆转"及"不可挽回"等特定用语。爱达荷州政府及所有法院临时法律顾问均认为首要问题是：《美国法典》第 42 卷第 9607 条（f）款所规定的环境影响报告书例外是否描述了之前开展的造成持续损害的活动。汉纳矿业公司和诺兰达公司回应，过去所开展活动这一问题超出了其调查范围，原因是这一问题并非中间上诉的一部分。

超级基金法及立法历史均未涉及免除过去所开展活动的责任这一问题。根据该法规定，仅免除新批准项目引发的损害（赔偿）责任。在本案中，相关损害是由 1967 年以前开展的开采活动引发的。本案所涉及相关许可是为重新启动黑鸟矿区项目而发放的，此前从未发放过此类许可。

尽管涉案许可也涉及废水处理厂，但是《美国法典》第 42 卷第 9607 条（f）款中的环境影响报告书仅豁免该场地所造成污染的责任，而非之前已存在问题的责任。豁免的释放活动是指"开展此类项目或执行此类行动后将造成的污染物释放"。在未开展相关项目或执行相关行动的情况下，发生的污染物释放不在该法的规制范围之内。

过去所开展活动引发的责任不会因环境影响报告书中对新项目的授权而自动免除。就场地之前所有者倾倒的有害物质而言，超级基金法中明确规定，场地的当前所有者需为此承担相应的责任。环境影响报告书并非一种用来豁免原本应承担责任的实体承担由过去所开展活动引发的损害（赔偿）责任的手段。

汉纳矿业公司和诺兰达公司未能找出环境影响报告书或环境评估中有关超级基金法责任的措辞，免除超级基金法责任的行为违背了该法的立法意图。如果汉纳矿业公司和诺兰达公司希望通过建造处理场地而免除相关责任，则其可采用《美国法典》第 42 卷第 9622 条中的和解协议。环境影响报告书例外不适用于过去发生的损害或历史损害，此类损害早已发生或由于该历史行为而正在持续。

2. 免除超级基金法责任所需的环境影响报告书措辞

地方法院发现，根据《美国法典》第42卷第9607条（f）款中的措辞要求，应在环境影响报告书中按顺序明确指出"不可逆转且不可挽回的自然资源承诺"，才可适用环境影响报告书例外。地方法院提出的问题是：在"明确界定为不可逆转且不可挽回的自然资源承诺"这一用语中，是否一定要使用此类确切词语。

解释法律的出发点是国会所使用的措辞，如果可能，应使国会使用的每个词均具有效力。因此，应对超级基金法责任例外加以狭义解释。超级基金法并未定义"不可逆转"及"不可挽回"，这两个词是根据美国林业局法规定义的，此类法规符合《国家环境政策法》中的程序要求。"不可逆转且不可挽回的自然资源承诺"这一用语来源于《国家环境政策法》，其中要求在环境影响报告书中对"拟进行的诉讼将涉及的任何不可逆转且不可挽回的自然资源承诺"进行描述。

《美国法典》第42卷第9607条中的环境影响报告书例外并未公开要求引用特定用语，超级基金法的立法历史也未表明国会要求使用特定用语。1980年，美国参议院环境与公共事务委员会对相关条款进行补充并将环境影响报告书例外纳入立法——该立法即为后来的超级基金法。

美国参议院环境与公共事务委员会在报告中解释了为何这一规定是必要的：在某些情况下，联邦官员必须就资源交易作出相关决策，此时应对超级基金法中规定的资源损害（赔偿）责任进行适当限制。相关方已就资源交易达成共识且将进行此类资源交易，在发放此类释放许可时，美国环境保护署会考虑这一点并批准资源交易，因而此类许可释放活动造成的资源损害（赔偿）不会导致相关方承担超级基金法责任。

除了"不可逆转且不可挽回"这一用语，其他措辞也可满足立法措辞要求及立法目的。由于《国家环境政策法》、美国林业局法规以及《美国法典》的豁免条款本身也使用了这些术语，为满足《美国法典》第42卷第9607条（f）款的要求，最佳做法是使用这些特定用语。但由于国会并未要求引用上述特定用语，美国环境保护署作出的未使用特定用语的裁定也可能满足《美国法典》第9607条（f）款的要求——只要此类裁定足够明确且无歧义。

（三）本案启示

本案是系列案件中的最后上诉案件，法院主要就环境影响报告书中是否应当明确使用"不可逆转且不可挽回的自然资源承诺"措辞来免除《美国法典》第 42 卷第 9607 条（f）款的责任进行了裁决。尽管在铜钴矿重新开放之前进行的环境评估描述了历史采矿活动造成的损害，但由于缺乏关于这些损害不可逆转且不可挽回的具体结论，当前矿主无法在诉讼中进行权衡抗辩。

如同法院认为的一样，在这种情况下，利益相关方无须查询数百页的环境影响报告书来确定是否已将自然资源损害（赔偿）明确界定为不可逆转且不可挽回的自然资源承诺。环境影响报告书中应给出明确且无歧义的声明，最好使用法律法规中的用语并将其置于汇总章节或其他显眼的章节。

对于本案来说，爱达荷州政府试图通过恢复黑鸟矿区项目来对以前存在的废物进行清理，案件诉讼过程中反复上诉的原因很多，包括诉讼时效、管辖、法律豁免以及爱达荷州法律的效力等。本案表明，如果爱达荷州政府以及联邦政府在发放合规令以及许可时知道以前废物存在的损害，当时便应当与企业达成明确合意，由企业负担责任，这样才能避免长期诉讼带来的司法资源浪费以及污染的进一步恶化。

案例 9 　美国政府诉莫托洛案（United States v. Mottolo）

一、案例背景

（一）基本情况（时间、地点、涉及人员）

本案涉及一个垃圾倾倒场清理费用责任认定的问题。涉案场地位于新罕布什尔州雷蒙德镇，该场地污染最初是由当地一名警察在下班打猎时发现后向相关部门汇报的。新罕布什尔州随即进行了现场调查，结果表明，该场地中有大量废弃桶装液体垃圾被推土机或其他土方机械压实并掩埋。根据鼓桶的状态、该区域所散发的强烈溶剂气味、从储罐中渗漏的明亮多色液体、该场地及下游小河之间几个位置的地下水气味和颜色与储罐渗漏液一致等种种情况，调查人员得出结论：鼓桶中很可能含有有害物质，而且这些物质很可能已经渗入周边环境。

新罕布什尔州对此开展了进一步调查，调查内容包括：地表水和地下水采样分析，安装地下水监测井并下令进行工程地质和水文地质调查。结果表明：①化学废物已从部分被掩埋的鼓桶和其他储罐浸入到土壤中，被污染土壤位于地下水含水层的上部，该含水层为邻近的私人水井供水；②浸出废物还污染了进入附近溪流的地表水和地下水，而溪流又汇入了作为公共饮用水水源的爱塞特河（Exeter River）。

1980年春季，新罕布什尔州要求美国环境保护署清除该场地的鼓桶，并在清理过程中进一步确认：该场地中的废料储罐被随意扔在巨石之上，大部分储罐已被压碎、腐蚀或损毁，许多在向外渗漏液体。美国环境保护署认定，该场地存在储罐的处置方式不当、化学品随意混合、场地可以随意出入的问题。这些问题不仅危及地表水和地下水，还有造成火灾、爆炸、有害蒸汽排放、被人吸入或接触到皮肤的风险。

经查明，该场地由理查德·莫托洛（Richard Mottolo）所有，其于1964年购买了该地块。1973年，莫托洛收购了马萨诸塞州的塞尔维斯排灌公司（Service Pumping and Drain Co., Inc.，以下简称"塞尔维斯公司"），该公司主营排水管、化粪池和隔油池清理业务。1975年及之后，虽然莫托洛和塞尔维斯公司均未获得运输危险废物的许可证，但塞尔维斯公司仍然承包了特拉华州的奎因公司（K. J. Quinn and Company, Inc.）和马萨诸塞州的里维斯化学公司（Lewis Chemical Company，以下简称"里维斯公司"）的化学废物处置业务并将废弃物倾倒在莫托洛场地。1980年前，塞尔维斯公司一直作为莫托洛的独资企业（无限责任）开展业务，直到1980年莫托洛将其注册为有限责任公司。

（二）污染物及环境损害

本案涉及土壤污染、地表水污染、地下水污染和公共饮用水水源污染问题，这对周围环境和公众健康产生重大潜在风险。

美国环境保护署在莫托洛场地清理出1000多个曾存放危险化学物质的储罐，这些储罐或被埋于地下，或被随意丢弃于石块上。储罐均未做任何防护和处置措施，因此直接导致了化学废物的泄漏。现场发现的化学废物包括《联邦法规汇编》第40编第261条中列出的危险物质：丙酮、甲苯、三氯乙烯、二甲苯、乙酸丁酯、甲醇、二氯甲烷、甲基丙烯酸甲酯、甲基乙基酮和甲基异丁基酮。这些化学物质均为挥发性、腐蚀性的有毒有害物质。

莫托洛最初将废物倾倒在莫托洛场地中央部分。然而，美国环境保护署在调查和清理过程中，将许多含有浸出物的桶移到了该场地的南部边界地区临时存放至全部清理完成。南部边界地区靠近居民的猪舍，临时存放行为导致猪舍附近的区域被污染。莫托洛声称从未在南部边界地区（即猪舍附近）放置过任何废物，这些污染均是由于美国环境保护署处理不当导致的，这也引发了后续诉讼中对美国环境保护署的索赔诉求。

以上环境损害除了对生态环境造成巨大影响，还可能危及公众健康。一方面，这些化学物质已经从储罐泄漏，渗入土壤，而后渗入地表水和地下水，影响到了附近居民的私人水井和公共饮用水水源的安全；另一方面，这些化学污染物具有挥发性，扩散到空气中对大气环境和附近居民产生潜在危害。化学污染物可能通过饮用和呼吸进入人体，对公众健康产生紧迫的威胁。

（三）场地清理及费用组成

1. 场地清理

1980 年春季，新罕布什尔州要求美国环境保护署清除该场地的鼓桶，清理工作大约从 1980 年 9 月持续至 1982 年 2 月，具体包括挖掘出污染鼓桶、临时存放、清理、处置污染物质和受污染场地等。在进行清理作业前和清理过程中，美国环境保护署对场地的地下水和从现场清理出的污染物进行了取样和分析。该场地最终清理出 1650 多个鼓桶和其它较小的储罐，这些储罐均曾装有大量有毒、易燃、腐蚀性、刺激性或爆炸性物质。美国环境保护署还采取了场地安全和恢复措施，例如，负责清除和处置鼓桶及其内含物，清理和处置 160 多吨被污染的土壤和碎片，将这些污染物运送至其他地方的废物处理设施。

2. 费用组成

因调查显示有证据证明莫托洛场地存在危险物质排放问题和排放风险，美国环境保护署于 1980 年 9 月开始对莫托洛场地开展救济工作，其要求被告承担的费用包括：

（1）符合国家应急计划规定的已发生的莫托洛场地的响应和恢复费用；

（2）自 1983 年 2 月 3 日（原告首次向被告提出偿付要求之日）或费用实际发生之日（以较晚者为准）起的判决前利息；

（3）调查和行政费用以及与诉讼相关的任何费用；

（4）未来有关莫托洛场地的响应和恢复费用。

上述费用中，污染场地的调查费用、已发生和即将发生的场地响应和恢复费用属于本案污染场地清理费用的组成部分。

二、诉讼过程

（一）原告与被告

原告：美国政府代表美国环境保护署、新罕布什尔州。

被告：塞尔维斯公司，垃圾倾倒场所在地（莫托洛场地）的所有者、塞尔维斯公司总裁兼财务主管，所有者理查德·莫托洛，奎因公司，里维斯公司，里维斯公司的总裁兼大股东卡尔·苏特拉（Carl Sutera）。

（二）原告诉讼法律依据与被告辩驳依据

1. 原告诉讼法律依据（依据案件诉讼进程梳理）

美国政府代表美国环境保护署追索清理场地的费用，根据 1980 年超级基金法、1986 年《超级基金修正和再授权法》以及新罕布什尔州法提起民事诉讼，请求新罕布什尔州地方法院作出即决判决：要求被告莫托洛、塞尔维斯公司、奎因公司、里维斯公司和苏特拉偿付美国环境保护署因清理莫托洛场地产生的费用。

1983 年 9 月 8 日，地方法院开始审理此案。1984 年 2 月 3 日，新罕布什尔州也依照超级基金法和该州法律单独对莫托洛、奎因公司、里维斯公司和苏特拉（但未包括塞尔维斯公司）提起诉讼。两个诉讼在 1985 年 1 月被合并审理。在合并令中，地方法院表示仅合并受理根据超级基金法提起的诉讼，并裁定新罕布什尔州依据州法所提起的诉讼通过地方法院的常规程序审理。美国政府和新罕布什尔州分别于 1985 年 5 月 8 日和 17 日提出修改起诉书的动议，增加了对地方法院做出宣告性判决的请求，要求被告承担未来莫托洛场地发生的响应费用。地方法院于 1985 年 7 月 18 日批准了上述动议，但是为避免发生诉讼拆分以及之后出现针对其他损害赔偿的诉讼，地方法院以重新开示和推迟审判作为批准条件，以便原告提出"最终且具体的诉求"，这些诉求涵盖原告寻求从被告处获得的所有符合超级基金法规定的救济。

1986 年 5 月 1 日，美国政府提出对某些被告做出部分简易判决的动议。1986 年 7 月 9 日，新罕布什尔州以引用美国政府动议的方式加入了该动议。1987 年 5 月 5 日，为避免重复诉讼，地方法院以未能对所有被告提出简易判决动议为由驳回了该动议。1987 年 9 月 30 日，原告提出了对所有被告做出部分简易判决的即时联合动议。1988 年 8 月 29 日，因所有被告均对上述动议提出异议，地方法院对 1987 年 9 月 30 日的动议做出了裁定：简易判决是解决该诉讼中某些法律和所谓事实性争议的恰当方法，在此是适用的；超级基金法的规定适用于原告所承担的所有响应费用，并不限于该法颁布后的费用；莫托洛、塞尔维斯公司和奎因公司应承担连带责任。

1989年12月19日，地方法院要求原被告于1990年4月15日前向该院提交诉前材料，以便确定开庭日期。对此，奎因公司、里维斯公司和苏特拉提出上诉，认为此行为与1985年7月18日发布的法院命令相悖，导致了诉讼的拆分。上诉法院指出：由于国会的新指令，1985年7月18日发布的法院命令不再是"好法"，故地方法院的命令并不违反规定，由此驳回了该上诉。

1992年12月17日，地方法院对本案做出了宣告性判决，认定了各被告之间的连带责任，并允许政府完成清理工作，而后政府可以通过提起新的诉讼，要求被告赔偿符合国家应急计划的所有清理费用和损失。对于该判决，莫托洛提出了上诉，但上诉法院以其在先前程序中放弃了肯定性抗辩为由，认为该上诉只是莫托洛的拖延诉讼策略，故驳回其上诉。

2. 被告辩驳依据

被告从以下几个角度提出了反驳。

（1）针对潜在责任人身份，苏特拉辩称，他作为里维斯公司的总裁，从事公司正常经营活动，有限责任理论限制了他的个人责任，而原告并没有充分的证据刺破公司面纱，因此试图向他追究因公司行为引发的赔付责任是不适当的。

（2）针对简易判决的整体适用，被告认为，基于先前地方法院不接受诉讼拆分的前提，在本案诉讼涉及事项众多、诉讼复杂的情况下，地方法院不能对部分问题或部分被告做出简易判决。而且，本案证人针对重要事实所做的证明，其可信度存在问题，因此审前庭外书面证词不能作为简易判决的充分依据，本案不符合简易判决的适用条件。

（3）针对诉讼时效，被告辩称，根据超级基金法的规定，他们对这些费用不应承担任何责任，因为这些费用是在该法颁布之前产生的，或者是由该法颁布之前的行为引起的。被告还认为，超级基金法颁布之前发生的费用，如果按照其他相关规定追偿，也必须是正当、合理的，在此情况下，其应该符合《清洁水法案》的规定。

（4）对于责任承担，奎因公司辩称，莫托洛场地排放的有害物质及其存在的排放风险是否全部或部分因新罕布什尔州和美国环境保护署对清理作业疏于监督造成，这是真正的事实性问题。如果在审理中证明了这一争议事实，则根据超级基金法第 107 条（b）款（3）项的规定，其即成为有效的第三方抗辩事由。

（5）对于诉讼程序，被告辩称，莫托洛场地的损害责任能否在奎因公司、里维斯公司和塞尔维斯公司之间进行合理分摊存在事实性争议，因此简易判决不适用于奎因公司与非污染产生者莫托洛及塞尔维斯公司之间连带责任的判定。

（6）对于赔偿金额，奎因公司提出抗辩，理由是"政府未能证明其承担的响应费用全部符合国家应急计划的规定"，并且"政府的响应行动从一开始就有违国家应急计划的规定"。

（三）法院判决及决定性依据

根据超级基金法中的相关定义，被告的行为完全符合相关的责任要件，下面逐一进行分析。首先，莫托洛场地是一处设施。根据超级基金法中的定义，"设施"主要指存在危险物质的任何场所。美国环境保护署在莫托洛场地发现的化学废物包括《联邦法规汇编》第 40 编第 261 条中列出的大量危险物质，这些危险物质存放于莫托洛场地，因此该场地符合超级基金法对"设施"的定义。其次，存在场地危险物质的排放及排放风险。根据超级基金法，"排放"指有害物质因"任何溢出、泄漏、泵送、倾泻、排放、排空、注入、逃逸、浸出、倾倒或处置进入到环境中"，"环境"指"地表水、地下水、饮用水、地表或地下土层或空气"。本案中，至少有两罐车危险化学品的成分直接排放到莫托洛场地地表，许多在该场地已腐蚀和泄漏的储罐也都含有危险材料。负责场地调查的美国环境保护署工作人员发现，该场地的土壤、地表水和地下水皆已被排放的有害物质污染。这些条件构成了超级基金法中定义的"排放"和"排放风险"。再其次，原告承担了响应费用。毋庸置疑，因莫托洛场地存在的危险物质排放问题和排放风险，美国政府和新罕布什尔州承担了一定的响应费用且面临未来可能新产生的响应费用。最后，被告是潜在责任人：设施当前所有者和经营者，危险物质处置时设施所有者和经营者，危险物质处置安排者或危险物质产生者，选择处置危险物质场地的运输者。本案被告符合潜在责任人的定义。

1. 莫托洛的责任

莫托洛于 1964 年购买了该场地，且在诉讼程序启动时仍是该场地所有者。根据《美国法典》第 42 卷第 9607 条（a）款（1）项的规定，作为该场地的所有者，莫托洛应承担相应责任。莫托洛承认，他在危险材料存放于该场地时是场地的所有者，塞尔维斯公司当时还没有正式成立，其本人是该场地的经营者。鉴于个人独资公司的所有人应对公司所发生的侵权行为承担个人责任，作为塞尔维斯公司的所有者，莫托洛应承担责任。

2. 塞尔维斯公司的责任

莫托洛承认，他于 1980 年将塞尔维斯公司注册为有限责任公司，目的是利用公司实体作为掩护，规避潜在的个人责任。因此，遵照先前类似判例，塞尔维斯公司的性质并不能作为莫托洛逃避责任的掩护。多数情况下，公司实体的有限责任是普遍承认的，但其应用不能成为个人规避责任的手段。超级基金法的立法目的之一是确保"不当处置有毒化学品造成污染问题的责任人承担环境损害的恢复费用和责任"。如果成立公司的目的是妨碍责任人个人责任的承担，则应刺破公司面纱，维护实质公平正义。

3. 奎因公司的责任

从 1975 年到 1979 年，奎因公司将其大部分化学废物交由塞尔维斯公司进行异地处置，并根据化学废物的性质向塞尔维斯公司支付处置费用。奎因公司承认其化学废物中含有有害物质，同时莫托洛承认塞尔维斯公司将奎因公司的化学废物从马萨诸塞州的马尔登（Malden）工厂和新罕布什尔州的西布鲁克（Seabrook）工厂运至莫托洛场地。在该场地发现了 6 种与奎因公司所处置化学废物性质相同的物质，以及印有奎因公司名称的化学品储罐。基于上述背景，地方法院认定奎因公司存在处置有害物质的行为，理由是塞尔维斯公司接受了奎因公司处置危险物质的委托，并且在莫托洛场地发现的有害物质与上述物质之间存在明确的关联。因此地方法院认为本案奎因公司作为危险物质的产生者应根据超级基金法第 107 条的规定承担责任。

4. 里维斯公司和苏特拉

尽管里维斯公司和苏特拉是简易判决联合动议中的被告，但其均提出了有效的抗辩，且原告未能有效证明里维斯公司和苏特拉应承担责任，故其后续未再被起诉。

三、案例讨论

（一）诉讼所涉及的法律文件、条款

①超级基金法第 107 条（a）款、第 107 条（b）款、第 113 条；②《美国法典》第 9607 条（a）款、第 9601 条（21）款、第 1346—2671 条 [《联邦侵权索赔法案》（The Federal Tort Claims Act）]；③《超级基金修正和再授权法》；④《清洁水法案》第 311 条；⑤新罕布什尔州法律；⑥美国宪法第十一修正案。

（二）法院判决争议点

1. 对超级基金法溯及效力的争议

通常，成文法不具有追溯力。法具有指引和预测作用，引导人们依法实施自己的行为，预测相互间行为的法律后果。正因如此，新法颁布前的行为，只能按照当时的法律来调整。《美国宪法》也规定，溯及既往的法律不得通过。本案中，被告认为其行为发生于超级基金法颁布之前，根据《美国宪法》相关规定，不应根据超级基金法承担费用清偿责任。

地方法院曾有判例认定超级基金法具有追溯力不违反宪法和正当程序。这是因为，本部法律的颁布具有明确的目的，即为联邦政府"对危险废物处置所引起的全国性问题做出迅速、有效的响应提供所必需的工具"，并确保"造成化学有毒物质处置不当问题的责任人承担所造成响应的恢复费用和责任"。基于立法历史、法律明文规定、近期绝大多数判例以及评注的明显趋势，地方法院认可超级基金法具有追溯力，可对其颁布前发生的危险物质处置行为进行响应费用追偿。

2. 对超级基金法中连带责任的争议

被告认为，除非地方法院能够对所有被告的赔偿责任做出裁定，否则对任何被告而言，地方法院无法确定适用连带责任是否恰当。因此，各被告之间应承担按份责任而非连带责任。地方法院认为，依据超级基金法的规定，如果两个或两个以上责任人的行为共同违反了该法，则在该法规定下的责任属于连带责任。本案中，莫托洛场地的危害在于有害物质本身、它们混合后的有害协同效应以及有害物质迁移并危及场地以外的环境，这种损害赔偿责任在奎因公司、莫托洛和塞尔维斯公司之间是不可分摊的。如果被告以损害赔偿责任能够分摊为由限制自身所承担的责任，则该被告需要承担举证责任，其不仅要证明损害赔偿责任是可分摊的，还应证明具备进行分摊的合理依据。本案被告并未提出有效的证据，因此损害赔偿责任是不可分摊的，各被告需要承担连带责任。

3. 对响应费用与国家应急计划一致性的争议

被告辩称，根据超级基金法第 107 条的规定，责任人应承担联邦和州政府因有害物质排放或排放风险而发生的所有恢复和响应费用，只要这些费用不违背国家应急计划的规定。本案原告在清理阶段各个方面的行动均违背了国家应急计划的规定，故被告不承担赔偿责任。法院认为，被告的说法缺乏现实性，莫托洛场地的危险物质排放和排放风险明显需要做出响应行动并因此产生一定费用支出。虽然从表面上看其中部分支出是可避免的，但不可否认有些支出显然是必要的，也是符合国家应急计划规定的。损害赔偿责任的有无取决于原告是否已实际承担响应费用，原告已经证明了这一要素，部分响应费用不符合国家应急计划规定无法作为被告对其责任的完整抗辩。

4. 对第三方抗辩和衡平法抗辩的争议

基于第三方抗辩，被告辩称，莫托洛场地排放的有害物质及其存在的排放风险部分是因新罕布什尔州和美国环境保护署对清理作业疏于监督造成的。根据超级基金法第 107 条（b）款（3）项的规定，如果危险物质排放或排放风险是由第三方的作为或不作为造成的，且该第三方不是被告的代理方，与被告也不存在契约关系，则被告不应承担相应责任。被告基于此规定主张其形成了有效的第三方抗辩，不承担相应责任。地方法院认为，在政府机构介入之前，莫托洛场地已存在危险物质的排放和排放风险。根据既往判例奥尼尔诉皮奇洛案的判决[1]，要形成有效的第三方抗辩，被告必须以充分的证据证明"完全无关第三方是导致危险物质排放的唯一原因"。本案的政府机构不可能是造成危险物质排放的唯一原因，被告无法将该理由作为有效的第三方抗辩。

基于衡平法抗辩，莫托洛和塞尔维斯公司称他们同意美国环境保护署进入莫托洛场地是因为美国环境保护署表示过日后不会向其追偿响应费用。他们相信美国环境保护署所做的保证并同意其进入场地，现在应公平地禁止美

〔1〕 "O'Neil v. Picillo, 682 F. Supp. 706 (C. R. I. 1988)"，https://law. justia. com/cases/federal/district-courts/FSupp/682/706/1583472/，2022-10-31.

国环境保护署向他们追偿之前未告知的费用，美国环境保护署先前的表述应被视为对费用追偿的弃权或免责。地方法院认为，若要成功地对政府采用禁反言原则，一方必须证明对政府行为的合理信任导致当事人利益受损，并证明政府存在"确定的不当行为"。在本案中，莫托洛和塞尔维斯公司必须先证明他们在需要时有权禁止美国环境保护署进入该场地。然而，超级基金法和《清洁水法案》都授权美国环境保护署对涉及危险物质的紧急情况做出即时响应，该授权意味着即便在被告反对的情况下，美国环境保护署仍然有权进入危险废物处理场地。综上，美国环境保护署进入莫托洛场地无须得到被告的许可，因此被告无法证明存在有害的信赖关系，他们的禁反言抗辩从一开始就是不成立的。

（三）本案启示

超级基金法的严格责任认定和宽松、宽泛的责任主体认定标准在治理环境污染上取得的成就是毋庸置疑的，但也带来了一系列的问题。一方面，严格责任让很多从事资源回收的企业因承担了清理费用而破产，相关企业进而开始规避潜在的风险，导致大量存在污染的地块无人愿意受让；另一方面，当责任主体过多时，涉及本法的案件可能有1000个以上被告，每个被告都可能提出不同的抗辩，这大大拖延了诉前程序和诉讼程序的进程，加重了法院的负担。因此，美国国会也对该连带责任规定进行了一定的修改，例如，1986年通过的《超级基金修正和再授权法》增加了善意购买人免责条款，对责任主体范围进行了一定程度的限制；2000年通过的《超级基金回收平衡法》对"资源回收行为"增加了抗辩条款等。法律是一种平衡的艺术，只有合理分配各方当事人的权利和义务，才能实现真正的公平正义。

第九章 无辜土地所有者保护（Innocent landlord defenses）

　　法院已经发现，国会并不打算让那些购买已处理危险化学品土地的个人或购买"无辜土地所有者"已污染土地的个人承担超级基金法项下的责任。参见 ABB 工业系统公司（ABB Indus. Sys.）诉普莱姆技术公司（Prime Tech.）案[1]、美国政府诉孟山都公司案[2]、大西洋里奇菲尔德公司（Atl. Richfield Co.）诉克里斯蒂安（Christian）案[3]。2002 年，国会根据超级基金法颁布了"善意潜在购买者"（BFPP）豁免条款，试图根据《小型企业责任减免和棕地复兴法》促进棕色地带的清理和再利用。根据《美国法典》第 42 卷第 9607 条（a）款（1）项，如果一方仅因其作为设施所有人或运营者的身份而承担责任，那么"善意潜在购买者"豁免条款会豁免该方的超级基金法责任。为了获得豁免，当前设施的所有者或运营商必须在 2002 年 1 月 11 日之后获得该设施，不得阻碍对设施响应行动或自然资源恢复行动的执行，且必须通过优势证据规则建立八项标准：收购前的处置、对以前所有权和使用情况的询问、通知、对危险物质的适当关注、合作、机构控制、遵守信息要求，以及不与任何其他可能负有责任的人联系。

---

　　[1]　"ABB Indus. Sys. v. Prime Tech., 120 F. 3d 351（2d Cir. 1997）", https://casetext.com/case/abb-industrial-sys-inc-v-prime-tech-inc，2022-10-31.

　　[2]　"United States v. Monsanto Co., 858 F. 2d 160（4th Cir. 1988）", https://casetext.com/case/us-v-monsanto-co，2022-10-31.

　　[3]　"Atl. Richfield Co. v. Christian, 140 S. Ct. 1335, 206 L. Ed. 2d 516（2020）", https://cite.case.law/s-ct/140/1335/，2022-10-31.

案例 10　ABB 工业系统公司诉普莱姆技术公司案
（ABB Indus. Sys., Inc. v. Prime Tech., Inc.）

一、案例背景

（一）基本情况（时间、地点、涉及人员）

本案涉及的环境污染场地是位于康涅狄格州奥兰治市马什山路 88 号的制造工厂，主要涉及土壤污染和地下水污染。本案原告 ABB 工业系统公司（现业主，以下简称"ABB 公司"）诉请污染场地前业主和前经营者分担其评估和清理该场地污染的相关费用，并纠正前业主和前经营者的错误处理行为。原告同时对其中一名被告提出了违约索赔。

1985 年 9 月 11 日，ABB 公司的前身 ASEA 工业系统公司购得了位于康涅狄格州奥兰治市马什山路 88 号的制造工厂。1989 年初，为出售该工厂，ABB 公司进行了第一阶段的环境调查，旨在查明该场地是否受到危险化学品污染。检测结果表明，该场地的土壤和地下水确已被氯化工业溶剂污染，污染物主要为四氯乙烯（PCE），其次是三氯乙烯（TCE）和 1, 1, 1-三氯乙烷（TCA），这些均为超级基金法认定的危险物质。其中一项报告显示，"危险物质的排放既可能发生在近期（1985 年 ABB 公司的前身 ASEA 工业系统公司收购制造工厂之后），也可能发生在 1985 年之前"。明确该场地存在污染后，ABB 公司于1992 年开始大规模清理污染场地，包括清除受污染的土壤和抽取、清除受污染的地下水。

由于检测结果提示，在 ABB 公司收购该场地之前，该场地可能就已被污染，ABB 公司对该场地的前业主和前经营者进行了调查：①1961 年至 1984 年4 月，该场地归被告太平洋公司的前身西格玛仪器公司和国际仪器公司（以下统称为"太平洋公司"）所有；②1984 年 4 月至 1984 年 7 月，太平洋公司将该场地出租给被告普莱姆技术公司的子公司通用电阻公司（以下统称为"通用电阻公司"）；③1984 年 8 月，太平洋公司将该场地出售给被告零极限（Zero-Max）公司，当时零极限公司为被告巴里·赖特公司的全资子公司（以下统称为"零极限公司"）；④1985 年 9 月，零极限公司将该场地出售给现业主 ABB 公司。因此，该场地的所有权及控制权沿革如下：太平洋公司—通用电阻公司—零极限公司—ABB 公司。

1991 年 9 月 18 日，ABB 公司对通用电阻公司、零极限公司和太平洋公司等被告提起诉讼。经过全面的证据开示，双方当事人提出了简易判决的交叉动议，并提交了相关证据。康涅狄格州地方法院经过审查作出简易判决，驳回了 ABB 公司针对通用电阻公司和零极限公司提出的各项诉讼请求；对太平洋公司的索赔还存在事实问题，因此继续审理原告针对太平洋公司提出的诉讼请求。ABB 公司不服地方法院的判决，遂上诉至第二巡回上诉法院。第二巡回上诉法院于 1997 年 7 月 25 日作出判决，驳回了 ABB 公司针对通用电阻公司和零极限公司提出的各项诉讼请求，维持原判。1998 年，地方法院驳回了太平洋公司提出的分阶段审理的动议。

（二）污染物及环境损害（土壤、地下水）

本案主要涉及土壤污染和地下水污染，污染物主要为四氯乙烯，其次是三氯乙烯和 1, 1, 1-三氯乙烷，这些均为超级基金法认定的危险物质。根据现有环境调查可知，污染存在年限较久，加之清理不及时，已出现污染物质的被动迁移，损害范围进一步扩大。

（三）场地清理及费用

本案涉及的费用主要包括场地检查费用、损害评估费用和清理费用。

二、诉讼过程

（一）原告与被告

原告/上诉人：ABB 工业系统公司。

被告：普莱姆技术公司、通用电阻公司、零极限公司、巴里·赖特公司和太平洋公司。

（二）原告诉讼法律依据与被告辩驳依据

1. 原告诉讼法律依据

1991 年 9 月 18 日，ABB 公司根据《美国法典》第 28 卷第 1331 条、第 2201 条，第 42 卷第 6901 条、第 6903 条、第 6972 条、第 9601 条、第 9607 条、第 9613 条和第 9659 条，《联邦法规汇编》第 40 卷第 302.4 条等，提起诉讼，主张：①根据超级基金法，各被告应对 ABB 公司在评估和清理场地污染时已经产生及即将产生的费用承担部分责任；②根据《资源保护和回收法》，应判决各被告纠正过去在该场地进行的不当的废物处理行为；③各被告因过失污染该场地应承担费用；④零极限公司在与 ABB 公司订立的土地转让合同中作出了该不动产完全符合所有环境法律的担保，但零极限公司违反该担保引发了违约索赔。

2. 被告辩驳依据

（1）通用电阻公司反驳认为，ABB 公司无法提供任何证据证明其溢漏了化学品或以其他方式污染了该场地。此外，通用电阻公司还提交了由其首席执行官雷蒙·斯特曼（Raymon Sterman）出具的一份宣誓证词，以证明该公司仅产生了微量的危险废物，而且其每次产生的废物均被有资质的运输者清除了。斯特曼还特别宣誓证明，通用电阻公司"从未污染过环境或土壤"。

（2）零极限公司也反驳认为，ABB 公司无法提供任何证据证明其溢漏了化学品或以其他方式污染了该场地。此外，零极限公司还提交了由公司高管威廉·K. 希利（William K. Healy）和员工杰弗里·威廉斯（Jeffrey Williams）出具的证词，两人均证明，零极限公司在拥有该场地期间并未向环境中排放任何危险化学品。

（3）太平洋公司虽然参与到上诉审阶段，但因存在事实问题，导致原告关于太平洋公司的诉讼请求在地方法院悬而未决。原告提交的证据材料指向太平洋公司是污染产生者之一，太平洋公司针对原告根据超级基金法和《资源保护和回收法》提出的诉讼请求，向地方法院提出了分阶段审理的动议，即第一阶段只审理有关原告在清理过程中是否遵守国家应急计划的争议，第二阶段再审理：太平洋公司前身购得该不动产期间发生溢漏，根据超级基金法第 107 条（a）款，太平洋公司是否为责任人；根据超级基金法的适当费用分配问题；律师费问题。

此外，被告提供了至少两份证据以证明 ABB 公司对该场地受到污染应承担部分责任。第一份证据表明，ABB 公司提供的 1990 年环境报告指出，在 ABB 公司拥有该场地时发生了危险物质溢漏事故；第二份证据表明，证人称在 ABB 公司拥有该场地时发生了不明液体化学品溢漏事故。

（三）法院判决及决定性依据

由于原告没有证据证明被告应对污染负责，地方法院作出简易判决，驳回了 ABB 公司针对通用电阻公司和零极限公司的所有诉讼请求。

根据超级基金法、《资源保护和回收法》，第二巡回上诉法院认为：①地方法院恰当地驳回了原告针对被告的基于超级基金法的诉讼请求，因为对于被告是否溢漏了化学品或以其他方式污染了涉案场地并无存在争议的主要事实问题。此外，尽管在被告控制该场地时，危险化学品可能已经逐渐扩散到地下（被动迁移），但第二巡回上诉法院认为，根据超级基金法以及先前判例，本案中原场地所有者不对危险化学品的被动迁移负责。②地方法院恰当地驳回了原告针对被告的基于《资源保护和回收法》的诉讼请求，因为原告无法证明被告违反了某项环境法律，也无法证明被告实施过导致一定环境损害的行为。③原告提出的过失索赔被恰当地驳回，因为这些索赔被购者自慎原则禁止。④受诉讼时效限制，原告对零极限公司提出的违约索赔亦应被驳回。因此，第二巡回上诉法院维持原判。

根据《美国法典》《联邦民事诉讼规则》，地方法院认为，被告太平洋公司提出的分阶段审理动议会不必要地延长诉讼阶段，基于《资源保护和回收法》的诉讼请求在每一阶段都需要进行审理，因此驳回了被告太平洋公司的该动议。

三、案例讨论

（一）诉讼所涉及的法律文件、条款

①《联邦民事诉讼规则》第 56 条（c）款；②《美国法典》第 42 卷第 6903 条（3）款，第 6972 条（《资源保护和回收法》第 7002 条）（a）款（1）项（A）目、（B）目，第 9601 条（9）款、（22）款、（29）款、（35）款，第 9607 条（超级基金法第 107 条）（a）款、（b）款（3）项，第 9658 条、第 9659 条；③《康涅狄格州通用法》（1995 年）第 22a-452（a）条；④《纽约州民事执行法与规则》第 204 条（a）款、第 213 条（8）款；⑤《联邦法规汇编》第 40 编第 302.4 条。

（二）法院判决争议点

本案争议主要发生于上诉阶段。根据本案原告提出的诉讼请求，第二巡回上诉法院针对性地探讨了以下问题。

1. 超级基金法的适用与被动迁移问题

根据超级基金法有关责任的规定 [《美国法典》第 42 卷第 9607 条（a）款]，原告应证明：① 被告是《美国法典》第 42 卷第 9607 条（a）款所界定的责任人；②涉案场地属于《美国法典》第 42 卷第 9601 条（9）款所界定的"设施"；③存在危险物质排放或潜在排放行为；④原告为应对危险物质排放或潜在排放已产生费用；⑤ 该应对费用符合国家应急计划。本案中唯一存在争议的为第一个问题，即通用电阻公司和零极限公司是不是责任人。

根据《美国法典》第 42 卷第 9607 条（a）款（2）项，如果原业主或经营者在危险物质"处置之时"控制了污染场地，则其为责任人。超级基金法相关部分［《美国法典》第 42 卷第 9601 条（29）款］沿用了《固体废物处置法》［《美国法典》第 42 卷第 6903 条（3）款］给出的"处置"定义，该部分规定："'处置'一词是指将任何固体废物或危险废物排放、沉积、注入、倾倒、溢出、泄漏或投放到土地或水体的表面或内部的行为，因此，此类……危险废物……可能会进入环境。"基于上述定义，此处需要探讨本案中的被动迁移是否构成"处置"的问题。

之前第三巡回上诉法院审议了相关类似问题，其在审阅超级基金法的语言、结构和目的之后认为，根据这一法律，原业主不对污染的被动迁移负责。本案中，第二巡回上诉法院采纳了第三巡回上诉法院的推理，总结了第三巡回上诉法院最具说服力的论点，没有重新审议该问题。论点如下：

首先，根据《美国法典》第 42 卷第 6903 条（3）款，"处置"被定义为"排放、沉积、注入、倾倒、溢出、泄漏或投放"危险化学品，致使其可能进入环境。这些术语的含义一般不包括已经在环境中的危险化学品发生的逐渐扩散。

其次，根据《美国法典》第 42 卷第 9607 条（a）款，如果有危险物质"排放"，现所有者要对此负责。根据《美国法典》第 42 卷第 9601 条（22）款，与"处置"不同，"排放"包括常用于描述被动迁移的"浸出"之意。国会在定义"排放"时采用了"浸出"一词，这表明国会决定：即使有被动迁移存在，也不让原所有者对此负责。

此外，超级基金法规定了无辜所有者抗辩制度。根据《美国法典》第 42 卷第 9601 条（35）款（A）项，要想取得无辜所有者抗辩资格，被告须证明，其在危险化学品"处置后"才购得该场地。如果"处置"包含在被告购得该场地之前已溢漏危险化学品的逐渐扩散之意，那么无辜土地所有者抗辩制度将很难有适用之处——危险化学品一旦进入土壤，通常会发生扩散，故而几乎不存在明确的、可区分的"处置后"时期。国会不会制定无用的抗辩制度，因此，第二巡回上诉法院将"处置"一词限定为溢漏、排放、泄漏等，不包括被动迁移。

最后，超级基金法的目标之一为"迫使污染者支付因其污染产生的相关费用"。因此，如果某人只是控制了存在危险化学品被动扩散的场地，但扩散并非因该人过失所致，则该人不是污染者，也不是超级基金法所界定的责任人。

基于上述原因，第二巡回上诉法院认为，根据超级基金法，该场地的原所有者和经营者不对纯被动迁移的污染负责，维持地方法院就该争议的判决。

2.《资源保护和回收法》的适用

根据《资源保护和回收法》第7002条（a）款（1）项（A）目，原告须先证明被告目前违反了根据该法已生效的许可、标准、法规、条件、要求、禁止或命令，方可证明被告违反本条法律。

根据《资源保护和回收法》第7002条（a）款（1）项（B）目，原告须先证明被告已经进行或正在进行对可能给健康或环境造成实质性危害或危害风险的危险废物的搬运、储存、处理、运输或处置，方可证明被告违反本条法律。

以上两条是本案原告能够依据《资源保护和回收法》向被告主张索赔的证明思路，但根据双方提交的证据，通用电阻公司仅管理了该场地约4个月，且在其上的主要活动是拆除从太平洋公司购买的设备；同样，零极限公司管理该场地仅1年多，且在此期间只在该场地进行了有限的制造活动。在通用电阻公司或零极限公司管理该场地之前，太平洋公司已污染了该场地，而且ABB公司很可能在他们不再经营该场地后又污染了该场地。ABB公司既无法证明通用电阻公司和零极限公司目前违反许可或法规，也无法证明其溢漏了危险化学品或以其他方式污染了该场地，进而无法证明被告已经或正在导致对环境的危害。

因此，第二巡回上诉法院维持地方法院判决，驳回ABB公司依据《资源保护和回收法》提出的诉讼请求。

3. 过失的认定

由于ABB公司无法证明被告（通用电阻公司和零极限公司）污染了该场地，就不涉及对是否使用购者自慎原则的分析与讨论，因此驳回ABB公司提出的过失索赔。

4. 违约与诉讼时效

1985年9月11日，零极限公司将该场地出售给ABB公司，并在土地买卖合同中保证该场地符合所有环境法律。1991年9月18日，即约6年1周之后，ABB公司起诉称零极限公司违反了该保证。双方当事人同意受纽约州法律管辖。根据《纽约州民事执行法与规则》，纽约州的违约诉讼时效为6年，因此地方法院以超过诉讼时效为由驳回了该诉讼。

在上诉期间，ABB公司提出了多个理由以推翻地方法院的判决。第二巡回上诉法院认为州法律通常管辖与州诉讼时效相关的问题，因此依据纽约州法律来评判ABB公司提出的理由。

（1）ABB公司辩称，在其知道或应当知道违约发生之时，诉讼时效才开始起算。但纽约州法律规定，违约的诉讼时效自违约发生之日起开始计算，而不是从知道或应当知道违约发生之日起算。

（2）ABB公司辩称，其违约索赔应被视为欺诈索赔，该索赔不受6年诉讼时效限制。根据《纽约州民事执行法与规则》第213条（8）款，该索赔的诉讼时效自知道或应当知道欺诈行为之日起计算。但ABB公司在其起诉书中只提出了一项违约索赔，并未陈述支持欺诈索赔的事实。因此，法院对ABB公司的这一主张不予认可。

（3）根据《美国法典》第42卷第9659条（d）款（1）项以及第6972条（b）款（1）项（A）目和（b）款（2）项（A）目，ABB公司于1991年5月向通用电阻公司和零极限公司发出了起诉意向通知函。ABB公司辩称，根据《纽约州民事执行法与规则》第203条的实务评注C203：2（N. Y. Civ. Prac. L. § 203，Practice Commentaries C203：2），应将其发函的行为视为采取措施，进而导致诉讼时效中止。但是，实务评注仅明确讨论了送达法律文件的问题，没有讨论起诉意向通知函，因此ABB公司的这一主张缺乏法律依据，而且实务评注也承认，纽约州法院并不支持这一观点。

（4）ABB公司还辩称，超级基金法规定的60天等待期会导致诉讼时效中止。超级基金法［《美国法典》第9659条（d）款（1）项］规定，原告在发出基于超级基金法的起诉意向通知函后，须等待60天才能根据该法提起诉讼。根据相关判例［ISCA企业（ISCA Enters.）诉纽约市案[1]］，任何法律条款均未规定当事人提起理由相关但完全独立的诉讼会导致相关的诉讼时效中止，因此该条款并未禁止ABB公司提起违约索赔。故而借用审理前述案件

---

[1]　"Matter of ISCA Enters. v. City of New York，77 N. Y. 2d 688，569 N. Y. S. 2d 927，572 N. E. 2d 610（N. Y. 1991）"，https://casetext. com/case/isca-enters-v-city-of-ny，2022-10-31.

的法院陈述，"无论其是否决定提起（超级基金法索赔），（ABB 公司）都有权提出其（违约）请求，提起（超级基金法索赔）不产生诉讼时效中止的效果"。此外，第二巡回上诉法院也注意到，即使在 60 天等待期届满之后，ABB 公司在诉讼时效期间届满之前仍有 2 个月的时间提出索赔。

综上所述，第二巡回上诉法院认为 ABB 公司的违约索赔已过诉讼时效。

（三）本案启示

1. 简易判决的适用

简易判决又称为即决审判、即决判决，是英美法系国家的一种特色民事诉讼制度。

根据《联邦民事诉讼规则》第 56 条（c）款的规定，如果"任何重大事实不存在实质性争议且动议方依法有权要求作出判决"，则法院可作出简易判决。动议方负有证明案件不存在任何重大事实争议的举证责任，法院则以最有利于非动议方的角度审查所有证据，考察案件是否还存在事实争议，是否可以作出简易判决。简易判决的适用节约了司法资源，提升了司法效率，同时确保真正需要审判的案件进入审判程序。

就本案而言，由于原告未能提交充分的证据证明其主张，主要事实不存在争议，地方法院依法作出简易判决。

2. 超级基金法的价值目标

超级基金法的立法目的是使造成任何财产损失、环境损害或化学毒物伤害的责任人承担相应的行为成本，即迫使污染者支付因其污染产生的相关费用。责任人之外的正常经营者不应对其他人的不当行为承担责任。本案中，对于被动迁移的责任认定，第二巡回上诉法院认为，如果某人只是经营存在危险化学品扩散的场地，且扩散并非因该人过失所致，则该人不是污染者，也不是超级基金法所界定的责任人，并据此驳回了原告相关的诉讼请求。本判决结果不仅体现了个案的公平正义，还通过对被动迁移中涉及的原业主和经营者的责任的界定，限缩了责任人的范围，确保在进行环境保护的过程中不影响经营主体正常的商业活动，有利于商业环境的稳定。

案例 11　美国政府诉孟山都公司案

（United States v. Monsanto Co.）

一、案例背景

（一）基本情况（时间、地点、涉及人员）

本案污染场地位于南卡罗来纳州哥伦比亚市附近的一个危险废物处理场。1972 年，哥伦比亚有机化学公司（以下简称"COCC 公司"）的董事长麦克斯·G. 格尔（Max G. Gergel）通过口头方式承租了奥斯卡·塞登伯格（Oscar Seidenberg）和哈维·哈钦森（Harvey Hutchison）二人的位于哥伦比亚市布拉夫路（Bluff Road）的 4 公顷土地。COCC 公司本打算将这块土地用于储存化学原料，并将该土地承租至 1978 年。1973 年底至 1974 年初，詹姆斯·Q. A. 麦克卢尔（James Q. A. McClure）、麦克斯·G. 格尔和亨利·蒂施勒（Henry Tischler）三人联合 COCC 公司开始在这块土地上储存危险废物，并在此开展化学废物的中介和回收再利用业务。1976 年，此三人创立了南卡罗来纳回收和处理公司（以下简称"SCRDI 公司"），继续经营危险废物业务。1976 年至 1978 年间，SCRDI 公司占有本案污染场地，1978 年继续以口头方式直接向土地所有者承租这块场地。

在经营期间，环境问题日渐严峻。SCRDI 公司在该场地堆放了 7200 个装有危险废物的 55 加仑的料桶，其中包括有毒物、致癌物、致畸物、爆炸物和易燃物。这些料桶被随意摆放在一起，丝毫不顾其来源和内容物的相容性。很多料桶已经锈烂，以至于危险内容物泄漏并渗入土壤和其他料桶之中。这些物质暴露在自然环境中，互相混合，又引发了多起火灾和爆炸，并产生有毒有害烟雾。

美国政府清理了污染场地，随后根据超级基金法相关规定起诉了本案污染场地的相关方，包括：4 名危险废物生产者、布拉夫路物业的两名业主、至少部分场地的一名承租人（COCC 公司）以及场地经营者。美国政府就每个被告在应对现场造成的危险条件时所产生的连带责任问题提出部分简易判决诉求，以收回从本案污染场地表面清除有害物质的成本。4 名危险废物生产者被告是 AA 公司（AquAir）、联合公司（Allied Corporation）、孟山都公司和 EM 公司（EM Industries），它们都与 SCRDI 公司或其前身有过处置危险废物的业务往来。清理期间在污染场地中发现了分属于它们的料桶，也提取到了与它们的废物一致的样本。本案事实清楚，符合简易判决的法定要件，且原被告双方并无异议，于是法院应原告请求启动简易判决程序。由于双方无法对 COCC 公司的某些事实认定达成一致，该部分嗣后进行庭审。庭审中，双方争议聚焦在 COCC 公司是否涉及布拉夫路场地的污染问题，而先前的简易判决大大限缩了该项争议的范围。

（二）污染物及环境损害

1. 污染物

废物中包括以下物质：甲基氯仿、丙酮、吡啶、环己胺（可燃）、含氯有机溶剂、各类有机酸和无机酸、腐蚀性溶剂、乙二醇、有机溴化物、有机碘化物、碘甲烷。

2. 环境损害

如前所述，本案污染场地的料桶被肆意堆放，导致多种有害物质相互混合，引发火灾和爆炸，产生有毒有害烟雾，给环境和人体健康带来潜在危害。疏于清理的污染长时间暴露，还导致有毒物质渗入土壤，造成更深层的污染。

二、诉讼过程

（一）原告与被告

原告：美国政府、南卡罗来纳州健康和环境控制部门。

被告／上诉人：奥斯卡·塞登伯格、哈维·哈钦森、SCRDI 公司、COCC 公司、AA 公司、联合公司、孟山都公司和 EM 公司。

（二）诉讼涉及的法律文件

①超级基金法；②《资源保护和回收法》；③《黑肺法案》（Black Lung Act）；④《联邦民事诉讼规则》；⑤《美国法典》；⑥《清洁水法案》。

（三）责任主体认定

根据超级基金法第 107 条（a）款（1）项至（4）项的规定，国会建立了责任划分机制，这种机制能够确定 4 类被告，并能够描述给定场地污染与各类被告之间的必要联系，进而解决责任与相应费用的承担问题。每类被告都要承担无过错责任，除非他们能够证明自己有超级基金法第 107 条（b）款的法定抗辩事由。根据超级基金法第 107 条（a）款和无争议事实，本案的每位被告均要承担责任。

1. 污染生产者

超级基金法第 107 条（a）款（3）项明确规定了原告的证明责任。尽管如此，生产者被告还是请求法院责令原告进一步证明，可溯源至各个生产者的危险废物确实排放于布拉夫路的污染场地，又或者辩称他们的排污对于此处的污染不过九牛一毛。然而，类似的因果关系争论之前在美国政府诉韦德（Wade）案[1]中被明确驳回。在美国政府诉韦德案中，法院认为，要求明确的因果关系证明不仅与法条的字面意思相悖，还在实际上废除了该项立法，因为在给定场地中像指纹识别那般精准认定特定的生产者在技术上是不可行的。

为了论证这一观点，法院作了如下解释：国会在立法时考虑并否决了"引起或促成排污的人要承担责任"的措辞，而采用了现在超级基金法的责任划分机制，由此可知，国会在立法时并未给原告施加不现实的因果关系证明责任。因此，法院支持如下观点：针对被告和场地污染之间的联系，只需要证明被告在该场地倾倒过废物，且在该场地中发现了被告废物中的有害物质即可。

法院支持美国政府诉韦德案中得出的结论，因此拒绝了生产者被告的因果关系抗辩。原告的证明责任仅限于法条的明文规定。根据无争议事实，适用相应条款，每个生产者均有证据证明污染场地有分属于其各自的料桶，且废品被运输到该场地，符合 SCRDI 公司关于处置含危险物质的废物的规定。相关样本证明，在清理时，每个生产者的废物均出现在污染场地，即"存在排污或排污风险"，并且政府为清理场地也发生了相应费用。据此事实，根据超级基金法第 107 条，每位生产者均应承担责任。

2. 土地所有人

根据超级基金法第 107 条（a）款（2）项，土地所有者哈维·哈钦森和奥斯卡·塞登伯格并不否认他们对污染场地的所有权，不否认在其所有期间该场地有危险废物堆放，也不否认因为此项泄漏或泄漏风险引起的相应费用。因此，他们的责任问题并无重大争议。

然而，在简易判决的听证会之后，二人修改了答辩。二人声称，他们修

---

〔1〕 "United States v. Wade, 388 U. S. 218（1967）", https://supreme. justia. com/cases/federal/us/388/218/，2022-10-31.

改后的答辩将引发实质性争议，该争议与超级基金法第 107 条（b）款（3）项规定的责任问题肯定性答辩有关。法院对此持反对意见。法律规定的抗辩要求土地所有人证明除了其他事项，排污仅由无关第三方进行，而非由与之有直接或间接合同关系的主体所为。毫无疑问，两位土地所有人与 SCRDI 公司之间存在合同关系，而 SCRDI 公司的责任已被认定，即二人无法证明排污系由无关第三方所为。因此，他们的抗辩无法成立。

3. 污染经营者

SCRDI 公司并未对自己作为经营者的事实提出异议，其代理律师也同意以简易判决方式处理。

4. COCC 公司（部分场地承租人）

（1）需要庭审的争议。COCC 公司的情况比较复杂。起初，COCC 公司的前后两任董事长——麦克斯·格尔和史蒂文·赖克利恩（Stevenh Reichlyn），以签订宣誓书的方式否认 COCC 公司曾参与过废物的弃置和储存经营活动，从而引发事实争议。赖克利恩的宣誓书进一步阐释道，COCC 公司仅从土地所有人的手中承租了一小部分布拉夫路场地。原告否认其主张，认为其宣称的事实与该案其他记录严重不符，且赖克利恩的宣誓书并非源自其亲自知悉的事实。于是法院认定关于 COCC 公司的争议涉及证据可信性问题，并非简易判决程序能够解决，因此应经庭审。

（2）庭审时的事实查明。1984 年 3 月，庭审发现如下事实：COCC 公司主营化工业务，总部和主要加工厂位于南卡罗来纳州哥伦比亚市的达克街 912 号［即后文所述锡达（Cedar Terrace）工厂］。麦克斯·格尔于 1944 年创办 COCC 公司，并担任董事长一职直至 1977 年 7 月 26 日，担任董事会主席至 1978 年。格尔担任 COCC 公司的执行总裁，并对公司运营拥有实质管理权，在任期间并不一贯遵守公司内部章程。

1973 年年末，詹姆斯·麦克卢尔与 COCC 公司产生业务往来，旨在回收再利用废物中的可售材料。依照协议，麦克卢尔代表 COCC 公司招揽客户，并与格尔讨论报价，而只要格尔认为交易于 COCC 公司无益，便能够否决。起初，格尔经常以 COCC 公司的名义签字确认麦克卢尔的要约。早期大约 150 桶的化学废物和有害物质逐渐堆积在 COCC 公司锡达工厂的停车场。因为这项存储业务占用了锡达工厂太多空间，COCC 公司便打算将此处的料桶运至布拉夫路场地，而该场地本用作储存 COCC 公司的化工原料。在调查过布拉夫路场地的基础设施及物理条件后，麦克卢尔便着手安排将废物从锡达工厂的停车场运至布拉夫路场地。

1974 年 7 月 26 日，麦克卢尔和 COCC 公司的合作关系正式确立，由格尔代表 COCC 公司与麦克卢尔签订了书面合同。依照合同条款，麦克卢尔负责寻找货源、联络客户、洽谈合同、进行交易、回收与弃置化学废物；而 COCC 公司负责为麦克卢尔提供后勤服务，并批准麦克卢尔签订的合同。格尔曾有数次拒绝签字，但他的确批准了麦克卢尔的绝大部分提案。麦克卢尔每月支付给 COCC 公司 50 美金作为本案污染场地的租金，经营所得净利润由麦克卢尔和 COCC 公司五五分成。

1974 年上半年，格尔任命麦克卢尔为 COCC 公司的副总裁，并主管 COCC 公司的一个新部门——固液化学品部。1974 年，麦克卢尔认购了 COCC 公司的 10 股股票，并经常出席股东大会。1976 年初，麦克卢尔临时入选董事会，当年 8 月便成为常务董事。COCC 公司的所有主管、董事和股东，均明确知晓麦克卢尔的副总裁身份。麦克卢尔与 COCC 公司的通信也以副总裁身份抄送公司内外，其中对外通信部分也以副总裁身份署名，抄送给格尔、赖克利恩及大量其他工作人员。麦克卢尔也就其部门的工作对董事会和众多股东进行汇报。以上诸多人士，从无一人阻止过麦克卢尔作为 COCC 公司副总裁或代理人的行为。

在此经营期间，COCC 公司使用自己的卡车和拖车为其他公司将化学废物运至布拉夫路场地。为公司利益考量，麦克卢尔作为副总裁还为 COCC 公司申请了南卡罗来纳州废物托运专用许可。COCC 公司还派遣自家员工从生产者处拉货，在污染场地卸货。

在麦克卢尔主管固液化学品部期间，该部门为 COCC 公司盈利。COCC 公司用自己的卡车从诸多公司将化学废物运至污染场地，其中包括联合公司、通用电气公司和阿拉帕霍化学公司（Arapahoe Chemicals, Inc.）。这些化学废物中包含氯仿、丙酮、吡啶，其均为《联邦法规汇编》第 40 编第 261.31 条和超级基金法第 101 条（14）款中列明的有害物质。其中还包括环己胺，其因可燃性而被《联邦法规汇编》第 40 编第 261.21 条列明监管。污染场地储存、弃置了许多不可回收的废物。客户的款项皆是付给 COCC 公司，而非麦克卢尔个人。

1974 年至 1975 年的冬天，COCC 公司清理了一块邻近南卡罗来纳州克洛弗（Clover）的、属于 SEPCO 公司（Southeastern Pollution Control Company）的已被弃置的危险废物场地。切斯特银行持有这块场地的抵押权，并支付给 COCC 公司 3800 美金作为清理费用。COCC 公司的三四名员工在该场地持续工作了 4 至 6 个月，COCC 公司还在此使用自己的机械设备进行作业，其中包括一台特殊的叉车、一台租赁的卡车和拖车。COCC 公司拥有从克洛弗场地清出的废物的所有权，可用于售卖或弃置。

COCC 公司将四五拖车、大约 400 料桶的废物从克洛弗场地运到本案污染场地。这些废物大多没有当前市场价值，甚至很多料桶正在锈烂。麦克卢尔被授权代表 COCC 公司将这些废物运至本案污染场地，并且格尔在克洛弗场地的清理工作开始前就知晓这些废物会被运到本案污染场地的可能性。直至清理活动开始前，这些来自克洛弗场地的、装满化学废物的料桶，和那些来自其他生产者的不可利用、不可销售的废物一道，堆满了污染场地的仓库内外。

在克洛弗场地清理期间，麦克卢尔有足够的能力通过乙酸和丁酸的特殊气味对其进行识别。这两种酸均被《清洁水法案》第 311 条和超级基金法第 101 条（14）款列管为有害物质。在污染场地，麦克卢尔也能够通过气味识别克洛弗场地运至布拉夫路场地的材料中含有的这两种酸。COCC 公司在克洛弗场地所做的常规检测，也能鉴别含氯溶剂、丙酮、有机和非有机酸、腐蚀性溶剂和乙二醇，以上皆为超级基金法第 101 条（14）款列管的有害物质。

1976 年 6 月，格尔、麦克卢尔和 COCC 公司的另一位副总裁蒂施勒成立了 SCRDI 公司，即前文所述被告之一。该公司承担了之前在 COCC 公司支持下的全部废物回收与弃置业务。格尔、麦克卢尔和蒂施勒三人便是该公司的全部股东和主管人员。麦克卢尔是总裁，蒂施勒是副总裁，格尔是财务主管。

1976 年 7 月，SCRDI 公司作为次承租人，以口头方式从 COCC 公司承租了布拉夫路没被用于化工原料存储的部分场地。SCRDI 公司向 COCC 公司给付租金，COCC 公司随即向土地所有人转付全部租金。这项转租业务持续到 1978 年 8 月，在此之后，SCRDI 公司直接承租了整块土地，并直接向土地所有人给付租金。

1978 年，COCC 公司的租期结束后，仍在继续化工生产，产品包括有机溴化物和有机碘化物，其中部分具有可燃性。COCC 公司用来进行生产设备清洗的废水中含有一种活泼有机物，即碘甲烷，其也是《清洁水法案》第 307

条和超级基金法第 101 条（14）款列管的有害物质。废水随即被罐装弃置。COCC 公司和 SCRDI 公司签订了在布拉夫路场地弃置废水的合同。在此期间，COCC 公司也偶尔运输废物至布拉夫路场地弃置。直至清理作业开始前，这些废物皆在布拉夫路场地，未被移走。

（3）COCC 公司作为责任主体的认定。

第一，COCC 公司构成所有者。1972 年，COCC 公司与布拉夫路场地的两位所有权人达成了租赁协议，租期从 1972 年直至 1978 年年末。1976 年至 1978 年，COCC 公司以口头方式将该场地部分转租给 SCRDI 公司开展废物回收与弃置业务。毫无疑问，在 COCC 公司租赁期间，布拉夫路场地存在危险物质的处置活动。

COCC 公司参与了布拉夫路场地的经营，但除此之外，作为次出租人，COCC 公司实际控制该场地、对该场地的使用负责，事实上取代了土地所有权人的位置。据超级基金法对"所有人"的定义，场地控制是一项重要考量。相应地，像 COCC 公司这样的次出租人，应当与场地所有权人一道被认定为"所有者"，以达到超级基金法第 107 条（a）款的立法目的，否则将曲解国会的意图——谁污染，谁治理。COCC 公司转租部分场地的事实并不削减其责任。出租人或次出租人，若允许在其控制下的地产被用于损害第三方利益或妨害他人的使用，将与承租人或次承租人负连带责任。

因此，根据超级基金法第 107 条（a）款（2）项，法院得出结论，COCC 公司在排污期间拥有作为承租人/次出租人在布拉夫路场地的权益，因此，作为所有者，其应当承担法律责任。

第二，COCC 公司构成经营者。可以从以下三方面论证 COCC 公司构成经营者。

其一，COCC 公司总体上参与废物弃置业务，其在克洛弗场地的清理工作与嗣后将废物运至布拉夫路场地的活动可以证明。

其二，从 1974 至 1976 年，麦克卢尔是 COCC 公司的工作人员。任职期间，麦克卢尔主管布拉夫路场地的废物储存与弃置工作。他的经营活动权限由其副总裁职位明示或暗示，并且即便并无授权，他也显然拥有该项经营活动权限。根据表见代理规则，行为人事实上无代理权，但相对人有理由认为行为人有代理权而与其实施法律行为的，其行为的法律后果由被代理人承担。此案中，一个审慎的理性人自然会认为麦克卢尔有权代表 COCC 公司进行经营活动。麦克卢尔拥有 COCC 公司的后勤支持，以 COCC 公司的名义就危险废品业务进行对外联络，以 COCC 公司有权代理人的身份面对公众、政府机关和潜在客户。麦克卢尔开展废物储存和弃置业务时拥有 COCC 公司的授权，其行为属于职务行为，COCC 公司作为雇主应承担替代责任。

其三，即便麦克卢尔并无 COCC 公司的授权，根据合营安排规则，COCC 公司也要承担经营者责任。合营安排，是指二人或二人以上的一种特殊的、以盈利为目的的经营活动，并不以合伙安排或成立公司为构成要件。合营安排的存续以共同经营为准，只需为了共同的利益共同从事经营活动即可，并不严格要求以合伙人身份从事经营活动。通常，合营安排的各方就所涉经营活动造成的损害互负替代责任。正如超级基金法规定的那样，在公共健康与安全领域适用该项规则尤为正确。据此规定，法院认定 COCC 公司与麦克卢尔之间存在合营安排。1973 年，COCC 公司与麦克卢尔一同开展化学废物的回收再利用业务。1974 年 7 月，双方就此合作关系签订书面合同。合同约定，麦克卢尔与客户洽谈合作、回收再利用废物，而 COCC 公司有权就其提出的交易进行确认或否决，并且 COCC 公司为麦克卢尔提供办公室与秘书等后勤服务，双方就净利润五五分账。他们的合作业务最终导致了含有害物质的化学废物被弃置在污染场地。根据前述规则，COCC 公司应就麦克卢尔在其合营范围内的行为承担替代责任，包括在布拉夫路场地储存与弃置化学废物的行为。因此，根据超级基金法第 107 条（a）款（2）项，作为经营者，COCC 公司应当承担法律责任。

第三，COCC 公司作为废物处置的安排者。根据超级基金法第 107 条（a）款（3）项，法院认为原告的证明责任大致为以下两点：被告在他人所有或运营的场地安排了有害物质的处置，该场地中含有生产者的或与生产者的相同的物质。

庭审中，COCC 公司的另一位副总裁斯沃博达博士（Dr. Svoboda）承认，COCC 公司产生的废水中含有碘甲烷，COCC 公司也与 SCRDI 公司签订了处理废水的合同。麦克卢尔承认这项交易，并作证说 SCRDI 公司在布拉夫路场地弃置废水是在 1987 年 COCC 公司的租期结束后。麦克卢尔还补充，在此期间，COCC 公司偶尔也会自己运输废水至布拉夫路场地。显然，COCC 公司在他人所有并运营的布拉夫路场地安排废物弃置。COCC 公司的不可撤回证言还证明，属于它的废物在布拉夫路场地清理前未被移走。因此，布拉夫路场地中含有与COCC公司废物一致的有害物质。综上所述，根据超级基金法第107条（a）款（3）项，作为废物弃置的安排者，COCC公司应当承担法律责任。

第四，COCC公司作为运输者。根据超级基金法第107条（a）款（4）项，要追究COCC公司的运输者责任，原告需要证明：被告为运输至弃置或处置场所而接收有害物质，并挑选场地。有证据表明，1974年，COCC公司用自己的人员与机械清理了克洛弗场地，并将清出的废物从该场地运输至布拉夫路场地。麦克卢尔作证道，运至布拉夫路场地的废物中含有超级基金法列管的乙酸和丁酸。1974年至1976年，COCC公司的人力物力还被用于从克洛弗场地以外的生产者处运输有害物质至布拉夫路场地，其中包括联合公司、通用电气公司和阿拉帕霍化学公司。很显然，COCC公司为运输至弃置或处置场所而接收了有害物质。此外，由于麦克卢尔主管此项业务，根据雇主责任原则或合营安排规则，他的行为可归责于COCC公司，即COCC公司参与了危险废物弃置场地的选择。因此，根据超级基金法第107条（a）款（4）项，作为运输者，COCC公司应当承担法律责任。

综合上述分析，COCC公司是部分污染场地的承租人，而且参与了污染物质的运输和处置，属于责任主体，需要承担污染场地清理费用的赔偿责任。

（四）责任类型与费用

全体被告应负连带责任。就像绝大多数环境污染案件一样，本案争议聚焦在损害是否可分割的问题上，即是否有个合理基准能将损害赔偿责任在各个有责被告之间按照其造成的损害比例进行划分。在这种情况下，被告负有证明责任。如果数名被告引起了全部的不可分割损害，则每个被告均应对全部损害负责。据此，法院首先聚焦于布拉夫路场地的损害是否可分割的问题上。

依照证据，法院表示，布拉夫路场地的损害不可分割，因为在清理时，该场地的毒害情况已经无法以一个有意义的方式进行分割。数以千计锈烂、泄漏的料桶并未按照来源或类型相互隔离。未知的、不相容的物质相互混合，引起火灾、烟雾和爆炸。由于持续的火灾、爆炸和化学反应隐患，该场地中的所有物质即便尚未泄漏，也处于泄漏的高度危险之中。因此，所有物质协同促成了此处的危险状态，要分清每种物质的相对贡献是不可能的。很明显，本案损害不可分割。

但生产者被告们主张，可以依照货运合同来确定各自的废物体积，据此在各个责任主体之间大致分配清理费用，因此损害是可分割的。法院表示，废物体积与其危险性之间并无直接关系，因为特定化学物质的毒性和活泼性与体积并无关联，并且，这种任意的或理论上的赔偿金分摊并不削弱损害的不可分割性。在原告获得足额赔偿后，各个责任人之间再考虑赔偿金分配问题更为适宜。法院因此认定本案损害不可分割，简易判决生效后，所有被告均就本案污染场地发生的费用承担连带责任。

至于 COCC 公司，它并未提供任何足以推翻法院结论的有力证据，甚至进一步证明了布拉夫路场地损害的不可分割性，符合责任主体认定的多重标准，因此也要对全部损害承担连带责任。

最终，法院判决，美国政府应获赔 1 561 134 美元，南卡罗来纳州政府应获赔 252 489 美元。

三、案例讨论

本案事实清晰，原被告双方均无异议，一审适用简易程序。至于 COCC 公司，经查证也符合责任主体认定的多重标准，其连带责任承担问题并无过多争议。

但被告釜底抽薪，声称超级基金法违反了《美国宪法》的合同条款，并且本案发生于 1972 年至 1978 年，而超级基金法却生效于 1980 年，法条适用溯及既往，违反正当程序原则，涉嫌违宪。

根据《美国宪法》，任何州均不得通过任何减损合同义务的法律。据此，该条款仅适用于州的立法，而非超级基金法等联邦法律。并且，即便结合合同条款，超级基金法也并未实际损害本案被告们与 SCRDI 公司的合同效力。恰恰相反，这些合同依然有效且可强制执行，生产者被告们可就相关合同向 SCRDI 公司进行追偿。因此，超级基金法并不违反《美国宪法》。

根据超级基金法第 107 条的字面含义，这是一项旨在施与广义救济的立法。基于被告过去活动造成的当前和未来影响，排污或排污风险必须先于责任认定发生。一项立法将责任归于现状，而现状又源于过去，那么该法便并非追溯适用，也并不违反正当程序原则。联邦最高法院曾在另一起案件中如是评论：一项法令并不能仅因其后诉讼的必要条件是在法令生效前推导而出，而被认定为追溯适用。

在类似旁案中，《资源保护和回收法》第 7003 条也印证了上述观点。法院认为《资源保护和回收法》第 7003 条本质上并非追溯适用，其立法目的在于缓解当下和未来的危险，即便案件事实可归因于过去的活动。在该案中，原告基于《资源保护和回收法》第 7003 条的诉讼理由是，并非被告有排污行为，而是当下在场废品对地下水造成紧迫的污染风险。因此，该法既非惩罚过去行为，亦非对过去行为施加责任。总之，此项立法绝非追溯适用，而是着眼当下、放眼未来。

退一万步讲，即便超级基金法真的追溯适用，也完全符合正当程序原则。法条追溯适用可能会扰乱稳定预期，但并非一定导致其违宪。联邦最高法院在追溯适用第一案［尤塞里诉特纳·埃尔克霍恩案（Usery v. Turner Elkhorn Mining Co.）[1]］中如是表述：经济调控领域的立法如果涉及正当合理的国家利益，则其追溯适用并不违反正当程序原则。该案中，联邦最高法院支持 1972 年的《黑肺法案》，该法案要求矿主对现在和之前的矿工以及矿难生存者的黑肺病导致的伤残和死亡进行赔偿。显然，法案生效后仍在职的矿工符合受偿条件，但其他矿工则未必。矿主坚称该法溯及既往，不符合合理预期规则，但法院并不同意该主张。施加在矿主和矿产消费者身上的责任，是对矿工伤残后果的合理分摊，因为他们从矿工的血汗中获益。这是出于国家利益考量，对经济生活责任分担与利益分配的合理调控，绝非任意违反正当程序原则。

超级基金法明显符合尤塞里诉特纳·埃尔克霍恩案所确立的标准。该法的立法目的在于遏制排污，此乃该法通过之前的 10 年中最严重的环境与健康问题。与《黑肺法案》相同，国会打算通过超级基金法来建立一种广义上的救济机制，在那些获益群体之中进行责任分配。超级基金法建立的责任划分机制便旨在达成此种目的。综上所述，超级基金法即便追溯适用，也并不违宪。

---

　　[1]　"Usery v. Turner Elkhorn Mining Co., 428 U. S. 1（1976）"，https://supreme. justia. com/cases/federal/us/428/1/，2022-10-31.

第三部分

环境污染责任索赔案例——潜在责任人（PRPs）类型[*]

* 由李奕杰、张雅楠、王元凤、顾颖颉、赵泽南、赵逊、刘军、宋家臣执笔。

第十章 业主之间【Owner(s) vs. owner(s)】

案例 12 林肯地产有限公司诉干洗店业主（希金斯等人）案（Lincoln Properties, Ltd. v. Higgins）

一、案例背景

（一）基本情况（时间、地点、涉及人员）

原告林肯地产有限公司（Lincoln Properties Ltd，以下简称"林肯地产方面"）是林肯中心的所有者。林肯中心位于斯托克顿市附近的圣华金县太平洋大道和本杰明·霍尔特大道交会处一个 30 英亩的地块上，该地及周围区域下方的地面包含 3 个不同的含水区或含水层，按距离地面深度划分，从距地表最近的 A 区延伸到距地表最远的 C 区。虽有黏土层将不同区域隔开，但由于不同区域之间的向下水力梯度，地下水可能会从 A 区垂直输送到 B 区。从供水方面看，距林肯中心 1 英里范围内有 14 口公共水井以及至少 160 口私人水井。1985 年 10 月，圣华金县卫生局通知林肯地产方面，已检测到圣华金县 1 号水井四氯乙烯"超标"。四氯乙烯是一种有害的非天然化合物，经常被用作干洗溶剂。三氯乙烯和顺式 1,2-二氯乙烯是四氯乙烯的降解产物。四氯乙烯在地下水中是稳定的，几乎不发生降解，这正是工业溢漏和废物堆积造成地下水污染发生率增加的原因。1986 年开展的相关测试发现，林肯中心附近水井中的水已受干洗店所用的几种有害化合物污染。1987 年 8 月 18 日，区域水质控制委员会要求林肯地产方面就林肯中心这一水质污染问题提交一份工作计划，其中应详细阐明打算就地下水问题进行的调查。1987 年 8 月，林肯地产方面聘请了一家环境工程公司（Leedshill-Herkenhoff）调查此次污染的程度。工程师在林肯中心和其周围区域下方的地下水和土壤中发现了四氯乙烯、三氯乙烯和二氯乙烯。自林肯中心落成，共有 3 家干洗店在林肯中心开展过经营活动，分别为：①挪威干洗店/挪威清洁村；②最佳护理干洗店/一小时快速洗衣服务；③乡村干洗店/林肯村干洗店。在 1988 年的进一步调查中，工程师中野提取了 3 家干洗店与排水管相连的排水道支管及污水干管中的样品，在此类样品中均发现了四氯乙烯。此外，中野在 3 家干洗店混凝土板地基下方的土壤中也发现了四氯乙烯，但因此类样品最初是从排水管附近提取的，所以不能直接证明污染已经从地下水扩展到土壤。对地下水的调查显示，到 1990 年，四氯乙烯已经在 A 区横向渗透到林肯中心之外的区域，并且迁移到公共水井和私人水井。A 区和 B 区的水样中均检测到超过规定标准浓度的四氯乙烯，并有"自然条件"下垂直输送到 C 区的可能。这 3 家干洗店通过地漏排放含有四氯乙烯的废水，致使四氯乙烯已经在地下混合在一起，对当地的地下水造成污染。

林肯地产方面已证实，3 家干洗店均通过地漏排放过含有四氯乙烯的废水。挪威干洗店于 1961 年至 1987 年间在林肯中心开展过干洗业务。1962 年至 1983 年，挪威干洗店一共使用过 16 台挪威干洗机。每台干洗机均配置有水分离器，便于将四氯乙烯回收到干洗机中。1983 年至 1987 年，挪威干洗店使用过两台施普玛（Suprema）干洗机，每台干洗机均配有水分离器。正常使用中，由于此类化合物的可溶性，干洗机装配的水分离器有时会排放含有四氯乙烯的废水。此外，在 1974 年，一个储水箱上的引导接头发生断裂，由此导致四氯乙烯通过地漏意外释放到下水道中。最佳护理干洗店在 1966 年至 1981 年使用过马丁（Martin）干洗系统和温莎士（Renzacci）干洗系统，二者均配有水分离器。该干洗店承认一共发生过 4 次四氯乙烯泄漏或含有四氯乙烯的废水泄漏事故。第一次是在 20 世纪 70 年代，一个连接马丁干洗机和过滤器的软管破裂，导致四氯乙烯泄漏，并覆盖了地板上一个 4 英尺见方的区域。第二次是温莎士干洗机的一个软管夹于 1980 年或 1981 年发生故障，泄漏物覆盖了地板上一个 4 英尺×6 英尺或 4 英尺×7 英尺的区域。20 世纪 90 年代发生了第三次事故，门罗·赫斯（Monroe Hess）将一个四氯乙烯桶掉落在地上，随后桶发生破裂，导致大约 2.5 加仑四氯乙烯泄漏出来。第四次是一个将管道从过滤系统连接到温莎士干洗机的软管发生故障，导致四氯乙烯发生泄漏，泄漏物覆盖了地板上一个 2 英尺见方的区域。除了 4 次已知的泄漏事故，林肯地产方面的专家声称，自 1980 年或 1981 年以来，筒式过滤装置在排水过程中经常会把四氯乙烯滴在地板上。废水从马丁洗涤回收机的水分离器排放到地板上，并从渣土灶和嗅探器排放到地漏中，最终导致含有四氯乙烯的废水进入下水道，造成地下水污染。乡村干洗店于 1959 年至 1992 年 1 月在林肯中心开展过干洗业务，先后使用过 3 种不同的干洗系统。乡村干洗店定期排放含有四氯乙烯的废水。1959 年至 1968 年使用德特雷克斯（Detrex）系统期间，废水从水分离器经由地漏排放出去。1968 年至 1986 年，废水从霍伊特（Hoyt）系统分离器排放到地板上的容器或桶内，然后通过地漏排放出去。此外，乡村干洗店承认，其在 1982 年以前曾经发生过一次四氯乙烯泄漏事故，当时干洗机门在清洗过程中自行打开，导致"少量的"四氯乙烯泄漏到了地板上。

（二）污染物及环境损害

本案涉及地下水污染问题，并使周围环境和公众健康面临重大潜在风险。

在废水处理环节，因四氯乙烯具有一定的水溶性，涉案干洗店使用的干洗系统即使具备水分离器，也无法将四氯乙烯全部回收，使之与废水分离。因此正常工作条件下所排放的废水含有有毒有害物质并经由地漏进入下水道。这些含有四氯乙烯的废水在地下融合到一起，本身造成环境的污染和退化，同时还对供水安全造成严重威胁。地下水调查表明：A 区和 B 区的四氯乙烯浓度高达十亿分之三万两千，三氯乙烯的浓度高达十亿分之一百一十，二氯乙烯的浓度高达十亿分之五百三十，这一浓度范围远超联邦和州标准。A 区的污染已经横向渗透到林肯中心之外的区域，并迁移到公共水井和私人水井。从损害程度来看，A 区的地下水基本上已无法再次使用，B 区的地下水已受污染，C 区的地下水可能已受污染或者将来有可能受污染。圣华金县的 4 口水井距离林肯中心非常近，由于四氯乙烯污染以及由四氯乙烯和其他有害物质造成的进一步污染风险，这些水井已被弃置并损毁。斯托克顿市的 4 口水井以及加利福尼亚州的 2 口水井位于林肯中心的下坡，且斯托克顿市的 3 口水井处于四氯乙烯和三氯乙烯羽流的预期路径内。此外，干洗店发生过几次四氯乙烯泄漏事故，泄漏物覆盖地板。在污染调查中，在林肯中心下方的部分土壤中检测到了四氯乙烯、三氯乙烯和二氯乙烯，但关于有害物质渗透到混凝土地基中对土壤造成的污染并没有直接确凿的证据予以证明。虽然土壤污染存在与否尚存争议，但地下水污染是客观存在的。

自林肯地产方面成立调查专家组至诉讼时，调查专家们提出多项调查工作计划和意见，以便界定林肯中心下方的土壤和地下水中污染物的横向和纵向范围。在污染程度被精准界定之前，场地尚未进行最终修复。随着时间的流逝，地下水退化加剧，场地修复难度将增加。

以上环境损害除了对环境造成重大不良影响，还可能会危及公众健康。一方面，四氯乙烯挥发到环境中会对吸入者身体造成伤害；另一方面，地下水中存在的污染物较稳定并有垂直向下扩散污染的风险，而场地附近有多个用于获取饮用水的公共水井和私人水井，如长期饮用被污染的水，则会大大增加额外癌症的患病率。因此，污染化学物可能通过呼吸和饮用水进入人体，对公众健康产生紧迫的威胁。

（三）场地清理及费用

经过初步调查，原告林肯地产方面率先聘请专家进行调查并着手开展清理工作，在应对场地污染方面已经支付了超过 300 万美元的处理费用。然而这仍不足以涵盖本案损害修复的全部花销。

1991 年 7 月，工程师中野提出了一项工作计划（第三阶段工作计划），其中包括在 3 个含水层安装地下水监测井、对地下水进行取样和分析、钻探土壤并收集土壤样品。区域水质控制委员会于 1991 年 8 月 22 日批准了该工作计划。此外，中野还制订了一份预警系统工作计划和一份地下水监测程序工作计划，这两份工作计划均获区域水质控制委员会批准。预警系统工作计划建议在斯托克顿市第 11 号市政水井上坡安装一台地下水预警监测井，从而在四氯乙烯迁移到水井之前检测其在 A 区地下水中的迁移情况。地下水监测程序工作计划提出对地下水进行定期取样和分析，以及测量监测井中地下水的深度。

综上所述，场地响应费用包括：场地调查、地下水预警监测井安装、地下水取样分析、土壤污染物污染测试、污染监测、开展修复调查和可行性研究以及降解有害物质等环节产生的费用。

二、诉讼过程

（一）原告与被告

原告：林肯地产方面。

被告：诺曼·希金斯（Norman Higgins）、唐纳德·希金斯（Donald Higgins）、威尔伯特·莫泽（Wilbert Moser）、门罗·赫斯、詹姆斯·默里（James Murray）、珍妮·赫斯（Jeanne Hess）、杰克·艾奎斯特（Jack Alquist）、乡村干洗店、A. A. 梅德罗斯（A. A. Mederos）、本尼·海恩（Bennie Hein）、邦尼·

克罗斯比（Bonnie Crosby）、德怀特·艾奎斯特（Dwight Alquist）地产公司、圣华金县和林肯村维护区。

（二）原告诉讼法律依据与被告辩驳依据

1. 原告诉讼法律依据

原告曾于 1991 年 6 月 11 日提起过诉讼，起诉各干洗店以前以及当前的经营者，要求其调查并彻底治理此次污染，并就林肯地产方面已经支付的调查和清理费用承担连带责任。1992 年 5 月 21 日，法院准许原告根据《资源保护和回收法》的规定修改起诉书，并在其中增加一项索赔请求。原告于 1992 年 5 月 26 日提交了经过修改的第一封起诉书。在该起诉书中，原告根据《资源保护和回收法》第 7002 条的规定起诉干洗店的经营者，要求获得禁令性救济，并要求被告偿还原告已支付的清理费用。其申请的禁令要求被告采取以下行动：开展所有必要的环境工程、调查、研究、监测和响应行动，从而充分响应并及时消除和修复林肯中心和附近区域的固体废物和有害废物污染。原告还在该起诉书中根据超级基金法第 107 条的规定要求获得处理费用、分摊额及宣告性法律救济。此外，原告还根据《加利福尼亚州民法典》第 3479 条和《圣华金县法典》第 1-2004 条、第 5-6000（x）条提出了滋扰本身、私人滋扰、公共滋扰、过失本身、过失、（超危险活动的）严格责任、侵入、违约、废物、明示赔偿、（有害物质）法定赔偿、默示法定分摊、默示合同赔偿、衡平赔偿、比较衡平赔偿以及宣告性法律救济共计 16 项索赔请求。原告发起了部分即决判决动议。法院于 1992 年 4 月 2 日发布的命令将本案分为多个阶段，"第一阶段"审理内容包括超级基金法责任（不包括与国家应急计划所涉及费用的必要性和一致性有关的问题）、《资源保护和回收法》责任以及原告就禁令性救济提起的动议。

2. 被告辩驳依据

干洗店就即决判决提出了反方动议，目的是减免自身的赔偿责任。此外，被告詹姆斯·默里和珍妮·赫斯还单独就即决判决提起了反方动议，目的是证明自己不属于超级基金法或《资源保护和回收法》中所规定的"经营者"，不应承担相应的法律责任。

干洗店主要针对原告根据《资源保护和回收法》提出的诉讼请求反驳如下：①干洗店的行为不受《资源保护和回收法》管辖，本案所涉及的废物属于《美国法典》第 42 卷第 6903 条（27）款所规定的"生活污水中的固体物质或溶解物质"。干洗店提供一些证据证明其污水在进入污水管道后抵达公有处理厂之前与住宅排放的污水混合在一起，而且美国环境保护署已经在《联邦法规汇编》第 40 编第 261 条 4 款中定义了生活污水排放的范围。干洗店排放的污水符合该部分定义的"生活污水"，不属于《资源保护和回收法》所调整的有害废物范围。②已根据《资源保护和回收法》报告的发现即刻和实质性危害的案件要么涉及污染物对生物的威胁，要么是非孤立性污染，涉及多种环境要素，而本案仅涉及地下水污染，不构成即刻和实质性危害。③干洗店已不再排放四氯乙烯，客观上不需要再准予原告禁令性救济。④根据《联邦法规汇编》第 40 编第 261 条 31 款的规定，美国环境保护署将四氯乙烯列入一组"废卤化有机溶剂"，而干洗店在经营过程中仅使用"原始、未加工的"四氯乙烯，并未使用废卤化有机溶剂，不符合《资源保护和回收法》责任的构成要素，不承担赔偿责任。

干洗店主要针对原告根据超级基金法提出的诉讼请求反驳如下：①干洗店不应对四氯乙烯的释放负责，因为根据超级基金法的规定，仅将有害物质直接释放到环境中的人员需承担相应的责任，而干洗店的污水排入下水道，该下水道归林肯地产方面和县政府共同所有和经营。将四氯乙烯排放到归其他人员负责的下水道中，不属于直接排放到"环境"中。②部分干洗店认为自家干洗店对四氯乙烯的释放行为属于《美国法典》第 42 卷第 9607 条（j）款中"联邦政府允许的"释放活动，因此不应承担超级基金法所规定的责任。

另外，干洗店还对原告的滋扰索赔请求提出了几项抗辩：①干洗店并未造成污染，其排放四氯乙烯的行为已经获得"法律的明确许可"，因为其向下水道排放的有机溶剂浓度低于《斯托克顿市法典》第 7-102.10.1 条规定的允许排放的浓度。②干洗店排放含有四氯乙烯的废水这一行为是得到原告书面同意的。原告在租约中要求仅将该场地用于开展干洗业务，且干洗店只是"根据标准行业惯例开展业务"，由于原告在签订租约时批准了此类活动，干洗店的行为不构成滋扰行为，不应支付损害赔偿。

（三）法院判决及决定性依据

法院根据《资源保护和回收法》第 7002 条以及超级基金法第 107 条的规定，判决干洗店过去及当前经营者应就此次污染事故承担相应的法律责任，具体包括：①相关的干洗店所有者参与地下水中四氯乙烯的监测和调查；②相关干洗店经营者对全部损害负有连带责任，应分摊原告过去及将来支付的处理费用；③被告的行为造成公共损害，客观上发生了滋扰，需要承担赔偿责任；④仅向干洗店提供财务资助的个人，以及没有证据表明其有权控制四氯乙烯、主动参与干洗店经营或负责干洗店经营的人，无须作为经营者承担《资源保护和回收法》或超级基金法所规定的各项责任。

1. 干洗店在《资源保护和回收法》规定下的责任

干洗店是四氯乙烯的使用者，也是有害废水的排放者，此行为导致污染物渗透到了地下水中，使环境严重退化，因此林肯中心的条件构成即刻和实质性危害，这一危害来自对有害废物的处理和处置，而且原告证明是干洗店促成的此类处理和处置行为。干洗店的行为符合《资源保护和回收法》第7002条规定的责任构成要件，需要承担连带责任，参与地下水中四氯乙烯的监测和调查。

2. 干洗店在超级基金法规定下的责任

针对己方要求获得处理费用、分摊额及干洗店对过去和未来处理费用负责的宣告性救济这一即决判决诉求，原告已经证明：①干洗店属于超级基金法中规定的场地；②此类场地发生过有害物质的释放或存在有害物质的潜在释放；③有害物质的释放或潜在释放使林肯地产方面支付了相应的处理费用，且此类费用属于"必要"费用，并"与国家应急计划一致"；④干洗店属于应承担超级基金法所规定责任的一类人员，其针对排放环境和释放准许的主张所寻求的法律依据并不适格。法院认为，干洗店的行为违反了超级基金法第107条（a）款以及《美国法典》第42卷第9607条（a）款的规定，应承担连带赔偿责任。

3. 干洗店在《加利福尼亚州民法典》规定下的责任

法院认为干洗店应对原告提出的滋扰索赔负责。原告已经证明了构成滋扰的各项要素，无须证明无法弥补的损害，而且无论是否有其他修复措施，原告都有权获得禁令性救济。干洗店在未获得法律明确许可的情况下向下水道排放含有四氯乙烯的废水，无论浓度多少，都构成违法。此外，干洗店也不能以在租约中获得原告的授权来抗辩，因为干洗店在实际业务中并未遵守法律法规，也无确凿证据证明原告同意干洗店处置四氯乙烯。因此，干洗店依旧要承担损害赔偿责任。鉴于干洗店释放的四氯乙烯造成的损害是不可分摊的，各被告应承担连带责任。

4. 被告詹姆斯·默里和珍妮·赫斯赔偿责任的免除

法院认为，仅"主动参与"场地经营活动的人员承担经营者责任，这一身份的认定是被告承担法律责任的前提。被告詹姆斯·默里和珍妮·赫斯不具备实质意义上的经营者身份，因此法院对二人单独就即决判决提起的反方动议予以批准，具体理由如下：被告詹姆斯·默里仅向最佳护理干洗店提供了一笔财务资助，从未参与最佳护理干洗店的管理或经营，也从未就该场地有害物质的处置、治理、存储或处理做出任何决定，不属于干洗店的经营者和负责人，因此不应承担被告的相应责任。被告珍妮·赫斯只是最佳护理干洗店名义上的经营者，没有任何证据可以证明珍妮·赫斯有权控制四氯乙烯，或者其主动参与或负责了最佳护理干洗店的经营活动。因此被告珍妮·赫斯也不属于超级基金法或《资源保护和回收法》中所规定的经营者，无须承担被告的连带赔偿责任。

三、案例讨论

（一）诉讼所涉及的法律文件、条款

①《资源保护和回收法》第 1004 条（27）款、第 7002 条、第 7003 条（a）款；②超级基金法第 101 条（10）款（J）项、第 104 条、第 107 条；③《美国法典》第 42 卷第 6902 条（b）款、第 6903 条、第 6921—6939b 条、第 6971—6979b 条、第 9601 条、第 9603 条（c）款、第 9604 条、第 9607 条（a）款；④《联邦法规汇编》第 40 编第 122 条 2 款、第 260 条 10 款、第 261 条、第 302 条 4 款；⑤《加利福尼亚州民法典》第 3479 条、第 3482 条、第 3493 条；⑥《圣华金县法典》第 1-2004 条、第 5-6000（x）条、第 5-6200 条、第 5-6400 条、第 5-6409（a）条；⑦《斯托克顿市法典》第 7-102.10.1 条。

（二）法院判决争议点

1. 对《资源保护和回收法》管辖范围的界定

原告依《资源保护和回收法》提出索赔请求，认为干洗店排放的含有四氯乙烯的污水属于"有害废物"。干洗店辩称本案涉及的废物属于生活污水排放范围，不受《资源保护和回收法》管辖。

法院认为，《联邦法规汇编》第 40 编第 261 条第 4 款是根据《资源保护和回收法》C 分编制定的，旨在增加对生活污水排放项下引入公有处理厂的有害废物的控制；即使 C 分编的规定适用，本案中的相关污染物也不受 C 分编管辖，因为此类污染物从未进入公有处理厂。生活污水排放在《资源保护和回收法》A 分编也有所涉及，且林肯地产方面是根据 G 分编提出的索赔，所以即使《联邦法规汇编》第 40 编第 261 条第 4 款是美国环境保护署新颁布的规定，也并不改变 G 分编中的排放范围。因此，干洗店排放的废水受《资源保护和回收法》管辖。

2. 关于《资源保护和回收法》中禁令性救济的争议

原告要求获得禁令性救济，使相关干洗店参与地下水中四氯乙烯的监测和调查。干洗店辩称不需要准予这一救济，原因是此类干洗店已不再使用四氯乙烯。法院认为林肯中心的环境目前受到一定的威胁，仍有必要采取行动消除有害物质构成的风险，应给予原告衡平救济。然而，干洗店认为，法院必须采用长期初步禁令标准。但由于原告已经撤回了其初步禁令请求，法院现在必须决定是否授予永久性禁令救济。

事实上，干洗店因为是最初的污染源，所以必然要承担大部分责任，对原告支付的费用进行分摊，这与法院根据超级基金法作出的判决结果相同。禁令要求干洗店参与进一步的调查、监测和检测，以确定是否存在相关危害以及危害程度，这一做法可防止造成无法弥补的环境损害。

鉴于本案目前的诉讼程序，现在并不是实施该禁令的好时机：干洗店根据超级基金法已经要承担相应的法律责任，实施该项禁令只会加快干洗店部分分摊损害。这并不表示可以在本案或其他案件中通过《资源保护和回收法》禁令规避超级基金法。况且本案相关方对相关法律标准存在争议，应在确定禁令性救济的精确性和范围后再发布禁令。

3. 《资源保护和回收法》责任认定的争议

（1）关于即刻和实质性危害的认定。干洗店认为，既有案例凡涉及认定即刻和实质性危害的，都需要具备生物将接触污染物这一威胁，而本案只涉及地下水污染这一单一要素，不构成对环境的即刻和实质性危害。同时，在对人体健康受威胁程度的认定上，相关方也存在很大争议。法院认为"环境"一词应该包括空气、土壤和水，对即刻和实质性危害的认定并没有人类或者其他生命形式受到威胁这一附加要求，况且本案的污染并非孤立性污染，林肯中心所处位置人口密集，诸多公共水井和私人水井从林肯中心的地下水中取水，现有污染已导致一些水井关停，显然对环境构成了即刻和实质性危害。

（2）关于有害废物的界定。干洗店认为在《联邦法规汇编》第 40 编第 261 条 31 款中，美国环境保护署将四氯乙烯列入废卤化有机溶剂，而其在经营过程中仅使用"原始、未加工的"四氯乙烯，并未使用废卤化有机溶剂，因此其所使用的四氯乙烯不应被认定为有害废物。法院认为美国环境保护署已经确定四氯乙烯属于《资源保护和回收法》中所规定的有害废物，即便四氯乙烯之前不具有危害，其被干洗店丢弃后也成为一种有害废物。

4. 超级基金法责任构成要素的争议

（1）关于有害物质释放的界定。干洗店认为，根据超级基金法的规定，仅将有害物质直接释放到环境中的人员需承担相应的责任，而原告并不能证明污染物从场地地基中渗漏。至于排放到下水道中的污染物，因为下水道归林肯地产方面和圣华金县政府共同所有和经营，干洗店认为没有证据证明其直接排放污染物到"环境"中，因此其不应对四氯乙烯的释放负责。法院认为从法令的表面意思来看，其并未规定四氯乙烯一定要直接释放到环境中，如果在司法层面上强制执行这一附加要求，将与"释放"一词的广义解释不符。

（2）关于经营者身份的认定。原告认为"任何经营此类场地的人员"都是超级基金法中规定的经营者。被告詹姆斯·默里和珍妮·赫斯反对这一观点，他们认为对经营者身份的认定应该考虑实际与经营业务的联系。法院认为仅向干洗店提供财务资助的个人和并未主动参与干洗店经营或负责干洗店经营的人无须作为经营者承担责任。

（三）本案启示

本案中，原被告双方对生活污水、环境、有害废物、释放、经营者等概念提出了不同的依据和主张，法院在界定时不仅考虑了不同法律的调整范围、适用场景，还运用了扩大解释、缩小解释等方法，使得界定符合立法初衷。在司法实践中，对归责构成要素内涵的界定是正确判定当事人双方责任的第一步，应贴合实际，审慎分析，做出顺应立法目的、符合大众预测、有利于定分止争的解释。

涉案干洗店均属于超级基金法第 101 条规定的经营者，对损害负有责任，不能就分摊损害进行举证，因此法院裁定此类所有者对全部损害负有连带责任。可以看出，超级基金法设置的环境侵权责任十分严格，与污染场地有关联的潜在责任人，无论过错与否，都应当就相应的响应费用和自然资源损害承担责任。法院通常认为，根据超级基金法第107条，在无法区分损害责任的情况下，潜在责任人的责任是连带的，责任主体中的各方对外承担责任时，不区分各自的责任份额，任何一方都有义务承担全部或部分责任。如果被告主张责任是可分割的，应当对损害的可分割性承担举证责任，提供分摊损害的合理依据，区分各自造成的场地损害。

案例 13 美国政府诉 A&N 清洁和洗涤公司案（United States v. A&N Cleaners & Launderers，Inc. ）

一、案例背景

（一）基本情况（时间、地点、涉及人员）

本案涉及的历史遗留污染场地（纽约州普特南县布鲁斯特井场）包括一栋单层建筑和一个停车场，具体地址是普特南县东南小镇6号和22号公路交叉口。该场地有一栋单层砖砌建筑（类似于购物中心），占地12 500平方英尺（约0.29英亩），周围有一个停车场和绿地，占地面积约为1.8英亩。本案主要涉及的污染物是干洗店处置的含有四氯乙烯的废水。干洗店经营者已经承认通过地漏排放此类有害废水，地漏跨越该单层建筑内部，并且据称废水从该地漏流入停车场下方的位于化粪池附近的干井中，造成了环境污染。

污染场地在1979年以前的所有权归六二二（Six & Twenty-Two）房地产公司所有。1970年10月1日，海丰银行从该公司租赁了整个场地，租期从1970年持续到1990年。在租赁期间，海丰银行实际占用的部分只是其分行所用的部分，但享有所占场地的全部权益，包括转租和收益的权利。在海丰银行转租的合同中，有一份租约是皮尔西奥贵族清洁公司（以下简称"皮尔西奥"）持有的。皮尔西奥的租约中规定，该场地用作干洗店，且由皮尔西奥负责干井的护理和维护。1970年10月，皮尔西奥将其在租约中的权利转让给了A&N清洁和洗涤公司，并通知了海丰银行。与皮尔西奥相同，A&N清洁和洗涤公司也将该场地用作干洗店。本·福尔库奇（Ben Forcucci）是A&N清洁和洗涤公司的唯一股东、高级职员和董事，是干洗机日常运作和废物处置的唯一负责人，因此成为本案的被告之一。当皮尔西奥在该场地的租约到期后，A&N清洁和洗涤公司与海丰银行于1982年签署了一份转租合同，租赁期限延长到 1985 年。1982 年的转租合同中特别规定，该场地将用于开展干洗业务、地毯清洁和洗衣店。海丰银行于 1985 年 8 月 12 日延长了租赁期限，但是任何一方均可以提前 90 天发出通知取消租约。被告乔丹·W. 伯克曼（Jordan W. Berkman）与约翰·A. 彼得里洛（John A. Petrillo）、马里奥·库托（Mario Curto）、约瑟夫·库托（Joseph Curto）于 1979 年 3 月 2 日购得涉案场地，共同拥有该场地的所有权。至诉讼时，涉案场地由海丰银行分行、A&N 清洁和洗涤公司以及一家轿车服务公司实际占用。

（二）污染物及环境损害（地表水、地下水、土壤）

本案主要涉及地表水污染和地下水污染问题，并使周围环境和公众健康面临重大潜在风险。水污染会通过水井扩散，且流经之处还可能对土壤产生危害，由此对生态环境造成不良影响，对公众健康产生紧迫威胁。

福尔库奇作为干洗机日常运作和废物处置的负责人已经承认，在干洗过程中，衣物先在洗衣机中用溶剂（即四氯乙烯）搅拌，然后进行清洗。清洗完成后，将衣物放进烘干机，尽可能将其中的溶剂去除。在烘干过程中，冷凝后的四氯乙烯被回收并收集到烘干机前的桶中，以便重复利用，而从烘干机的水分离器中排放出来的含有四氯乙烯的废水则被收集到烘干机后方的桶中。已知废水通过地漏排入下水道，但上述污染物排放持续到何时仍不能确定。

（三）场地清理及费用

在对场地污染进行调查之后，美国政府和美国环境保护署对场地开展救济工作，随后对污染相关责任人提起诉讼，要求其承担治理和修复环境的费用。美国政府声称，A&N 清洁和洗涤公司在涉案场地处置有害废物（只是部分原因）造成了污染，政府为此支付了大约 300 万美元的处理费用。然而，由于责任人对上述处理费用存在分歧，具体数额还不能确定。

二、诉讼过程

（一）原告与被告

原告：美国政府。

被告：乔丹·W. 伯克曼、约翰·A. 彼得里洛、约瑟夫·库托、马里奥·库托、海丰银行和本·福尔库奇。

第三方被告：尤蒂卡互助保险公司。

（二）原告诉讼法律依据与被告辩驳依据

1. 原告诉讼法律依据

美国政府针对纽约州普特南县布鲁斯特井场的污染，依据《美国法典》第42卷第9607条（a）款的规定对污染场地相关责任人追究污染费用赔偿责任。当前，美国政府根据《联邦民事诉讼规则》第56条对伯克曼、彼得里洛、约瑟夫、马里奥提起部分即决判决动议，理由是上述几位被告对污染场地有害物质释放和潜在释放负有连带责任。在先前的诉讼程序中，海丰银行作为场地的承租人对尤蒂卡互助保险公司提出了索赔。美国政府于1989年10月16日提起诉讼，第三方被告尤蒂卡互助保险公司要求法院驳回海丰银行对其提起的第三方索赔，但是法院于1990年9月20日驳回了该公司的动议。1991年6月5日，法院下令将本案拆分为责任诉讼和损害赔偿诉讼。美国政府就伯克曼在超级基金法项下的责任提起即决判决动议，法院于1992年4月3日批准了这一动议，但是认为仍然需要就伯克曼提起的两项积极性抗辩（即第三方抗辩以及不知情土地所有者抗辩）做出裁决。法院认为认定干洗店何时停止处置废水是决定伯克曼抗辩是否成立、对美国政府的即决判决动议是否予以支持的关键性问题。然而，美国政府认为最近的两个事实证据已经可以解决干洗店何时停止处置废水这一问题并就此作出即决判决。美国政府为此提供了相关证据，包括干洗店前后矛盾的声明，用以证明伯克曼的两项抗辩均不成立。

2. 被告辩驳依据

伯克曼提起两项积极性抗辩，即第三方抗辩以及不知情土地所有者抗辩。《美国法典》第9607条（b）款（3）项中规定的第三方抗辩是指假设被告在相关情况下已经采取了审慎措施，且就第三方的可预见作为或不作为采取了预防措施，如果被告提供了大量证据证明有害物质的释放或潜在释放是由第三方造成的，而非由与被告存在直接或间接合同关系的人员造成的，则被告无须承担相应的责任。《美国法典》第42卷第9601条（35）款中对"合同"的定义包括"转让所有权或占有权的土地合同、契约或其他文书"。伯克曼认为自己与本案涉及的污染责任主体之间均不存在合同关系，因此对污染责任主体造成的损害不承担连带责任。针对不知情土地所有者这一抗辩事由，《美国法典》第42卷第9601条（35）款要求主张这一抗辩的场地所有者必须提供大量证据证明有害物质处置发生在其购买场地之前，其在购买场地时"不知道也没有理由知道"已经在该场地处置了有害物质。而且，购买场地的一方必须根据土地转让之时"良好的商业惯例或习惯做法"对场地之前的所有权和用途进行"一切适当的调查"。但该条对良好的商业惯例定义得较为模糊，伯克曼认为自身属于不知情土地所有者，理由是污染排放行为在其获得场地所有权之前已经终止。伯克曼已经提交了宣誓书，并在其中声称，福尔库奇先生曾透露，A&N 清洁和洗涤公司自从 1978 年开始便停止在场地的井中处置受污染废水。

（三）法院判决及决定性依据

根据《美国法典》第 42 卷第 9607 条和《联邦民事诉讼规则》第 56 条（c）款，法院裁定：①驳回美国政府的即决判决动议；②就伯克曼的第三方抗辩和不知情土地所有者抗辩问题举行听证会；③就福尔库奇何时停止在涉案场地处置有害物质一事举行听证会。

1. 超级基金法的责任框架

根据超级基金法，如果发生有害物质的释放或潜在释放，美国政府可随时进行处理并要求相关方偿还清理费用。为了使被告承担责任，美国政府必须证明以下 4 点：①发生有害物质的释放或潜在释放；②此类释放或潜在释放发生于特定场地；③此类释放或潜在释放使政府支付了相应的处理费用；④所有被告均属于《美国法典》第 42 卷第 9607 条（a）款中规定的责任人。

以上 4 个要件同时符合才构成责任承担的主体。根据《美国法典》第 42 卷第 9607 条（a）款，场地当前的所有者和经营者，以及在处置任何有害物质时"拥有或经营"任何此类有害物质处置场地的人员，是其中两类潜在责任人。上述潜在责任人若不能根据《美国法典》第 42 卷第 9607 条（b）款提出有效抗辩，则应该赔偿美国政府清理污染场地的费用。

2. 被告伯克曼的责任

法院认为房屋所有人与次承租人之间不存在合同上的利害关系，因此，次承租人不直接对出租人承担履行原租约的责任，出租人也不得因次承租人违反租约而对其提起诉讼。相反，尽管承租人将房屋转租出去，但他仍对出租人负有责任。转租在承租人和次承租人之间建立了一种新的、独立的合同关系。此时有两个合同，即原始租赁和转租，只有承租人是两个合同的当事人。即使在主租约期满后，次承租人仍然是出租人的法定承租人。基于以上原因，法院认定伯克曼与海丰银行的受转租人 A&N 清洁和洗涤公司负责人福尔库奇不存在任何合同关系。对于伯克曼是否构成不知情土地所有者这一问题，法院认为目前存疑。因为美国政府提供的"关键事实"存在相互矛盾的表述，无法确定 A&N 清洁和洗涤公司何时停止排放废水这一关键性事实，而这一问题直接影响伯克曼是否构成不知情土地所有者的身份认定。因此法院认为基于以上疑点，本案不能适用即决判决程序，驳回了美国政府的这项动议，裁定对伯克曼的两项抗辩举行听证会。

3. 被告福尔库奇的责任

福尔库奇作为 A&N 清洁和洗涤公司的负责人，已经承认将含有四氯乙烯的废水排入下水道，该排放行为发生在本案污染场地，并且四氯乙烯的污染使美国政府率先支付了处理污染和修复环境的费用，因此根据超级基金法的规定，福尔库奇应该承担费用赔偿责任。虽然当前对 A&N 清洁和洗涤公司的排放行为何时停止仍存争议，但这一实质性争议只能导致即决判决程序不适用，不能否定被告是本案责任主体。法院认为，需要后续举行听证会来裁决 A&N 清洁和洗涤公司何时停止排放废水这一争议，理由是在数份答复相互矛盾，言辞证据存疑的情况下，这样的听证会可以有效节约各相关方和法院的资源。

三、案例讨论

（一）诉讼所涉及的法律文件、条款

①超级基金法第 9601 条（35）款（B）项；②《联邦民事诉讼规则》第 56 条；③《美国法典》第 42 卷第 9601 条、第 9604 条、第 9607 条（a）款；④《纽约州南部和东部联邦地区法院民事规则》第 3 条（g）款；⑤《联邦水污染控制法》第 311 条；⑥《固体废物处置法》第 3001 条；⑦《有毒物质控制法》第 2606 条；⑧《清洁空气法》第 112 条。

（二）本案核心争议点

被告福尔库奇声称，A&N 清洁和洗涤公司自 1978 年开始便不再向下水道排放含有四氯乙烯的废水，而美国政府提出，上述有害废物处置活动一直持续到 1991 年。为此美国政府提供了两项证据，第一项证据证明 A&N 清洁和洗涤公司自 1990 年开始直接从场地所有者那里租赁场地；第二项证据证明，A&N 清洁和洗涤公司在最近一次书面质询中已经承认，其在 1991 年以前一直在该场地处置熨烫机中排放的冷凝水。

法院认为 A&N 清洁和洗涤公司的答复与之前的声明存在明显矛盾（即 A&N 清洁和洗涤公司从 1978 年开始不再排放废水）并不意味着已无须裁决上述重大事实问题，原因是当案件涉及证人可信度时，一般不应作出即决判决。尽管美国政府试图通过区分废物处置做法的"一般问题"和该场地中所处置单个废物的"特殊问题"来证明这一明显矛盾，但是其最终未能解释 A&N 清洁和洗涤公司在 13 年后给出不同答复的原因。法院还认为，何时停止排放废水这一实质性争议否定了对第三方抗辩的即决判决动议，原因是：如果释放活动是因第三方在合同关系存续期间的作为或不作为引起的，则此类抗辩不适用。由于何时停止排放废水这一问题存在实质性争议，法院驳回了对第三方抗辩的即决判决动议。

（三）本案经验与借鉴

即决判决是确定超级基金法责任的有效机制，它可以比普通程序更加高效便捷地处理相关责任人赔偿责任和禁止性义务的承担问题。但是即决判决的适用需要满足一定条件，仅当不存在任何待裁决的实质性争议且动议方有权要求依法进行判决时，法院方可批准即决判决。根据《联邦民事诉讼规则》第 56 条（c）款，"从基本事实中得出的所有含糊不清的定义以及推论均应以有利于非动议方的角度加以处理，而对于是否存在待裁决的实质性争议，则应以有利于动议方的角度加以处理"。如果在"以最有利于非动议方的角度审查了所提交的证据后未发现支持非动议方的证据"，则法院可得出不存在任何实质性争议的结论，可能会批准即决判决。本案中，关键性问题存在争议，不符合上述审查条件，因此法院驳回了美国政府的即决判决动议。

本案涉及场地新旧所有者、承租人、次承租人之间权利义务认定的问题，展现出真实商事活动中一个场地的经营者、所有者、使用者频繁变更和错综复杂的情形。由于本案本身涉及合同相对性的突破，加上超级基金法对相关责任人的严格追溯、第三方抗辩事由适用的规定，本案法院对各方介入污染场地的时间节点和方式需要格外关注。这表明，即使在严格责任下，也不能一味依靠循环论证和模糊解释来施加最广泛的责任。

第十一章 业主与经营者之间 [Owner(s) vs. Operator(s)]

案例 14 CPC 国际有限公司诉通用航空公司案

（CPC International, Inc. v. Aerojet-General Corp.）

一、案例背景

（一）基本情况（时间、地点、涉及人员）

本案是一起涉及环境损害保险索赔纠纷的异籍第三方诉讼，主要的历史遗留污染场地是密歇根州奥特二世化学公司西北边缘的用于化学废弃物处理的人造无衬里污水坑。该场地在 1957 年至 1965 年期间由奥特一世化学公司所有和经营。1965 年 9 月 29 日，CPC 国际有限公司的全资子公司收购了奥特一世化学公司，继续在该场地经营至 1972 年，经营主体名称为奥特二世化学公司。该场地此后又两度易主。1972 年至 1977 年，该场地由斯托里化学公司（Story Chemical Company）所有和经营。自 1977 起，该场地一直归科尔多瓦化学公司（Cordova Chemical Company）所有，1986 年后便不再运营。

1965 年至 1972 年，CPC 国际有限公司作为母公司积极参与奥特二世化学公司的经营并实施有效控制，包括危险废弃物处置等具体规定和应对环境监管的策略。经营期间场地的主要污染源是奥特二世化学公司西北边缘的用于化学废弃物处理的人造无衬里污水坑。至少从 1959 年到 1968 年，奥特一世化学公司和奥特二世化学公司经营过程中的废水和其他化学废弃物被排放到这些污水坑中，其中许多污染物从污水坑渗入土壤和水体中。在场地归奥特一世化学公司和奥特二世化学公司所有期间，化学废弃物还造成了地表污染。主要的地表污染方式包括工人在沙坑中掩埋并割破了数百个桶，数百加仑的化学品从火车车厢洒落到铁路轨道上，化学废弃物从水泥内衬的调节池中溢出，以及工人将生产过程中溢出的危险化学品倾倒在木桶中。源自污水坑、其他处置方式或溢出物的地表污染物随后渗入地下，并通过含水层从场地迁移至东南部，最终蔓延至两条水系——小熊湖和未命名的支流。奥特一世化学公司和奥特二世化学公司在经营期间都曾间歇性使用净化井，试图处理地下水污染并阻止污染物自场地向他处扩散。但此举显然未能达到效果，污染甚至扩散到场地附近的居民水井中。

1991年8月27日，法院判决，根据经修订的超级基金法第107条（a）款（2）项、《美国法典》第42卷第9607条（a）款（2）项，CPC国际有限公司应对子公司奥特二世化学公司所有场地造成的污染承担直接责任，负责清理该场地附近受污染的地下水并承担修复费用。CPC国际有限公司随即向法院提起第三方诉讼，即本案所涉的诉讼，要求从其1971年至1977年间生效的19份独立公众责任险（CGL）中获赔上述费用，并要求部分被告承担CPC国际有限公司与美国环境保护署接下来可能出现的诉讼中的抗辩义务和费用支出。CPC国际有限公司的第三方起诉书最初将17家保险公司列为第三方被告，随后其修改了起诉书，增加了一个第三方被告。其中对4家保险公司的索赔请求已被驳回，因为CPC国际有限公司从剩下的14个第三方被告（统称"保险人"）处购买了上述保险，这14个第三方被告分别为：商业联合保险公司、家庭保险公司、宾夕法尼亚州保险公司、苏黎世保险公司、附属FM保险公司、北河保险公司、北极星再保险公司、国际保险公司、高地保险公司、安泰伤亡与担保公司、纽因顿有限公司、消防员基金保险公司、西北国民保险公司以及北美保险公司。目前，法院受理的是所有涉案保险公司的即决判决动议和CPC国际有限公司针对法律适用和保险责任抗辩的部分即决判决动议。

（二）污染物及环境损害

本案涉及地下水污染、地表水污染和土壤污染的问题，并使周围环境和公众健康面临重大潜在风险。

（三）案情梳理

本案是一个第三方诉讼，关乎环境损害赔偿责任最终由谁承担的问题。本案原告CPC国际有限公司，因为其全资子公司奥特二世化学公司所有场地造成的环境损害而被美国环境保护署起诉。根据事实调查，法院判决CPC国际有限公司以及场地的其他经营者承担相应的损害修复责任。CPC国际有限公司随即提起即决判决动议，理由是其在1971年至1977年间生效的19份独立公众责任险应对响应和修复费用予以赔偿，且要求被告在CPC国际有限公司和美国环境保护署之后可能的诉讼中承担抗辩义务和费用支出。因此本案是涉及环境损害保险索赔的纠纷,判决结果将决定最终由谁来承担污染的响应和修复费用赔偿责任。目前针对法律适用和保险责任抗辩这两个主要问题进行即决审判。

二、诉讼过程

(一) 原告与被告

原告:CPC 国际公司。

被告:商业联合保险公司、家庭保险公司、宾夕法尼亚州保险公司、苏黎世保险公司、附属 FM 保险公司、北河保险公司、北极星再保险公司、国际保险公司、高地保险公司、安泰伤亡与担保公司、纽因顿有限公司、消防员基金保险公司、西北国民保险公司、北美保险公司。

(二) 原告诉讼主张与被告辩驳依据

1. 原告诉讼主张

原告要求本案被告对场地污染的响应和修复费用予以赔偿,且要求被告商业联合保险公司在 CPC 国际有限公司和美国环境保护署之后可能的诉讼中承担抗辩义务和费用支出,理由是该保险公司应该依照保险合同的约定承担保险赔付责任。CPC 国际有限公司还主张,纽约州和新泽西州的法律与密歇根州关于"已知风险"、"损失延续"和"通知延迟"原则的规定是相互冲突的。在保险合同纠纷的法律适用问题上,原告认为全部有争议的保险合同的解释均应适用新泽西州实体法。CPC 国际有限公司表示,密歇根州、纽约州、加利福尼亚州和新泽西州的法律在构建和解释独立公众责任险保单条款特别是污染免责条款时存在相互冲突的理论。保险合同中未规定纠纷的法律适用,根据密歇根州的适用法律选择规则,应以合同具有约束力的最后必要行为发生地法律作为解释合同的实体法。CPC 国际有限公司的总部设在新泽西州,根据签订合同时有效的州法律,其主张法院应推定保单的会签批单是在新泽西州执行的,而会签是合同具有约束力的最后必要行为,因此应适用新泽西州法律,使得其综合承保计划遵循同一法律体系,这样的法律适用才符合原告的合理预期。

2. 被告辩驳依据

本案有数个被告,而合同具有相对性,因此不同的被告情况不同。法律适用方面，在不同的特定事实背景下，保险人主张法院在解释其保险合同时应采用诸如纽约州、加利福尼亚州等其他司法辖区的法律。几家保险公司提交了各自代表或前员工的证词，称其保单实际上是在新泽西州以外的地方会签的，自然不应该适用新泽西州法律来解释。国际保险公司和北河保险公司在法律选择问题上均未表态。附属 FM 保险公司提交了该公司一名代表的证词，其声称保单的会签地点不详。北美保险公司提交了一封信，称无法找到已签字的保单副本，因此它无法说明该保单是在何处会签的。在此情况下，北美保险公司认为其保单是在保单交付和支付保费后生效的，这两项行为均发生在纽约州。但是，CPC 国际有限公司证实该保单副本的正面显示北美保险公司总裁和财务总监在宾夕法尼亚州的费城签署了该保单，由于年代久远、资料缺失，CPC 国际有限公司也未给出具体会签地点。商业联合保险公司和家庭保险公司等主张，CPC 国际有限公司在此时无权选择适用法律。商业联合保险公司指出，根据通用规则，在审判地法律与其他州法律不存在冲突的情况下，则应采用审判地（密歇根州）的实体法，并认为本案不存在此类冲突。尽管密歇根州目前采用"合同订立地"原则选择适用法律，但纽因顿有限公司要求法院在本案中采用"最密切联系"原则作出法律选择裁定。

在环境污染和损害发生时间的界定上，被告认为保单生效前 CPC 国际有限公司就知道地下水受到污染，这符合"已知风险"原则的约束情形，因此保险人的赔付责任应当免除。在保单生效之前，原告已经将污染物泄漏到地下水中，后续的间歇性修复并不能消除损害和阻止污染的扩散，基于"损失延续"原则的含义，被告要求法院驳回 CPC 国际有限公司的请求。

（三）法院判决及决定性依据

根据超级基金法第 107 条（a）款、《美国法典》第 42 卷第 9607 条、《法律冲突法重述（一）》、《法律冲突法重述（二）》的规定，法院首先确定适用密歇根州实体法来解释涉案保险合同。基于对损害发生时间、保险合同有效性等因素的考量，法院判决：①驳回 CPC 国际有限公司就法律适用和保险责任抗辩提出的即决判决动议；②保险人对被保险人不承担保险责任。

1. 即决判决的适用标准

即决判决适用于对重要事实没有争议的情况。动议方承担证明重要事实不存在真正争议的初始责任，非动议方只有对可能影响诉讼结果的事实存在争议时，才可以正当地排除即决判决。在对即决判决动议作出决定时，关键问题是确定各方对于证据的异议是否过大，需要提交陪审团裁决，或者是否证据一边倒，致使一方在法律上占据"绝对优势"。本案双方对保险合同的存在、保险合同内容等问题没有事实争议，只对法律适用和损害发生时间等问题存在不同主张，符合适用即决判决的条件。

2. 适用法律的选择

通常，当事人会在合同中规定未来该合同纠纷所适用的法律，除非有相反的公共政策考虑，否则法院通常会尊重合同中所做的明确选择，因为其表明了缔约时当事人的真实意图。本案当事人未在保险合同中对适用法律作出规定，法院认为：第一，采用新泽西州法律欠妥当，因为相关判例法不支持适用新泽西州法律；第二，除审判地密歇根州的法律外，各方对适用哪个州的法律体系没有任何合理的预期；第三，鉴于会签并非达成具有约束力合同的最后必要行为，本案的事实不支持采用新泽西州法律；第四，污染场地位于密歇根州，适用密歇根州的法律符合《法律冲突法重述（二）》中"最密切联系"原则的要求。基于以上理由，法院采用密歇根州法律解决本案争议。

3. "已知风险"和"损失延续"原则

根据密歇根州法律，保险仅适用于偶发事件，而必然发生的事件或已经发生的事件不在承保范围内。结合诸多判例和本案的事实调查，法院确信被保险人在保单有效期开始前就已经知道未来极有可能造成经济损失的事件会发生，并且损害持续存在并发生扩散。风险已知则不在保险范围内，因此保险人对此不应承担任何责任。

三、案例讨论

（一）诉讼所涉及的法律文件、条款

①超级基金法第107条（a）款；②《美国法典》第42卷第9607条；③《法律冲突法重述（一）》；④《法律冲突法重述（二）》。

（二）法院判决争议点

1. 对法律适用的争议

本案所涉保险合同中未包括适用法律的选择条款，在这种情况下，发生了纠纷后，首先要明确适用的法律。原告CPC国际有限公司主张依据《法律冲突法重述（一）》的规定，认定会签是致使保单生效的最后必要行为，会签地为合同订立地。但本案中许多实际会签情况已不能考证，原告认为自身总部设立在新泽西州，采用新泽西州法律符合合理预期，也是保单会签批单的推定执行地，因此应适用新泽西州法律解释本案所涉合同。被告举出了数个不同的会签地点，用以证明合同订立地并非新泽西州。此外，被告认为审判地法律与其他州法律不存在冲突，此时原告不能就法律适用问题提出主张。原告认为审判地法律与纽约州、加利福尼亚州和新泽西州的法律在构建和解释独立公众责任险保单条款时存在冲突，因此法律适用问题对实然审判结果有较大影响。法院认为，在异籍诉讼中，地方法院必须采用所在州的法律选择原则。根据密歇根州目前遵循的《法律冲突法重述（一）》的规定，合同的性质和效力由合同订立地的法律确定，因此本案中判定合同订立地是关键，而实际订立地应根据使合同具有约束力的最后必要行为发生的地方来认定。因此，本案的关键又转化为会签行为是否可以被认定为合同生效的最后必要行为。从查明的事实来看，很多合同在会签前已经对双方发生约束力，更有甚者，合同履行一段时间后都未履行会签手续。因此，本案中的会签地不能被认定为合同订立地。考虑到双方对法律适用并没有合理预期，且溯及既往判例不能支持适用新泽西州的法律，法院认为应根据《法律冲突法重述（二）》中的"最密切联系"法律选择原则来确定适用的法律，将被保险人受污染场地所在地作为适用法律选择的最重要因素。由于受污染场地位于密歇根州，因此，密歇根州法律对所涉保险合同的解释具有管辖权。

2. 对"已知风险"和"损失延续"的争议

环境污染发生的时间在确定保单效力时有至关重要的作用。原告认为涉案场地的污染是由前一家经营该场地的化学公司导致的，并且 CPC 国际有限公司对子公司的经营活动不应承担责任。保险人则认为原告在投保前已然知晓污染和损害的存在，因此不符合保险赔付原则，不应由保险人承担责任。法院认为，CPC 国际有限公司作为经营者应该承担直接责任，因为其对子公司的业务和决策实施了有效的控制，尤其是涉及环境污染和损害的问题，管理层对废弃物处置和解决的方案有实质性的决策。CPC 国际有限公司的环境总监在有争议的保单有效期开始之前就已经知道或应当知道该场地的污染和造成的损失是客观存在的，风险是已知的，所以本案污染和损害不在保险赔付范围内。根据"已知风险"原则，所有被告都有权要求即决判决。此外，由于损害一直处于发展的状态，根据"损失延续"原则和本案数个保单生效的时间，除了苏黎世保险公司，剩下的保险公司都可以根据该原则要求即决判决，拒绝对损害进行赔付。还需要注意的是，商业联合保险公司、苏黎世保险公司和北极星再保险公司的保单中有要求 CPC 国际有限公司在出现情况变化时"立即"或"在可行情况下尽快"发出通知的规定，而 CPC 国际有限公司违反了这一规定，迟延向上述保险公司通知美国环境保护署的执法活动，因此上述三家保险公司还可以依据"通知延迟"原则提出即决判决动议。

3. 对抗辩义务的交叉动议

本案中 CPC 国际有限公司要求商业联合保险公司承担其接下来和美国环境保护署可能产生的诉讼中的抗辩义务，而商业联合保险公司则认为原告已经违背了保险合同订立的原则和保单的约定，其将不再对 CPC 国际有限公司的保单履行保险义务。法院认为只要针对被保险人的指控属于或理应属于承保范围，保险人就需为被保险人履行抗辩义务。但前文已经阐明，商业联合保险公司有权依据"已知风险"、"损失延续"以及"延迟通知"原则要求准予即决判决。CPC 国际有限公司无法根据其与商业联合保险公司的保单要求赔偿场地污染的修复费用，在与美国环境保护署进行的诉讼中，商业联合保险公司也没有义务为 CPC 国际有限公司提供抗辩。

（三）本案启示

通过本案可以看出，有关合同纠纷法律适用问题的考量从"合同订立地"原则向"最密切联系"原则转变，是对跨州保险蓬勃发展的现实回应。在跨州合同广泛出现的当下，确定合同订立地并非易事，而且合同订立地往往与实际经营地和损害发生地不同，因此合同订立地的价值也被削弱。在这样的现实背景下，法院对合同纠纷法律适用的选择依据转向《法律冲突法重述（二）》的"最密切联系"原则，这样更能实现高效、便捷的事实查明。

此外，保险合同是射幸合同，保险事项是否发生需具有事前不确定性。如果被保险人在保险合同订立前或订立时就已经预料到损害必然发生，则保险合同明显有违公平，被保险人不能获得保险赔付，因为它违背保险制度设立的初衷和运行的机制。本案也是因为"已知风险"和"损害延续"，才导致 CPC 国际有限公司的动议遭到驳回。

国外在环境损害和责任方面设立的保险险种丰富多样，这部分值得我们学习借鉴。随着环境和生态意识的崛起，环境方面的诉讼将会增多，诸多环境损害亟待修复，需要保险介入这一领域分担风险。当前我国环境领域的保险险种较少，发展尚不健全，有待充分借鉴国外经验，立足我国特色和国情大力促进这一领域保险业的发展。

案例 15　杰克逊维尔市电力局诉伯努斯公司案

（Jacksonville Electric Authority v. Bernuth Corp.）

一、案例背景

（一）基本情况（时间、地点、涉及人员）

本案涉及的环境损害场地是一个位于佛罗里达州杰克逊维尔市塔利兰街道（Tallyrang Avenue）的木材处理厂，场地中存在的杂酚油和砷对土壤造成了污染，因此产生了清理费用和超级基金法项下的费用追偿纠纷。场地的当前所有者是杰克逊维尔市电力局，它亦是本案的原告。经查，木材处理厂最早归埃平格罗素公司（Eppinger and Russell Co.，以下简称"埃平格公司"）所有。埃平格公司是首批从事商业木材防腐业务的公司之一，其第一家木材处理厂和总部位于纽约。1909 年，埃平格公司在杰克逊维尔市建造了第二家工厂，这家工厂正是本案的污染场地。在木材处理厂正常的生产运营过程中，工艺上会需要在特定压力条件下，在特殊设计的圆筒中将杂酚油注入木材，以实现木材的防腐。木材被放在小型轨道车的汽缸中，杂酚油在压力作用下被泵入木材中，处理完成后，多余的油被泵出，压力被释放，从木材中抽出多余的杂酚油，然后将木材留在车厢里。木头上的残留杂酚油会滴到地上，在没有任何防渗防漏措施的情况下，等待木材被运走后，杂酚油从运输船上又转移到实验地点的储罐中。这期间，杂酚油洒在码头上、水里和土地上，造成了污染并常年累积。实验表明，杂酚油进入水中时，大部分比水重的杂酚油会沉入水底，其中的轻馏成分会在蒸发很快的水中产生颜色，这些污染都有待清理。此外还有砷污染，其产生了实然环境损害和潜在健康风险。1925 年和 1926 年，塔夫斯大学通过已故校友奥斯汀·B. 弗莱彻博士的遗赠，获得了埃平格公司 4808 股股票，成为埃平格公司的第一大股东（当时埃平格公司一共有 5000 股股票），塔夫斯大学于 1939 年自行购买了剩余的 192 股股票，成为埃平格公司的所有者，埃平格公司成为塔夫斯大学的全资子公司。1942 年，塔夫斯大学把埃平格公司卖给了伯努斯公司，后者在这块土地上经营杂酚油储藏业务直到 1966 年。

本案原告杰克逊维尔市电力局在1982年向当局报告，在涉案场地发现了杂酚油和砷污染，并在佛罗里达州环境保护部要求下完成了场地清理。原告依据超级基金法的相关规定，向涉案场地之前的所有者和潜在责任人追偿清理费用，被告包括埃平格公司、塔夫斯大学和伯努斯公司。

本案历经三个审理阶段，法院采用即决判决的形式对原被告的交叉动议予以裁决，节约了诉讼成本。第一阶段在1991年10月，原告向三个潜在责任人追偿场地清理费用。埃平格公司作为木材加工商，亦是污染的产生者，分摊责任毫无疑问，伯努斯公司对污染物质有实质的处置，责任亦属明确，重点在于确定塔夫斯大学的所有者和经营者身份，以认定塔夫斯大学也作为责任人来分摊清理费用。法院认定塔夫斯大学只是股东，不是所有者，也没有参与实际经营，不应分摊责任。原告不服判决，提起上诉，同时塔夫斯大学也提出反方动议。法院于1993年7月30日作出二审判决，其查明，这件年代久远的案件现有的证据不足以支持原告的主张，没有证据证明塔夫斯大学构成经营者，因此认定塔夫斯大学不承担清理费用的分摊责任。本案的第三阶段是具体费用的裁决阶段。2005年12月21日，法院判决被告埃平格公司和伯努斯公司分摊清理费用，偿还原告共计22 945 930.56美元。

（二）污染物及环境损害

本案主要涉及土壤污染，并使周围环境和公众健康面临重大潜在风险。在木材处理厂中，由于生产工艺产生的废物包括杂酚油、偏亚砷酸锌（ZMA）和五氯苯酚（PCP）。原告的分包商清除了约1800立方码被杂酚油和砷污染的土壤，土壤层被移走了10英寸到30英寸深。地下水、土壤和沉积物的取样，以咔唑和菲类化合物作为杂酚油污染的指标。根据超级基金法以及佛罗里达州法律，砷和杂酚油属于"有害物质"，涉案场地的地下水和土壤中都存在杂酚油和砷的污染且含量已超过规定标准。

（三）场地清理过程及费用

1985年4月18日，原告和佛罗里达州环境保护部签署的同意令要求原告在清理场地之前提交如下文件：①现场评估计划；②现场评估报告；③清理行动计划的概念设计；④清理行动计划的最终设计。原告于1986年提交的计划草案预估了场地的潜在健康风险和环境影响，其估计第一期（高地）场地清理费用为870万美元，第二期（沉水陆地）场地清理费用为240万美元。原告于1987年完成了最终评估报告，明确了污染物迁移路径和清除方案，并分两个阶段实施清理计划，以解决场地内封存沉积物的问题，清理费用估计为 1030 万美元。

二、诉讼过程

（一）原告与被告

原告：杰克逊维尔市电力局。

被告：埃平格公司、塔夫斯大学、伯努斯公司。

（二）原告诉讼法律依据与被告辩驳依据

1. 原告诉讼法律依据与主张

1991 年，杰克逊维尔市电力局根据《超级基金法》第 107 条、《美国法典》第 42 卷第 9601 条、第 9607 条向埃平格公司、塔夫斯大学和伯努斯公司提起诉讼，要求被告对涉案场地的清理费用进行清偿，并要求认定埃平格公司、塔夫斯大学和伯努斯公司为本次污染事件的责任人，共同分担场地清理费用和原告的律师费用。原告认为：被告埃平格公司作为污染物质的生产者，承担责任是毋庸置疑的；被告塔夫斯大学作为场地的所有者和经营者也属于本案的责任人；被告伯努斯公司拥有涉案场地时也存在与污染物质相关的储存和处置，需要承担严格责任，分摊场地清理费用。

2. 被告辩驳依据与主张

被告埃平格公司和伯努斯公司的责任问题基本明确，现有判决资料中没有太多讨论，主要的争议在于被告塔夫斯大学承担责任与否。一审和上诉审主要针对原告对塔夫斯大学是场地所有者和经营者的主张进行审理。塔夫斯大学认为自己只是埃平格公司的股东，作为母公司，其并未与子公司财产混同，也没有参与和实际生产经营相关的事务，不应被认定为涉案场地的所有者和经营者，无须承担场地清理费用的分摊责任。

（三）法院判决及决定性依据

根据超级基金法第 107 条、《美国法典》第 42 卷第 9601 条和第 9607 条，上诉法院判决：①被告埃平格公司和伯努斯·蓝姆克公司共同分摊原告的场地清理费用、相关专家费用和律师费用，共计 22 945 930.56 美元；②驳回原告的上诉请求，维持原判；③支持被告塔夫斯大学的动议，认定塔夫斯大学不属于木材处理厂的前经营者，无须在本次事故中承担责任。

三、案例讨论

（一）诉讼所涉及的法律文件、条款

①超级基金法第 107 条；②《美国法典》第 42 卷第 9601 条、第 9607 条（a）款；③《国家石油和有害物质污染应急计划》（NCP）。

（二）法院判决争议点

1. 对被告塔夫斯大学是否应承担所有者责任的认定

原告认为塔夫斯大学是木材处理厂的所有者，理由是在 1925 年和 1926 年，塔夫斯大学已经掌握埃平格公司的大量股份，后来又购买了剩余股份，成为埃平格公司的母公司，显然属于木材处理厂的所有者。法院认为，在超级基金法项下，母子公司的关系并不必然导致母公司承担所有者责任，在决定是否应该刺破公司面纱时，应该具体考虑如下因素：①母公司和子公司拥有普通股；②母公司和子公司设有普通董事或者高级管理人员；③母子公司有共同的业务部门；④母子公司合并财务报表和纳税申报表；⑤母公司为子公司提供资金；⑥母公司促成子公司成立；⑦子公司的资本严重不足；⑧母公司支付子公司工资和其他费用；⑨除母公司给予子公司的业务外，子公司不接受任何业务；⑩母公司将子公司的财产作为自己的财产使用；⑪两家公司的日常经营没有分开；⑫子公司不遵守基本的公司手续，例如单独记账和记录，召开股东和董事会会议。

本案已经过去多年，原告提供的证据和案件查明情况不能证明塔夫斯大学和埃平格公司的财产有混同的情况，没有事实证明塔夫斯大学利用埃平格公司作为回避直接责任的幌子。事实上公司手续被严格遵守，塔夫斯大学和埃平格公司也没有共同的业务部门，没有提交合并财务报表或纳税申报表，也没有合并运营，塔斯夫大学没有资助埃平格公司，也没有促成埃平格公司成立。在塔夫斯大学拥有埃平格公司所有权期间，埃平格公司的确分配了一些超过净收益的股息，但是没有证据表明埃平格公司无力偿还债务，也没有证据表明塔夫斯大学使埃平格公司"空壳化"。因此，不能刺破公司面纱，要求塔夫斯大学承担所有者责任。

2. 对被告塔夫斯大学是否应承担经营者责任的认定

本案上诉审阶段，原告主张被告塔夫斯大学是涉案场地的经营者，应当承担清理费用的分摊责任。原告给出的理由如下：①塔夫斯大学拥有埃平格公司的全部或几乎全部股份；②塔夫斯大学决定了埃平格公司的总裁［查尔斯·查德威克（Charles Chadwick）］及其他行政人员的雇用条件；③塔夫斯大学为埃平格公司制订了一份利润分享计划；④在塔夫斯大学拥有埃平格公司所有权期间，埃平格公司分配的股息超过净收益，据称这使得木材处理厂的设备无法进行更新和更换；⑤塔夫斯大学在受托人会议上收到了关于埃平格公司经营状况的报告；⑥据称塔夫斯大学聘请威廉·库克（William Cook）担任埃平格公司的董事、副总裁和总经理；⑦受托人声明塔夫斯大学在埃平格公司的场地开展相关业务；⑧在塔夫斯大学拥有埃平格公司所有权期间，木材处理方法发生变化，即从使用砷盐变为使用另外一种未指明的化学品。法院认为，在判定塔夫斯大学是否存在经营活动时，不能仅仅审查母子公司的关系。由于塔夫斯大学之前拥有埃平格公司的所有股份，作为股权所有者必然会附带一般的权威和控制，不能依据这种一般性附带权威认定其对子公司运营实施了普遍的控制，否则会造成自动对母公司施加严格责任的不公平后果，这并不是对超级基金法的正确解读。

结合既往判例，法院认为，认定经营者责任时，必须判断股东是否满足如下条件：①实际参与了场地的经营活动或导致有害物质处置的活动；②实际控制或以其他方式密切参与了场地经营公司的经营活动。根据现有制度，我们可以寻得如下依据：超级基金法第107条规定，在处置任何有害物质时，经营任何此类有害物质处置场地的人员应负责场地清理。从该法可得出的结论用通俗易懂的语言讲就是：当某一人员对场地活动进行实际监督时，该人员应作为场地经营者承担相应的法律责任。也就是说，相关人员必须主动参与企业的实际管理。本案不能证明被告塔夫斯大学实际参与和掌控了埃平格公司。查尔斯·查德威克和威廉·库克这两位当过埃平格公司高管的人都不是塔夫斯大学的受托人，且塔夫斯大学与埃平格公司的经营范围也不同，并不存在项目上的掌控。因此法院认为不能认定塔夫斯大学为本次污染的责任人，支持了塔夫斯大学的反方动议，驳回了原告的上诉请求。

（三）本案启示

根据超级基金法追偿清理费用时会涉及若干潜在责任人，这些责任人可能是母公司、所有者、经营者和任何对污染物质进行处置的相关方。为了中和严格责任带来的不公风险，必须对具体案件中的责任人身份进行具体的解释说明，审慎认定，剔除与污染毫无关联但与经济活动相关的主体，否则可能使人们担忧溯及既往和未来可能出现的不合理追责问题，进而影响商业活动的正常开展。

案例 16　凯撒铝业化工公司诉卡特勒斯开发公司案

（Kaiser Aluminum & Chemical Corp. v. Catellus Development Corp. ）

一、案例背景

（一）基本情况（时间、地点、涉及人员）

本案涉及的历史遗留污染场地是位于加利福尼亚州里士满市的一片 346 英亩的拟开发住宅的土地。该场地原本由圣达菲土地改良公司拥有（该公司之后变迁为卡特勒斯开发公司，即本案的被告），后来该公司将该场地出售给里士满市，里士满市聘请费里公司挖掘并平整其中一部分土地。费里公司在过去及现在均是一家在加利福尼亚州开展经营活动的公司，其于 1982 年在该场地开展挖掘、疏浚、填充、平整、其他施工及拆除（统称为"挖掘"）作业。在开展此类作业的过程中，费里公司将一些土壤从场地的一处移动到了另一处，这使得有关污染物与土壤及其他填充材料混合在一起，使原本具有有害化合物的土壤污染面积扩大，客观上给场地修复增加了成本。该场地修复费用的分摊问题引发的相关诉讼环节包括凯撒铝业化工公司与卡特勒斯开发公司的交叉诉讼、凯撒铝业化工公司起诉联邦政府、卡特勒斯开发公司起诉费里公司。里士满市起诉卡特勒斯开发公司，要求其分摊将受污染土壤从场地中移除的部分费用。卡特勒斯开发公司向费里公司发起了第三方诉讼，要求其根据《美国法典》第 42 卷第 9613 条（f）款（1）项的规定分摊相关费用。地方法院认为，根据超级基金法第 9607 条（a）款的规定，费里公司不构成本案的责任人，应驳回卡特勒斯开发公司的起诉，因为其未能就可准予的救济提出索赔。卡特勒斯开发公司紧接着提起上诉。

1992 年 10 月 8 日，第九巡回上诉法院对卡特勒斯开发公司的上诉事项和地方法院的判决结果进行了审查，认定卡特勒斯开发公司陈述的事实足以使其根据超级基金法第 107 条（a）款（2）项和（4）项的规定向费里公司提出索赔，因此撤销地方法院针对这一起诉的判决，并将案件发回地方法院进行进一步的审理。

（二）污染物及环境损害

本案涉及土壤污染问题，并可能存在进一步污染地下水的风险。涉案场地本计划开发住宅，因此使周围环境和公众健康面临重大潜在风险。

涉案场地先前被污染的土壤中含有有害化合物，此类物质很明显是在20世纪40年代存放于该场地的，当时里士满造船公司（凯撒铝业化工公司的前身）将该场地用作造船厂，为美国海军建造船只，土壤中的有害物质包括涂料稀释剂、铅、石棉和石油烃等。这些污染土壤在费里公司挖掘并平整场地时由原位置移动到未污染的位置，致使土壤污染面积扩大。土壤中的污染物长时间未清理和处置，还可能伴随着降雨和地表径流扩散到地下水中，引发地下水的次生污染。以上环境损害除了对环境造成重大不良影响，还可能危及公众健康。

二、诉讼过程

（一）原告与被告

原告：凯撒铝业化工公司。

被告：卡特勒斯开发公司、联邦政府。

第三方被告：费里公司。

（二）本案被告上诉依据及第三方被告辩驳依据

1. 被告的上述依据

本案被告卡特勒斯开发公司向费里公司发起了第三方诉讼，要求其根据《美国法典》第42卷第9613条（f）款（1）项的规定分摊污染场地的清理费用。卡特勒斯开发公司声称，费里公司从涉案场地获取受污染土壤并将其散布到场地中未受污染的区域，由此增加了污染程度。在之前的诉讼环节中，地方法院认为根据超级基金法第107条（a）款的规定，费里公司不构成该事故的责任人，因此驳回了卡特勒斯开发公司的起诉，因为卡特勒斯开发公司未能就可准予的救济提出索赔。依据《联邦民事诉讼规则》第12条（b）款（6）项，卡特勒斯开发公司紧接着提起上诉。在上诉中，卡特勒斯开发公司改变了诉讼依据，其依据《美国法典》第42卷第9601条、超级基金法第107条（a）款（2）项和（4）项的规定，向费里公司提出索赔。卡特勒斯开发公司认为费里公司在污染物释放过程中有权控制污染，其挖掘受污染土壤并将其从涉案场地运走、传播至该场地未受污染的区域，已经构成了对有害物质的"处置"。此外，费里公司还实施了将同一场地的有害物质从一个区域转移到另一个区域的运输行为。综上所述，费里公司属于涉案场地的经营者且对污染物进行了运输，符合上述两项责任的构成要件，应该分担污染场地的清理费用。卡特勒斯开发公司认为地方法院的判决存在错误，因此向第九巡回上诉法院提出上诉，要求撤销地方法院判决，责成费里公司分摊污染场地的清理费用。

2. 第三方被告费里公司的辩驳依据

超级基金法将所有者或经营者定义为"任何拥有或经营此类场地的人员"［《美国法典》第42卷第9601条（20）款（A）项］，该定义的循环性使其无法继续使用。费里公司辩称其不属于《美国法典》第42卷第9607条（a）款（2）项规定的"经营者"，并援引了既往判例来证明承包商不属于经营者。此外，费里公司认为有害物质的"现场"处置不属于《美国法典》第42卷第9607条（a）款（4）项规定的范围，因为其并没有将土壤运输到该项所规定的"此类人员选择的场地"。基于以上两项辩驳，费里公司认为自己不是污染场地的相关责任人，不应承担费用分摊责任。

（三）法院判决及决定性依据

根据《美国法典》第28卷第1291条的规定，第九巡回上诉法院具有对本上诉案件的管辖权。根据《联邦民事诉讼规则》第12条（b）款（6）项、《美国法典》第42卷第9607条、超级基金法第107条的规定，第九巡回上诉法院判决：①卡特勒斯开发公司可以向第三方被告费里公司提出索赔，费里公司应分担场地清理费用；②撤销地方法院驳回卡特勒斯开发公司第三方起诉的判决，将案件发回地方法院进行进一步审理。

第九巡回上诉法院根据《联邦民事诉讼规则》第12条（b）款（6）项的规定重新审查了被驳回的起诉，将起诉书中所有实质性事实的指控视为真实性指控，并从最有利于起诉方的角度对其进行解释：仅当起诉方确定无法证明任何支持其有权获得救济这一主张的事实时，法院才根据《联邦民事诉讼规则》第12条（b）款（6）项的规定驳回相关起诉。根据超级基金法，要赢得费用分摊诉讼，起诉方必须证明被告属于根据《美国法典》第42卷第9607条（a）款的规定应承担相应责任的人员。

在证明被告具有责任人身份之后，起诉方需证明：①污染场地是超级基金法中所规定的"场地"；②在该场地发生有害物质的释放或潜在释放；③有害物质的释放或潜在释放使起诉方支付了相应的处理费用。根据这三个要件即可以要求被告承担分摊责任。

本案中，其他责任构成要件不存在争议，只需要界定第三方被告费里公司是否具有责任人身份。卡特勒斯开发公司根据《美国法典》第 42 卷第 9607 条（a）款（1）项和（3）项提出的索赔确实依据不足，应当按照地方法院的判决予以驳回，但卡特勒斯开发公司依据《美国法典》第 42 卷第 9607 条（a）款（2）项和（4）项的规定对费里公司提出索赔是理由充足的，因为费里公司在处置有害物质时是场地的经营者，而且其接收有害物质并将有害物质运输到其自行选择的场地。因此，第九巡回上诉法院撤销地方法院驳回卡特勒斯开发公司第三方起诉的判决，将案件发回地方法院进行进一步审理。

三、案例讨论

（一）诉讼所涉及的法律文件、条款

①超级基金法第 101 条（29）款、第 107 条（a）款；②《美国法典》第 28 卷第 1291 条、第 42 卷第 6903 条（3）款、第 42 卷第 9601 条、第 42 卷第 9607 条（a）款、第 42 卷第 9613 条（f）款（1）项；③《联邦民事诉讼规则》第 12 条（b）款（6）项；④《固体废物处置法》第 1004 条。

（二）法院判决争议点

1.《美国法典》第 42 卷第 9607 条（a）款（2）项下的责任构成

（1）对"经营者"的界定。《美国法典》第 42 卷第 9607 条（a）款（2）项下的责任构成需要证明被告是在处置任何有害物质时拥有或经营有害物质处置场地的人员。费里公司并非涉案场地的所有者，因此是否能依据此条追责关键在于分析费里公司是否构成该场地的经营者，以及费里公司是否处置了相关有害物质。超级基金法将所有者或经营者定义为"任何拥有或经营此类场地的人员"，该定义的循环性使其无法继续使用，而费里公司提出的既往判例（爱德华兹·海因斯木材公司诉瓦肯木材公司案[1]）并不适用于本案，因为承包商虽然不必然等于经营者，但这并不代表承包商永远不会作为经营者承担责任。当被告在有害物质释放过程中有权控制污染时，《美国法典》第

---

[1] "Edward Hines Lumber Co. v. Vulcan Materials Co., 861 F. 2d 155（7th Cir. 1988）", https://casetext.com/case/edward-hines-lumber-co-v-vulcan-materials-co, 2022-10-31.

42卷第9607条（a）款（2）项所规定的经营者责任方可适用。本案中产生污染的活动（开发场地的挖掘和平整）是在施工期间开展的，当时费里公司对开发工作具有充分的控制权，因此应该被认定为《美国法典》第42卷第9607条（a）款（2）项所规定的"经营者"。

（2）对有害物质"处置"的认定。在认定费里公司是否处置了相关有害物质时，关键在于对"处置"这一概念的理解。超级基金法将"处置"一词定义为：将任何固体废物或危险废物排放、沉积、注入、倾倒、溢出、泄漏或投放到土地或水体的表面或内部的行为［采用《固体废物处置法》第1004条以及《美国法典》第42卷第6903条（3）款中所规定的定义］。本案中关于该定义的解释包括土地挖掘和平整期间受污染土壤的扩散。依据既往判例的结论，"处置"不应仅限于最初将有害物质引入场地中这一种情形，而是应该顺应超级基金法的总体修复目的，对"处置"一词做扩大解释，即"处置"包括在任何土地上处置任何有害废物。显然在这样的理解下，费里公司挖掘和平整土地的行为属于对有害物质的"处置"。

2.《美国法典》第42卷第9607条（a）款（4）项下的责任认定

卡特勒斯开发公司根据《美国法典》第42卷第9607条（a）款（4）项的规定主张费里公司作为有害物质的运输商承担相应的责任。费里公司则辩称，有害物质的"现场"处置不属于该项规定的范围。法院认为本着扩大解释超级基金法以实现其总体修复目的的原则，对于运输商的界定，应该看有害物质运输的行为是否促进污染物质的释放并增加了修复成本。无论某运输商是否将有害物质从一个地块转移到另一个地块，或无论其是否仅从某地块的受污染区域获取有害物质并在同一地块中未受污染的区域对其进行处置，该运输商均传播了污染。本案第三方被告费里公司将有害物质运输到涉案场地的一个未受污染的区域，增加了修复成本，则需要承担《美国法典》第42卷第9607条（a）款（4）项下的相应法律责任。

（三）本案启示

美国1980年超级基金法的颁布主要有两个目的，即为联邦政府提供有效控制有害物质从闲置和废弃废物处置场地向外扩散的方法，使污染事故的相关方支付此类场地的最终清理费用。本案判决理由及判决结果恰好体现了这两个目的。

案例 17 **美国政府诉舰队保理公司案**

（United States v. Fleet Factors Corp.）

一、案例背景

（一）基本情况

本案涉及的污染场地位于美国佐治亚州伊曼纽尔县一家破产印染厂，场地中的数百桶化学溶液导致石棉管道污染和场地土壤污染。

斯万斯博罗印染厂（Swainsboro Print Works，以下简称"印染厂"）于1963 年到 1981 年在伊曼纽尔县经营印染业务。两名股东平分印染厂全部股份，同时也担任印染厂的管理职务。两位股东为克利福德·霍洛维茨（Clifford Horowitz）和默里·纽顿（Murray Newton）。1976 年，印染厂与舰队保理公司达成一份"保理"协议，其中舰队保理公司同意根据印染厂的应收账款转让预付资金。作为此类预付资金的抵押品，舰队保理公司获得了印染厂的土地以及所有设备、库存、固定装置的抵押权益。1979 年 8 月，印染厂依据相关法律规定申请破产，经法院批准，印染厂和舰队保理公司之间的保理协议仍然有效。1981 年 2 月，印染厂停止运营并开始清理库存，由于其对舰队保理公司的债务超过了舰队保理公司估算的印染厂的应收账款价值，舰队保理公司不再向印染厂预付资金，但继续向印染厂收取保理协议中规定的应收账款。1981 年 12 月，印染厂被宣告破产，破产受托人［罗伯特·克洛德尼（Robert Kolodney）］由此获得了涉案场地的所有权和控制权。

1982 年 5 月，舰队保理公司取消了对印染厂部分库存和设备的担保权益，但没有取消对不动产的赎回权，之后对印染厂的部分资产进行拍卖。为了实现拍卖和场地清理，舰队保理公司委托了两家公司。舰队保理公司与鲍德温工业清算公司（Baldwin Industrial Liquidators，以下简称"鲍德温公司"）签订了一份抵押品拍卖合同，合同中载明：鲍德温公司于 1982 年 6 月 22 日"按原样"和"就地"售出此类材料，购买者负责移走此类材料。为了将场地"打扫干净"，舰队保理公司于 1982 年 8 月 31 日与尼克斯·里格斯（Nix Riggers，以下简称"尼克斯"）签订合同，约定由尼克斯移除未售出的设备。1983 年 12 月底，尼克斯离开该场地。1984 年 1 月 20 日，美国环境保护署检查该场地并发现了 700 个装有有害化学品的桶（55 加仑）以及 44 卡车石棉材料。为消除该场地中存在的环境威胁，美国环境保护署投入了大约 400 000 美元的处理费用。1987 年 7 月 7 日，印染厂由于无法缴纳州和县税，在抵押期满的拍卖会上将该场地的所有权移交给伊曼纽尔县政府。

涉案场地污染进行紧急清理之后，美国政府展开了对相关责任人的追偿诉讼，案件周期长达数年，对其中关键问题的讨论还见证了相关事项新规定的出台。1987 年 7 月，原告提起诉讼，要求印染厂的两名股东和舰队保理公司一同偿还有害废物的清理费用。原告具体提出了两项即决判决动议：在第一项动议中，原告认为将有害废物从桶中移除的费用应由印染厂股东霍洛维茨和默里承担，地方法院在之后的程序中批准了这项即决判决动议；第二项动议是关于舰队保理公司的责任以及霍洛维茨和默里应支付石棉移除费用的，这项即决判决动议在之后的程序中被地方法院驳回，理由是相关问题的认定存在实质性争议。首次诉讼中，地方法院还驳回了舰队保理公司对第三方被告（印染厂破产受托人）提出的即决判决动议。1988 年 8 月 11 日，各方当事人在动议听证会上进行口头辩论。1988 年 12 月 22 日，地方法院判定舰队保理公司不属于《美国法典》第 42 卷第 9607 条（a）款（1）项下的责任人，但是否属于该法第 42 卷第 9607 条（a）款（2）项和（3）项下的责任人则存疑，于是暂停了审理程序，一方面期待法律规则方面能出台细化解释，为当前认定困境寻得依据，另一方面也对政府的进一步举证方向提出指引。1990 年，因为案件存在实质性争议，舰队保理公司提起中间上诉，再次启动诉讼程序，对争议问题和前审判决意见进行审查。上诉法院认为前审法院对"有担保债权人免责"的解释有误，本案仍存在实质性争议，遂将案件发回重审。1993 年 4 月，当事人双方提出第二次交叉动议，要求即决判决。在《贷款人责任规则》出台月余之后，地方法院重新开始了本案的诉讼进程。1993 年 4 月 23 日，地方法院给出审理意见，否决了双方的即决判决动议，建议原告依《美国法典》第 42 卷第 9607 条（a）款（2）项向舰队保理公司提起诉讼。1993 年 5 月 12 日，根据受托人鲍德温公司和尼克斯的行为产生的责任由委托人舰队保理公司承担这一理念，地方法院最终判定舰队保理公司依法承担《美国法典》第 42 卷第 9607 条（a）款（2）项下的责任。

（二）污染物及环境损害

本案主要涉及危险化学溶液导致的污染，并使周围环境和公众健康面临重大潜在风险。污染物质是印染厂遗留的数百桶化学溶液，腐蚀、破损和泄漏导致桶中的化学溶液干扰到管道上的石棉。尼克斯受托清理场地时，为了完成舰队保理公司委托的竣工清场工作，随意将装满化学溶液的桶推倒在地，并用拖拉机碾碎，从设备和机器上刮下含有石棉的绝缘材料。这样的处理模式显然加重了场地污染的危害性，加剧了环境问题的严峻性，有害废物遍布印染厂土地之上，石棉相关的材料分散到整个工厂并进入空气中。

（三）场地清理方案及费用

本案中，美国环境保护署结合污染场地情况，对场地修复制订了两步走的方案，共花费 400 000 万美元。

二、诉讼过程

（一）原告与被告

原告：美国政府。

被告：舰队保理公司、克利福德·霍洛维茨和默里·纽顿。

第三方原告：舰队保理公司。

第三方被告：罗伯特·克洛德尼（印染厂破产受托人）。

（二）原告诉讼法律依据与被告辩驳依据

1. 原告诉讼法律依据与主张

1987 年，美国政府根据超级基金法第 101 条、《美国法典》第 42 卷第 9601 条和第 9607 条向被告舰队保理公司、印染厂股东霍洛维茨和默里提出控诉，要求偿还相关的有害废物清理费用。原告提起即决判决动议，认为印染厂两位股东在印染厂运营期间对有害废物的产生负有不可推卸的责任，理应承担有害废物清理费用；舰队保理公司无论作为场地的所有者还是经营者，都超过了基于债权管理印染厂的权限，因此应当支付与印染厂有害废物清理相关的费用。基于上述理由，原告主张：①有害废物从桶中移除的费用以及石棉的移除费用应由印染厂股东霍洛维茨和默里承担；②舰队保理公司承担《美国法典》第 42 卷第 9607 条规定的责任。

2. 被告辩驳依据与主张

本案中印染厂有且只有两名股东，因此两名股东的费用分摊责任是毋庸置疑的。地方法院在第一次审理时便已同意了原告主张的有害废物从桶中移除的费用由两股东承担，案件争议集中在舰队保理公司是否需要承担费用分摊责任上。舰队保理公司认为自己属于债权人豁免的范畴，所有关于印染厂的行为都是为其债权获现的财产性管理，其并不属于污染场地的所有者和经营者。同时，舰队保理公司对原告和第三人提出的即决判决动议，主要也是由责任承担和费用分摊争议引发的。

（三）法院判决及决定性依据

根据超级基金法第 101 条，《美国法典》第 42 卷第 9601 条、第 9607 条，以及《贷款人责任规则》，地方法院最终判决：①有害废物从桶中移除的费用由印染厂股东霍洛维茨和默里承担；②舰队保理公司依据《美国法典》第 42 卷第 9607 条（a）款（2）项承担相关责任。

1. 原告的证明责任

为了胜诉，原告必须确定：①被告属于《美国法典》第 42 卷第 9607 条（a）款（1）项至（4）项所述的一种或多种责任人；②已发生或正在发生危险物质的释放或潜在释放；③释放或潜在释放已使原告承担响应成本。

现在，②和③因为美国环境保护署的检查、评估和修复已经毋庸置疑，原告只需要再证明①便能成功追究污染相关责任人的费用分摊责任。

本案中，相关污染物质一直在印染厂场地内，不存在《美国法典》第 42 卷第 9607 条（a）款（4）项下的责任人，因此原告分别就舰队保理公司构成前 3 种责任人提出了支持性观点和依据。

2. 依据《美国法典》第 42 卷第 9607 条（a）款（1）项责任主体的分析

原告主张舰队保理公司属于《美国法典》第 42 卷第 9607 条（a）款第（1）项所规定的责任主体。依据以往判例可知，法院将场地当前所有者和经营者解释为在原告提起控诉进而发起诉讼时拥有或经营该场地的个体或企业。本案原告提起诉讼的时间为 1987 年 7 月，当时印染厂场地所有者是伊曼纽尔县政府。根据超级基金法的规定，其中两条可以帮助确定本案场地当前所有者和经营者：①自发获得场地所有权的州或县政府一般不作为场地的所有者和经营者承担相应的责任；②对于任何场地而言，如果其所有权或控制权因破产、止赎、税务拖欠、弃置或类似方式转让给州或县政府，则场地当前所有者和经营者是指事先拥有、经营该场地或以其他方式控制该场地的活动的任何人员。根据这两条规定，认定该类责任主体就转化成对"事先"拥有、经营的解释。原告称，无论过去多久，涉案场地的上一个控制人都是舰队保理公司，其应作为场地的负责人。舰队保理公司认为"事先"一词与所有权、经营权和控制权无关，自 1981 年 12 月印染厂被宣告破产到 1987 年 7 月舰队保理公司止赎，涉案场地的所有者一直是破产债权人和受托人，而不是舰队保理公司。结合案件证据和查明的时间阶段，法院认为至少在政府获得该场地所有权三年前，舰队保理公司便已经不再参与印染厂的经营和控制。因此，无论破产债权人或者受托人在该场地的管理与控制是否有效，都不能将责任委托到之前的控制企业，因此法院支持舰队保理公司的说法，认为舰队保理公司不属于《美国法典》第42卷第9607条（a）款（1）项下的责任主体。

3. 依据《美国法典》第42卷第9607条（a）款（2）项责任主体的分析

依据该项规定，原告需要证明舰队保理公司是处置有害废物时场地的所有者或经营者。舰队保理公司是印染厂的担保物权人，通过与印染厂的信托契约持有涉案场地所有权，其持有所有权的目的是实现自身的担保权益，因而根据"有担保债权人免责"的规定，原告如果想证明舰队保理公司需要承担责任，则必须证明舰队保理公司不适用豁免条款。对豁免条款的解释十分重要，解释过严会使得投资人在正常业务中担心未来承担环境责任，进而影响整个社会商业的发展；解释过松又会使投资人怠于进行投资前的审查，甚至在管理过程中干预环保决策。为避免这两种不公的结果，如何界定豁免范围就尤为重要。

法院结合《贷款人责任规则》和超级基金法对有担保债权人介入公司的程度进行分析，因为这决定了豁免条款是否适用以及舰队保理公司是否承担本案责任。《贷款人责任规则》认为，只有实质性的参与超过保护担保物权的水平，豁免才无效。此外，《贷款人责任规则》还给出有担保债权人行为的两个衡量标准——一般测试和止赎条款。本案中，舰队保理公司对印染厂的介入分为止赎前和止赎后两个阶段：第一阶段是印染厂停止运营期间（1981年2月至1982年5月）；第二阶段是舰队保理公司取消对印染厂库存、设备的赎回权时期（1982年5月至1983年12月）。此外，发生在止赎阶段的代理拍卖和清理场地活动，虽然不是舰队保理公司自己的行为，但根据委托关系，也应由舰队保理公司来承担后果，因此可以汇总出舰队保理公司介入印染厂管理的三个方面：①在鲍德温公司到达印染厂之前舰队保理公司自己的活动；②鲍德温公司在场地上的活动；③尼克斯在场地上的活动。由于舰队保理公司一直是从保护自身担保权益的角度参与，这种参与仅仅是影响力而不是实质的掌控，因此在鲍德温公司进驻场地之前舰队保理公司的活动受到豁免条款的保护，但是鲍德温公司和尼克斯的活动使得舰队保理公司的豁免无效。

法院查明，鲍德温公司对化学溶液桶的处理与其拍卖准备是直接相关的，但是数百个破损、泄漏的桶即使在外行人看来也是容易被发现的，并且桶上有标签，鲍德温公司没有对桶进行合理的放置，也忽视了桶对环境明显而严重的危害，这导致舰队保理公司的豁免无效。更为严重的是尼克斯在场地上的活动，其在清理场地时以不被允许的方式处理危险废物，加重了环境损害，超期在场地上作业导致环境损害进一步扩散。尼克斯随意将装满化学溶液的桶推倒在地，用拖拉机把桶碾碎，从设备和机器上刮下（用斧头砍下）含有石棉的绝缘材料，让那些绝缘材料和其他杂物一起堆积在地板上，这些行为远远超出了保护舰队保理公司利益的范畴，也完全符合对危险物质的"处置"行为。根据《固体废物处置法》的规定，"处置"是指排放、沉积、注入、倾倒、溢出、泄漏或者使固体废物、危险废物的任何成分进入环境中，包括释放到空气中，排入任何陆地或水体的表面或内部的行为。参照这一标准，鲍德温公司和尼克斯对桶的行为明显构成了对危险废物的处置，因此舰队保理公司需要根据《美国法典》第 42 卷第 9607 条（a）款（2）项承担责任。

另外，法院经过分析后认为舰队保理公司不属于《美国法典》第 42 卷第 9607 条（a）款（3）项下的责任人。

三、案例讨论

（一）诉讼所涉及的法律文件、条款

①超级基金法第 101 条；②《美国法典》第 42 卷第 9601 条、第 9607 条，第 28 卷第 1292 条（b）款；③《联邦民事诉讼规则》第 56 条（c）款；④《金融机构对有害废物清理费用的责任》（The Liability of Financial Institutions for Hazardous Waste Cleanup Costs Under CERCLA）；⑤《贷款人责任规则》。

（二）法院判决争议点

本案的主要争议点是有担保债权人是否承担责任的衡量标准。

诉讼过程中，当事人双方对舰队保理公司是否需要承担有害废物清理费用分摊责任的问题存在争议，主要的争议点在于有担保债权人舰队保理公司是否构成责任主体、是否属于豁免范围。前文已经阐述过对豁免条款的过严或过松解释会对投资行为产生导向影响，而环境保护、污染治理和商业投资、市场发展同样重要，要实现其平衡及追究个人责任时的公平正义，需要审慎给出解释说明的依据，严谨论证结论的合理性。结合《贷款人责任规则》和超级基金法中有关有担保债权人是否承担污染清理费用分摊责任的规定，地方法院认为需要衡量有担保债权人介入污染场地管理的程度，如果没有突破保护自身合法债权的范畴，没有造成环境损害的进一步扩大，只是具有单纯的影响力，而不是实质参与的控制力，就在有担保债权人责任豁免的范围之内；如果有担保债权人自身行为或结果超过了上述程度，则认定豁免无效，有担保债权人作为责任主体需要承担费用分摊责任。

（三）本案启示

1. 即决判决的审查标准和制度目的

即决判决又称为即决审判、简易判决，是英美法系国家一种具有特色的民事诉讼制度，该制度允许法官不经开庭审理而直接对全部或部分案件作出实体性的、有拘束力的判决。美国法院在决定是否批准当事人的即决判决动议时要进行审查，根据《联邦民事诉讼规则》第 56 条（c）款的规定，仅当"对于任何重大事实不存在任何实质性争议且动议方有权要求依法作出判决"时方可进行即决判决。据此可知，动议方负有证明案件事实清晰、不存在任何重大事实争议的举证责任，法院则以最有利于非动议方的角度审查所有证据，考察是否解决了所有合理的事实争议。

即决判决是对司法审判资源的一种节约，提升了司法效率，同时也达到了"穿透诉状"评估证据的目的，确保真正需要审判的案件进入审判程序。

2. 有担保债权人担责的判决导向

本判决结果不仅是为了实现本案的公平正义，还通过对有担保债权人责任豁免与否的界定，鼓励潜在债权人全面调查潜在债务人的有害废物处理系统和策略。在担保之前，如果潜在债务人的有害废物处理系统看起来不完备，潜在债权人则将超级基金法责任风险纳入贷款协议的条款中。这样一来，潜在债权人的风险不会超过其预期，而潜在债务人知道不完备的有害废物处理会对其贷款条款产生重大不利影响，则会改善其有害废物处理过程。这种积极的影响还能延续到担保关系建立后的长期监测和放款行为上，提升双方行为的审慎程度，敦促双方更加积极履行义务，在实现商业发展的同时保护生态环境。

第十二章

废物生产者之间 [Generator(s) vs. generator(s)]

案例 18 美国政府诉奥塔提和高斯公司案
（United States v. Ottati & Goss, Inc. ）

一、案例背景

（一）基本情况（时间、地点、涉及人员）

本案涉及的历史遗留污染场地可分为两个相邻场地：第一个为奥塔提和高斯公司所在场地。该场地的所有者和出租者森特运输公司于 1979 年 6 月 29 日将该场地出售给了康科德房地产信托公司。第二个为金士顿钢桶（Kingston Steel Drum）场地。国际矿物和化学公司在大湖容器公司（Great Lakes Container Corporation）经营前是金士顿钢桶场地的所有者，之后大湖容器公司购买了以上两个场地。

1977 年，奥塔提和高斯公司从森特运输公司租来场地后开始运营公司业务，并承诺不在地面排放任何废物。奥塔提和高斯公司是一家从事废料桶修复业务的公司，该公司面向的客户是通用电气公司、路易斯化学公司等。这些公司将装着化学废料的桶运送至奥塔提和高斯公司进行处理，再购买经过处理后的空桶继续使用。奥塔提和高斯公司处理废物的专利方法是将废料桶中的废料、石灰和木屑混合在一起，随后将废料混合物装进垃圾箱中运出场地，其经营场地附近的大湖容器公司负责运送和处理。1978 年 5 月至 1979 年 5 月，由于业务繁忙，大量的废料桶开始积压，废料泄漏到场地上，并有液体从垃圾箱流出。1979 年 5 月，奥塔提和高斯公司私下将业务出售给理查德·弗伦奇，其所在场地情况开始恶化，废料持续泄漏，导致土壤遭受污染，开始变色。但是奥塔提和高斯公司并未采取保护措施，致使场地污染状况持续恶化。之后，奥塔提和高斯公司、伯纳德·森特（属于森特运输公司）和理查德·弗伦奇收到了清理禁令，被要求在 1979 年 8 月 5 日之前清理污染场地，但是他们依旧没有采取任何行动。

1976 年 8 月，大湖容器公司开始负责处理奥塔提和高斯公司产生的废料混合物，并在金士顿钢桶场地使用焚烧炉进行焚烧，焚烧后的废料混合物被倒入焚烧炉附近的填埋坑中，有时废料混合物在焚烧前会堆积在填埋坑中。虽然大湖容器公司会定期对填埋坑进行清理，但是废料混合物仍然在焚烧炉附近积聚，污染填埋坑附近的土壤。1979 年 2 月下旬，大湖容器公司开始从奥塔提和高斯公司购买受污染的木屑，当大湖容器公司无法清理垃圾箱里的混合废物时，便将其与木屑混合。金士顿钢桶场地堆积了大量的混合废物和木屑，每当下雨时，雨水就会渗透到木屑堆中，冲刷出很多污染物，并造成地下水污染。另外，该场地还存在向沼泽倾倒废物杂物、排放污染废水等环境问题。

1980 年 5 月 15 日，美国政府向奥塔提和高斯公司、大湖容器公司等被告提出诉讼，要求被告停止处理废物，制订修复方案以清理场地。1980 年 10 月和 11 月，新罕布什尔州政府及金士顿镇政府向被告提出相同主张，要求禁止被告从事违法行为，并向被告提出索赔。

（二）污染物及环境损害

本案涉及土壤污染、地表水污染和地下水污染问题，并使周围环境和公众健康面临重大潜在风险。

在废料桶的储存环节，废料桶中存在一定量的残留物，并且有一些废料桶是水平存放的，再加上被告并没有定期检查，导致有一些废料桶，尤其是水平存放的废料桶发生泄漏。这些泄漏物污染了废料桶周围的地面，并沿地表径流发生污染扩散。1978 年 9 月，场地地面已经变色，并被废料彻底覆盖。另外，由于场地土壤的渗透性很强，地下水位离地面很近，地下水也受到污染并有污染扩散现象。

在废料桶的修复环节，首先，焚化炉坑堆积燃烧后的废物可能会造成土壤污染。废料桶中的废物经过焚烧后被铲进填埋坑里，有时废物在清理前会堆积在填埋坑中，导致废物溢出或撒到填埋坑附近的地面上，造成土壤污染。其次，废料桶及其他杂物有时被直接填埋到场地、沼泽、池塘中，造成土壤污染。再其次，废料和木屑的混合物大量堆积可能会造成地表水和地下水污染。每当下雨时，雨水就会渗透到混合物堆中，并冲刷出不同颜色的液体，污染地表径流和地下水。最后，被告未经许可排放废水，被污染的地表径流向东移动，最后流入通航河流，污染受保护的通航河流。

在美国环境保护署的清理环节，其工作疏忽导致污染物溢出并渗透到地下水中，造成土壤污染和地下水污染。1982 年 7 月初，清理工作完成后，美国环境保护署发现了场地的污染情况，但是由于预算和污染物渗透问题，美国环境保护署并未进行再清理。另外，美国环境保护署的清理工作还存在火灾隐患，尽管实际上火灾没有发生。

以上环境损害除了对环境造成重大不良影响，还可能危及公众健康。地表水和地下水中存在的污染物具有挥发性，并且场地附近住宅区居民通常依靠地下水系统来获取饮用水，因此，污染物可能通过呼吸和饮用进入人体，对公众健康产生紧迫威胁。

（三）场地清理及费用

经过初步规划，美国环境保护署对奥塔提和高斯公司经营场地开展修复工作。1980 年 12 月至 1981 年 3 月，美国环境保护署对场地进行 24 小时保护，包括勘查和报告废料桶泄漏情况。工作人员将每个废料桶标识编号，必要时用聚乙烯将桶重新填充或覆盖。同时，废料桶被划分为 4 个区域，并定期进行检查。1980 年 3 月至 1982 年 7 月（除 1982 年 3 月 18 日至 5 月初），美国环境保护署一直在维护场地安全。1980 年 4 月，美国环境保护署对废料桶进行了采样工作，在这些废料桶中发现了 9 种挥发性有机化合物，这些有机化合物对公众健康构成了重大危险。另外，美国环境保护署还发现了废料桶中的危险内容物发生泄漏，由于场地土壤的渗透性很强，地下水位离地面很近，地下水受到污染并有污染扩散现象。1981 年 2 月，美国环境保护署开展废物的反应性测试，以确定如何处理废物。1981 年 4 月，美国环境保护署建造了过滤栏，防止废物泄漏和溢出，同时在过滤栏的上游放置了吸收栏，用来吸收化学物质。1982 年 5 月 21 日至 1982 年 6 月 7 日，美国环境保护署开始废料桶的清理工作。该清理工作是利用废料桶破碎坑（drum crushing pit）进行的，即在凹坑底部铺设厚度为 6 毫米至 8 毫米的聚乙烯材料（聚乙烯材料被切成条状并重叠摆放），然后再覆盖 6 英寸至 8 英寸（约 152 毫米至 203毫米）的黏土–沙混合物，这种混合物是不可渗透的。但是这种方法存在一些问题，导致污染物从破碎坑溢出并渗透到地下水中。1982 年 7 月初，所有的废料桶进行破碎处理、破碎坑被清理后，美国环境保护署发现了破碎坑工作区域的土壤污染情况，但是因为预算和污染物渗透问题，美国环境保护署并未进行清理。另外，美国环境保护署的清理工作还存在火灾隐患，尽管实际上火灾没有发生。

综上所述，场地响应费用包括：场地勘查费用，地下水、地表水、土壤污染物检测和污染监测费用，开展修复调查和可行性研究以及移除废料桶和其他有害物质的费用。由美国环境保护署响应行动导致的场地污染可由其自负责任。

二、诉讼过程

（一）原告与被告

原告：美国政府、新罕布什尔州政府和金士顿镇政府。

被告：奥塔提和高斯公司、大湖容器公司、森特运输公司、国际矿物和化学公司、通用电气公司、路易斯化学公司、礼来化学公司、理查德·弗伦奇、康科德房地产信托公司等。

（二）原告诉讼法律依据与被告辩驳依据

1. 原告诉讼法律依据

1980年5月15日，美国政府根据《资源保护和回收法》第7003条、《联邦水污染控制法》第301条和第309条向10个被告提起诉讼：针对奥塔提和高斯公司所在场地和金士顿钢桶场地，要求被告停止处理废物并制订修复方案来清理场地。1980年10月和11月，新罕布什尔州政府及金士顿镇政府被法院允许作为原告进入诉讼中。新罕布什尔州政府和金士顿镇政府根据《资源保护和回收法》（1978年）第7003条、《新罕布什尔州妨害法》、《金士顿镇规划和建筑规范》第6条和第7条等法令向10个初始被告提出相同主张，要求禁止被告从事违法行为，并向被告提出索赔。1981年1月9日，原告和被告签署了一项协议，约定：如果法院最终判决被告承担赔偿责任，被告应当按照法院的要求支付原告在其清理工作中产生的合理费用，并对场地进行清理。另外，3个原告还增加了对被告森特运输公司的普通妨害法（common-law nuisance）诉讼。1983年1月25日，美国政府根据1980年超级基金法（《美国法典》第42卷第9601条）增加了7个新被告，并对另外10个被告提出新的诉讼要求，要求相关被告承担连带责任，赔偿原告承担的清理和修复费用。1983年6月23日，美国政府再一次修改诉讼要求，指出奥塔提和高斯公司所在场地泄漏的有害废物已经从地面渗入地下水，并扩散至金士顿钢桶场地，根据超级基金法第107条，被告应对泄漏及威胁性泄漏（threatened release）有害废物导致的清理和救济费用承担连带责任。

2. 被告辩驳依据

自 1982 年 7 月 26 日开始，一部分被告提出追加第三方为被告（Thrid Party Complaints）的一系列诉讼，例如 1982 年 8 月 27 日，大湖容器公司提出应当追加金士顿钢桶场地之前的所有者——国际矿物和化学公司——为被告，对救济和损害赔偿承担连带责任。这些被告引用超级基金法来追究其他潜在责任人的责任，其目的是减轻自己的赔偿负担。

被告主要针对原告根据超级基金法提出的诉讼请求反驳如下：①针对该法生效之前的违法行为进行处罚，违反了宪法的正当程序要求。②根据超级基金法第 107 条（a）款规定的责任标准，需要证明有害废物已经造成实际损害，但是被告并没有造成实际损害，因此可能无须承担责任。而且，被告认为自己无须进行抗辩，原告应当承担举证责任，被告仅需反驳原告提出的证据。③如果被告需要承担损害责任，那么责任也不是连带的，而是可分割的。④美国环境保护署不满足超级基金法第 107 条（a）款规定的请求支付响应费用的前提条件，其不应当获得赔偿。⑤美国环境保护署不满足超级基金法第 107 条（a）款规定的采取响应行动的先决条件，其未能在采取响应行动之前通知被告，因此被告不应承担赔偿责任。

另外，被告还对原告的其他诉讼请求进行反驳：①针对原告根据《联邦水污染控制法》第 301 条（a）款提出的诉讼请求，大湖容器公司认为，其所开展的活动已经得到国家污染物排放消除系统许可，自己的行为符合规定；②《资源保护和回收法》第 7003 条仅规定了公平而非补救性救济责任，并且不适用于"非活跃"场地，因此被告无须承担责任；③反对普通妨害法的适用，《新罕布什尔州妨害法》第 147 条的溯及力和执行存在问题。

（三）法院判决及决定性依据

根据《资源保护和回收法》第 7003 条（《美国法典》第 42 卷第 6973 条），法院判决：①根据对健康或环境产生的重大威胁和实质性危害（不是实际损害）确定赔偿责任；②被告需要承担美国政府可追回的费用；③被告的责任是连带的，即"共同且个别的"、不可分割的；④追溯适用超级基金法，不追溯适用州法律；⑤该条规定的是严格责任，适用于修复历史遗留污染场地；⑥超级基金法仅允许依据《美国法典》第 42 卷第 9607 条（b）款（1）—（4）项的内容进行抗辩。

1. 奥塔提和高斯公司的责任

奥塔提和高斯公司是其场地危险物质的生产者，经过美国环境保护署的评估，奥塔提和高斯公司所在场地确实造成了土壤、地表水和地下水污染。原告已经证明了奥塔提和高斯公司处理有害废物的行为违反了超级基金法第107条（a）款和《资源保护和回收法》第7003条，因此该公司应当承担责任。

2. 大湖容器公司的责任

大湖容器公司作为有害废物处理设施的所有者和经营者，虽然协助进行了清理工作，从现场清理了一部分废料桶，但是其从事了异常危险的活动，因此其行为违反了超级基金法第107条（a）款和《资源保护和回收法》第7003条，应当承担相应责任。另外，法院认为大湖容器公司在未获得国家污染物排放消除系统许可的情况下将场地中的废水排入通向通航河流的沟渠这一行为违反了《联邦水污染控制法》第301条（a）款和第309条的规定。新罕布什尔州从未颁发过国家污染物排放消除系统许可，并且经过美国环境保护署检测，该公司排放的废水已经被多种有机化合物污染，排放点的土壤也受到污染。

3. 国际矿物和化学公司的责任

美国环境保护署监测和评估场地时，确定因排放废水造成的地下水、地表水污染不仅来自大湖容器公司的运营行为，因此，国际矿物和化学公司未经许可排放废水到受保护水域中的行为违反了《新罕布什尔州妨害法》，应当承担侵权责任。另外，根据《资源保护和回收法》第7003条，国际矿物和化学公司作为大湖容器公司经营前场地的所有者和经营者，应当承担责任。尽管国际矿物和化学公司已经努力清理场地，填埋的废料桶没有泄漏，但是其运营行为仍然造成了地下水污染，并且无法通过移转场地所有权来逃避义务。

4. 理查德·弗伦奇的责任

法院认为理查德·弗伦奇应当承担责任，因为理查德·弗伦奇明知道废料桶状况很差，却没有采取任何措施来阻止废料桶的泄漏，而是继续运营以谋取利益。另外，在接手奥塔提和高斯公司业务之前，理查德·弗伦奇有过关于有害废物的不良事件。

5. 伯纳德·森特（属于森特运输公司）的责任

法院认为，伯纳德·森特是合理的审慎人，不是参与造成妨害的不合理

的风险人。伯纳德·森特在与奥塔提和高斯公司签订租约前，知道对方租赁
场地用于处理废物，奥塔提和高斯公司声称国家没有任何法令禁止此类废物
的处理。伯纳德·森特通过律师调查后发现，当时的情况的确如此，于是与
奥塔提和高斯公司签订了租约，并约定废物处理要遵守联邦、州和地方相关
法令，不得倾倒未经处理的液体和固体。伯纳德·森特自从签订租约后，几乎
每天都访问该场地，他从未见到任何废料桶有溢出情况。新罕布什尔州的固
体废物管理局土木工程师弗洛伊德·杰克逊（Floyd Jeckson）作证说：截止到
1979 年 7 月 1 日，奥塔提和高斯公司场地是清洁的。1979 年 6 月，伯纳德·
森特发现奥塔提和高斯公司将业务出售给了理查德·弗伦奇。1979 年 7 月，
伯纳德·森特才开始注意到场地的巨大变化：废料桶堆积成山，并有破裂和
泄漏的现象。伯纳德·森特试图与奥塔提和高斯公司联系，但是联系不到，
于是他封锁了该场地，并对奥塔提和高斯公司提起诉讼，要求奥塔提和高斯
公司清理场地，防止废料桶进一步堆积。伯纳德·森特拒绝与理查德·弗伦
奇达成租约，并与美国环境保护署和新罕布什尔州官员合作。

6. 康科德房地产信托公司

法院认为，康科德房地产信托公司采取了合理行动，解雇了涉案员工，
但是根据《资源保护和回收法》第 7003 条，其作为奥塔提和高斯公司所在场
地的信托人，仍需承担相应责任。另外，康科德房地产信托公司拆除砾石的
行为违反了《金士顿镇砾石坑条例》，虽然一开始金士顿镇批准了康科德房地
产信托公司申请的拆除砾石的项目，但是该许可随后被美国环境保护署取消
了，康科德房地产信托公司不再有权从现场移走砾石。

7. 通用电气公司、路易斯化学公司、礼来化学公司等化学公司的责任

根据超级基金法第 107 条（a）款，路易斯化学公司、礼来化学公司等化
学公司作为废物处置"安排人"，将自己的废料桶交给奥塔提和高斯公司处
理，应当承担相应的责任。另外，通用电气公司、路易斯化学公司曾打电话
向新罕布什尔州的固体废物管理局咨询奥塔提和高斯公司处理废物是否获得
州政府的批准，得到的回答是没有。通用电气公司、路易斯化学公司在得知
这一事实的情况下仍然与其进行业务往来，表明其没有合理谨慎的态度。

8. 美国环境保护署和政府的责任

法院认为，美国环境保护署的清理行为存在疏忽和风险，导致场地明显
受到污染，因此应承担连带责任。同时，法院拒绝判付原告要求的间接费用

（非必要费用），要求原告自行负担。

三、案例讨论

（一）诉讼所涉及的法律文件、条款

①超级基金法第106条、第107条（a）款、第107条（b）款；②《资源保护和回收法》第7003条；③《清洁水法案》第301条（a）款、第309条、第311条；④《联邦水污染控制法》第301条、第307条；⑤普通妨害法；⑥《新罕布什尔州妨害法》第147条；⑦《金士顿镇规划和建筑规范》；⑧《金士顿镇砾石坑条例》。

（二）法院判决争议点

1. 对超级基金法溯及效力的争议

法不溯及既往是法律的一项基本原则，表现在国家不能用现在制定的法律去约束人们过去的行为，更不能用现在的法律处罚人们过去合法而现在违法的行为，以此保护人们的信赖利益，维护社会稳定。美国宪法规定：溯及既往的法律不得通过。本案中，被告对超级基金法的溯及效力产生怀疑，认为其违反了正当程序的要求，违反了法不溯及既往这一基本原则。

法院认为，本案追溯适用超级基金法不违反美国宪法。首先，超级基金法本身没有规定环境责任的溯及力问题，但是以往联邦法院的判例中将其解释为溯及既往地适用于该法生效前危险物质的不当处置行为。其次，超级基金法的溯及效力符合其立法目的，可确保对多年来积累的危险物质进行清理，以免继续危害人类健康或环境。最后，环境利益是一种公共利益，在公共利益具有优先性的情况下，溯及既往反映了对公共利益的强调和保护，具有一定的合理性和必要性。

2. 对超级基金法责任体系的争议

（1）关于严格责任。被告认为，虽然超级基金法规定了严格责任，但是仍需要证明因果关系，即行为对结果造成实际损害，但是被告并没有造成实际损害，因此可能无须承担责任。事实上，超级基金法规定的环境侵权责任比一般的环境侵权责任更加严格。法院认为，该法框架下的"责任"采用《清洁水法案》第311条的责任标准——严格责任。严格责任与异常危险活动有密切的联系，其成立不考虑行为人行为时的主观状态，即使行为人已经尽了最大的注意义务防止损害发生，也应当承担责任。法院承认因果关系是严格责任中规定的，但是如果某种设施因失去控制而造成的损害使这种设施的使用或持有具有异常危险，则拥有、经营或使用上述设施的主体应对上述损害承担责任。本案中，奥塔提和高斯公司、大湖容器公司确实对环境和公众健康造成了紧迫的实质性威胁，其处理废物是公认的对环境和公众健康产生紧迫危险的异常危险活动，所以无须证明因果关系也满足超级基金法第107条（a）款规定的责任构成要件。

（2）关于连带责任。被告认为其承当的损害责任不是连带责任，是可分割的。被告认为自己无须进行抗辩，原告应当承担举证责任，被告仅承担反驳原告提出证据的推定责任。法院认为，根据超级基金法第107条（b）款，潜在责任人若想不承担责任，需要通过优势证据证明危险物质的释放或潜在释放是由以下原因所致：①不可抗力；②战争；③由第三人的作为或不作为导致，而潜在责任人尽到了合理注意义务，并采取了预防措施。本案中，被告没有提出任何抗辩，也未能提供分割损害的合理依据，法院无法准确分割场地中发现的确切有害废物及其对地表和地下水造成的损害。

3. 对《新罕布什尔州妨害法》第147条溯及力和执行的争议

（1）关于溯及力。被告辩称追溯适用《新罕布什尔州妨害法》第147条违反《新罕布什尔州宪法》第23条。1979年7月1日，新罕布什尔州颁布了第一个危险废物管理计划，在此日期之前，没有危险废物管理法规或程序。本案被告大多数的废物处理活动是在1979年7月1日之前进行的，只有路易斯化学公司和大湖容器公司在1979年7月1日之后处理了废物，因此，该法条可适用于被告路易斯化学公司和大湖容器公司。另外，在危险废物管理法规出台之前，奥塔提和高斯公司处理废物的行为已经产生了污染，而且其没有采取任何清理措施，在危险废物管理法规出台之后情况也没有好转。因此，奥塔提和高斯公司所在场地释放出的危险物质对公众健康和安全构成重大妨害，其应当承担责任直到危险物质完全消除。

（2）关于执行。被告辩称《新罕布什尔州妨害法》只能由镇卫生官员执行，新罕布什尔州环境保护部的司法办公室无权执行。法院认为，根据规定，新罕布什尔州环境保护部的司法办公室有权执行所有保护环境和公共卫生的法律，并可以要求卫生部门协助，包括镇卫生官员。

4.《资源保护和回收法》第7003条的适用问题

法院认为《资源保护和回收法》第7003条规定了严格责任，而且可以适用于"非活跃"场地，即不再进行有害废物处理的场地。该法条中关于有害废物处理的定义比较广泛，还包括由于过去的行为造成的泄漏，并且以往的判例表明，虽然现在场地不再进行相关活动，但是针对过去发生的对环境或公众健康构成威胁的事件，该法条依旧适用。

（三）本案启示

通过本案可以看出，超级基金法设置的环境侵权责任十分严格，与污染场地有关联的潜在责任人无论过错与否，都应当就相应的响应费用和自然资源损害承担责任。一个污染场地涉及的责任主体非常广泛，性质各不相同，法院通常认为，根据超级基金法第 107 条，在无法区分损害责任的情况下，潜在责任人的责任是连带的，即"共同且个别的"，责任主体中的各方对外承担责任时，不区分各自的责任份额，任何一方都有义务承担全部或部分责任。如果被告主张责任是可分割的，则应当对损害的可分割性承担举证责任，提供分摊损害的合理依据，区分各自造成的损害。

另外，超级基金法支持行政机关所采取响应行动的权威性。该法第 113 条（h）款明确禁止任何联邦法院审查针对行政机关根据第 104 条采取的清理或修复行动而提出的异议，或者审查行政机关根据第 106 条（a）款规定发布的要求责任主体采取行动的行政命令。这样的做法保证了行政机关采取响应行动的效率，但是也可能产生一些不公平的后果。

废物生产者与运输者之间

第十三章 [Generator(s) vs. transporter(s)]

案例 19 　环境运输系统公司诉废物处置公司案

（ Environmental Transp. Systems, Inc. v. ENSCO, Inc. ）

一、案例概述

（一）背景案情

1984 年，被告北方州电力公司决定处置本公司一些储存在明尼苏达州明尼阿波利斯市附近工厂的有害化学物质。这些有害化学物质是多氯联苯，储存媒介是被称为变压器的大桶。为了移除和处置约 100 台含多氯联苯介电液体的停用变压器，北方州电力公司与被告废物处置公司（以下简称"ENSCO"）签订了移除和处理变压器及其包含的多氯联苯的合同。计划是ENSCO 将变压器从明尼阿波利斯运送到田纳西州的一处设施，在那里排水和冲洗，多氯联苯将被焚烧，而空的变压器将被丢弃在垃圾填埋场。ENSCO 将处置合同的运输部分分包给原告环境运输系统公司（以下简称"ETS"）。分包协议约定：ETS 负责运输这批变压器，提供拖拉机、配备防渗漏设施的平板拖车以及驾驶员，此外还提供必要的保险。待 ETS 用卡车从明尼阿波利斯运送完整的变压器到 ENSCO 在田纳西州的处理地点后，由 ENSCO 在那里进行处理。

ENSCO 和北方州电力公司之间的合同中约定了将变压器运送至 ENSCO 的处置场地之前，无须先排干变压器中的多氯联苯，所以在装运时未对此类变压器进行任何特殊包装，仅通过起重机将其装载到 ETS 的卡车上。为了防止变压器运送过程中不小心泄漏多氯联苯，双方同意对 ETS 的拖车进行改装——围绕平板拖车外缘焊接一个唇板，虽然唇板不含任何吸水材料，但是可在变压器周围形成一个槽，应对正常运输中的危险物质泄漏风险。装运方式皆由上述两公司协议约定，承运人 ETS 并未参与其中。

1984 年 11 月 9 日，一辆 ETS 的卡车拖着 3 台变压器沿着预定路线行驶，驾驶员是 ETS 的罗纳德·弗雷什（Ronald Fresh）。在伊利诺伊州莫林市附近连接 74 号和 80 号州际公路的立交桥坡道上，ETS 的卡车驶离坡道后发生了翻车事故，卡车的侧翻使其中一台变压器刺破了另一台变压器，约 100 加仑的多氯联苯泄漏。这起事故没有涉及其他车辆，但泄漏的多氯联苯污染了事故现场的环境。弗雷什证词宣称，一名伊利诺伊州警察在 15 分钟内到达了事故现场，认定该驾驶员超速，向其发出拘留通知并将其拘留 2 个小时。弗雷什对这一指控当场认罪，在拘留 2 小时后获准电话通知 ETS 的联系人，ETS 又通过其总裁通知了 ENSCO。由于 ETS 不具备处理该事故的响应措施，ENSCO 方面的应急响应小组于几小时之后到达事故现场对溢油进行清理。接下来几个月的时间里，由 ENSCO 方面承担清理费用，并对清理过程进行监督。清理工作完成后，ETS 同意赔偿 ENSCO 在清理过程中产生的所有费用。随后，ETS 向其保险公司——作为本案原告之一的运河保险公司（Canal，以下简称"运河保险"）——提起清理费用索赔。运河保险拒绝支付费用，经过 ETS 的三次诉讼，双方最终达成了一项协议：ETS 和运河保险各自承担一半的清理费用。随后 ETS 和运河保险联合起来，发起了对 ENSCO 和北方州电力公司的诉讼。

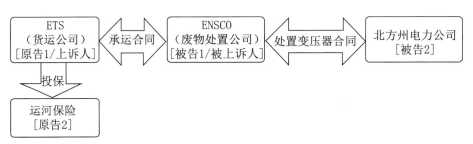

图 13-1 本案各方当事人关系图

（二）诉讼历程

本次事故发生于 1984 年 11 月。1989 年 1 月，ETS 和运河保险根据超级基金法发起了对 ENSCO 和北方州电力公司的第一次诉讼，要求认定被告的责任人身份并按比例分摊事故清理费用。ETS 于 1990 年 7 月 17 日要求进行即决判决，被告 ENSCO 和北方州电力公司于 1990 年 8 月 27 日就该项即决判决动议发起了反方动议。地方法院对双方的交叉动议进行审查，在此期间举行两次听证会听取了原被告及其律师的口头辩论。结合本案证据及法律规定，地方法院于 1991 年 3 月 12 日批准了部分即决判决动议。地方法院认为，ENSCO 符合事故责任人的身份，但并非所有的责任人均要分摊清理费用，结合本案的过错分析，ETS 无权要求两被告承担相关清理费用。

ETS 对地方法院的判决不予认同，遂提出上诉。根据法律规定，凡因批准即决判决动议而提出上诉的，上诉法院的复审标准是重新审议案件，因此上诉法院对案件的全部争议重新进行审查，于 1992 年 7 月 30 日做出判决：驳回上诉人的上诉请求，支持地方法院的判决，即对有利于 ENSCO 的即决判决予以确认。

（三）污染物及环境损害（有害化学物质）

本案主要涉及的污染物质是多氯联苯。多氯联苯是一种最危险的人造化学物质，其主要用作电气设备的冷却液。就物理属性而言，多氯联苯不溶于水，在遇到高温时可散发出有毒有害气体；就生物毒性和对人体的危害而言，多氯联苯属于致癌物质，容易累积在脂肪组织，造成人脑部、皮肤及内脏的疾病，并影响神经、生殖及免疫系统，对人体健康有重大潜在危害。

二、诉讼过程

（一）原告与被告

原告：ETS、运河保险。

被告：ENSCO、北方州电力公司。

上诉人：ETS。

被上诉人：ENSCO。

（二）原告诉讼法律依据与被告辩驳依据

由于上诉审对案件再次进行了审查，为避免重复表述并更加全面地反映双方争议，本部分结合一审事实，填充上诉审阶段新内容，进行归纳总结。

1. 原告诉讼法律依据

原告认为，根据超级基金法的相关规定，两被告对事故均负有严格责任，不因任何其他客观原因而改变，属于事故责任人。针对这一责任追究问题，ETS 发起即决判决动议。在责任认定的基础上，原告要求被告按比例分摊相应的事故清理费用。

2. 被告辩驳依据

被告认为，即便超级基金法规定了其负有一定的责任，也并非所有的责任人均要分摊费用。超级基金法中关于费用分摊的一节要求法院在裁判过程中把衡平因素（包括当事人的相对过失等）考虑在内。本案完全是由 ETS 的驾驶员超速行驶导致事故的发生，被告并不存在过错，不应该分摊费用。

（三）法院判决及决定性依据

根据超级基金法第 113 条，《美国法典》第 42 卷第 9601 条、第 9607 条、第 9613 条（f）款（1）项等相关规定，上诉法院最终判决：①ENSCO 和北方州电力公司对此次事故负有责任；②驳回上诉人的上诉请求；③支持地方法院对 ENSCO 有利的即决判决，即 ENSCO 虽为事故责任的主体之一，但不承担清理费用的分摊责任。

1. 被告责任认定过程

为了在超级基金法项下认定被告的责任，必须满足下面四个条件：①事故地点为超级基金法中界定的"场所"；②被告是超级基金法中界定的泄漏事故的责任人；③存在有害物质泄漏；④此类泄漏导致原告承担了相关处理费用（《美国法典》第 42 卷第 9601 条）。

只有案件中存在《美国法典》第 42 卷第 9607 条（b）款规定的几个法定事由，被告才能成立有效抗辩，否则被告的责任成立。

结合本案情况分析，被告无法对责任问题进行有效抗辩，因此地方法院对原告提出的即决判决动议予以确认。

2. 事故清理费用的分摊依据

在认定原告与被告均对事故负有一定责任的基础上，案件进入了清理费用的分配阶段。原告认为，依据超级基金法的规定，已经判定 ENSCO 负有责任时，被告应自行按比例分摊清理费用。这一主张并未得到法院认可。ENSCO 就费用分摊问题提出反方动议，认为此次事故完全是由 ETS 的过失造成的，事发时驾驶员的车速超过了当时路段张贴的车速限制，且没有任何迹象表明当时存在恶劣天气或者通过其他方式酿成此次事故，因此应由原告承担全部清理费用。原告声称，因为没有明确的分摊标准，依照法律规定至少有两种不同方法可用于解决费用分摊问题——按比例分摊和侧重于若干因素的比较罪责分摊方式。

地方法院认为，即使依超级基金法的规定被认定为责任人，也并不意味着泄漏事故的所有相关方负有同等责任，更不意味着相关方按照比例分摊清理费用。此类责任人仅有可能根据超级基金法的规定分摊相关费用，但这种分摊并不是必然的，还应结合案情考虑衡平因素，这样才能保证个案公平。

原告也认同可以依照本案中双方的过失来确定责任，而不必严格按照比例分摊费用。但原告声称 ENSCO 对事故负有一定的过错责任，认为 ENSCO 托运的变压器装载不当，不符合美国交通部的规定，因此也应对此次泄漏事故承担责任。但并没有证据可以支持原告的这一主张。地方法院衡量反方动议时遵循的原则是：有利于 ENSCO 的即决判决只在以下情况下才合适，即①当从最有利于 ETS 的角度查看证据时，不存在真正的重大事实问题；②ENSCO 有权从法律上获得判决。本案调查的证据及相关方证词显示，本案事故原因就是 ETS 的驾驶员超速行驶，除此之外没有任何主体对本案存在过失，因此案件没有事实争议，上诉法院驳回 ETS 的上诉，支持地方法院的一审判决，认定事故清理费用由 ETS 公司承担，被告 ENSCO 不承担费用分摊责任。

三、案例讨论

（一）诉讼所涉及的法律文件、条款

①超级基金法第 113 条；②《美国法典》第 42 卷第 9601 条、第 9607 条、第 9613 条（f）款（1）项；③《有毒物质控制法》；④《运输安全法》；⑤《戈尔修正案》；⑥《众议院报告》；⑦《环境保护法》；⑧《联邦法规汇编》第 40 编第 173.12 条、第 261.8 条、第 262 条、第 761.3 条、761.20 条，第 49 编第 171.2（a）条、第 172.101 条、第 173.24 条。

（二）法院判决争议点

1. 清理费用分摊规则

超级基金法制定时不涉及任何费用分摊规定，在修订过程中对费用如何分摊也有很多的观点出现过。有一点可以明确：费用分摊就像连带责任认定一样具有非常强的个案性，完全列举出衡平因素是不可能的。如今，《美国法典》第 42 卷第 9613 条（f）款中有关于分摊权的明确规定：第一，该规定并未对法院限定任何特定因素清单，也没有要求法院采用任何特定标准，而是使用法院认为合适的衡平因素来衡量个案中的费用分摊方案；第二，举证责任由寻求费用分摊的当事人承担，以确定个案应该纳入哪些考量因素。新的分摊规则从立法程序上表明国会希望法院不要根据自动平分份额的规则来分配清理费用，而是应当依据当事人的相对罪责衡平裁决。

需要明确的另外一点是，在列举法院进行公平分配可能考虑的不同因素时，法院可以考虑几个因素或只根据一个决定性因素逐案裁决，而不是穷尽所有因素进行对标。清理费用的分配可以基于许多公平因素，而在这些因素上可能会有许多相互竞争的证据导致重大的事实问题，分摊问题可能并不总是适合即决判决，但没有显著证据的不能否决即决判决动议。

本案中，结合案情和证据，只有相对过失这一个因素决定了费用承担问题，因为事故是由 ETS 的驾驶员超速行驶造成的，除此因素外，双方均未提交有助于考量衡平因素的证据。

2. 被告 ENSCO 是否存在过失的认定（装载不当与违反美国交通部规定）

在衡平裁定清理费用的过程中，原告认为事故并非仅由驾驶员超速造成，被告 ENSCO 存在一定过错，理由是 ENSCO 的变压器装载不当且违反美国交通部关于有害物质运输的规定。针对这一主张，原告进一步提出依据，其参照《联邦法规汇编》第 40 编、第 49 编中的若干条规定，称多氯联苯属于美国交通部规定中涉及的"有害废物"。但除了援引上述规定，原告并没有向法院提交可以证明 ENSCO 托运的含多氯联苯变压器不符合美国交通部标准的实质证据。

地方法院认为，并未有证据证明事故起因存在任何实质性争议，原告主张的被告装载不当没有证据支持；即使是参照《联邦法规汇编》的规定，多氯联苯也不符合"有害废物"的定义，因为《联邦法规汇编》第 40 编第 261.8 条中特别指出，"处置本章第 761 部分规定的含多氯联苯的介电液体和电气设备时……不受本章第 261—265、268、270、124 部分的限制"。而且，无论是从"商业"还是"处置"定义上，都可以得出如下结论：《有毒物质控制法》允许将含有多氯联苯的变压器运输至废物处置场地。

地方法院进一步认为，美国交通部规定以及相关的《环境保护法》规定应同时适用于本案。然而，如果美国交通部规定与《环境保护法》规定相抵触，则依据与案情密切关系的不同，仅《环境保护法》规定适用于本案裁定。本案中美国环境保护署依据《有毒物质控制法》作出的规定适用于多氯联苯的运输，而美国交通部的《运输安全法》则不适用于本案中多氯联苯的管控，任何可能违反美国交通部规定的行为均与本次过失认定无关，况且美国交通部规定中并未禁止装运装有多氯联苯的变压器。因此原告对 ENSCO 违反美国交通部规定的指控并不成立，ENSCO 已经遵守了《环境保护法》和《有毒物质控制法》的相关规定。上诉法院支持了地方法院的上述意见。

（三）本案启示

1. 连带责任与费用分摊

本案双方当事人就费用分摊采用何种标准产生分歧，因此总结出两种费用分摊方式——按比例分摊和侧重于若干因素的比较罪责分摊的方式。不可否认，在一些情况下，按比例分摊费用的方式是恰当且公平的，但不是必然适用的，因为案件具体情形各异，一般只有先行确定了责任人连带责任的成立，才能分摊费用。此外，为了实现责任配置的公平性，法院需要依据双方提供的因素，选择贴合案情的衡平因素，在负有责任的当事人之间分配应对成本。

2. "戈尔因子"

国会议员艾伯特·戈尔提出 6 个标准作为确定连带责任的温和方法，这 6 个标准通常被称为 "戈尔因子"。根据《戈尔修正案》的规定，当被告可以证明其就环境损害缴纳了一定的分摊额时，法院有权施加连带责任。此外，为分摊损害赔偿，法院也可以考虑这 6 个标准：①各方有能力证明他们对危险废物的排放、释放或处置的份额是可以区分的；②所涉危险废物的数量；③所涉危险废物的毒性程度；④各方参与产生、运输、处理、储存或处置危险废物的程度；⑤基于这种危险废物的特点，各方对有关危险废物的关注程度；⑥为防止对公众健康或环境造成任何危害，各方与联邦、州或地方官员合作的程度。

第十四章

废物生产者与业主和经营者之间
[Generator(s) vs. owner(s) and operator(s)]

案例 20 *美国政府诉泰森污水坑污染案*

(United States v. Tyson)

一、案例背景

（一）基本情况（时间、地点、涉及人员）

本案涉及的环境修复场地是泰森污水坑场地（位于宾夕法尼亚州），包括工业废水导致的地下水、地表水、土壤污染，以及斯库尔基尔河环境的修复和治理。美国环境保护署已经清理了该场地，美国政府依据超级基金法向该场地过去及当前所有者以及工业废水处置公司追偿清理过程中产生的处理费用。

本案第一个被告是富兰克林·P.泰森，1960 年他开始从事垃圾坑里的废物和工业废水的运输业务。1960 年 3 月，泰森购买了泰森污水坑场地——位于宾夕法尼亚州蒙哥马利县上梅里奥镇布朗利路旁边，该场地的尽头和斯库尔基尔河之间有一个铁路站和铁轨，场地两侧均有一条汇入斯库尔基尔河的小支流，泰森污水坑场地向该河倾斜。为进行废物处置，泰森在地面上挖了污水坑，污水坑的底部和侧面未采取防渗措施或安装不透水层。为了防止雨水流入污水坑以及液体废物从污水坑中溢出或流出，泰森在污水坑周围建造了外缘。他首先挖掘了两个污水坑，其中一个污水坑在另一个之上，以期下部的污水坑可以抑制所有溢流，然后他将废水倾倒在上部的污水坑中。当其中一个污水坑中倒满了废水和污泥时，泰森就用泥土覆盖并在此基础上建造了一个新的污水坑。1960 年 6 月，泰森获得了宾夕法尼亚州卫生署和下梅里奥镇政府的批准，将其污水坑用作处置液体废物的垃圾场。泰森使用这两个污水坑处置污水、垃圾坑废物以及化学或工业废水。20 世纪 60 年代中期，泰森污水坑场地散发出恶臭。宾夕法尼亚州卫生署以及宾夕法尼亚州环境资源部通知泰森，其污水坑场地中的废水直接排入斯库尔基尔河这一行为违反了宾夕法尼亚州的法律。从 1964 年到 1966 年，因违反《清洁溪流法》，泰森被传唤并罚款至少 3 次，但其依旧没有纠正违法行为。1965 年到 1966 年，宾夕法尼亚州卫生署再次通知泰森：其污水坑场地的运作造成了联邦水域污染，命令其停止向该污水坑场地倾倒废水。1966 年，宾夕法尼亚州检察总长要求泰森在其污水坑场地入口处建造一道物理屏障。于是泰森在其污水坑场地入口处铺设了一根电缆并告知宾夕法尼亚州的检察总长，他已开始在其他场所处置废水，但这只是泰森对法律责任的规避和推脱。为了不被罚款，泰森每次都会填充污水坑并建造新的污水坑，或者在污水坑周围建造护堤，然而护堤无法阻止化学物质从土壤中浸出所造成的环境污染。泰森通常可以在上梅里奥镇下水道或奥哈拉垃圾填埋场找到处置垃圾坑废物的替代处置场地，然而他无法将任何废水排放到下水道或运输到奥哈拉垃圾填埋场。因此泰森无视罚款和宾夕法尼亚州检察总长的要求，继续将废水排放到泰森污水坑场地。

本案第二个被告通用设备公司（General Devices，Inc.）是新泽西州的一家公司，其主要从事为各种企业提供经验丰富的工程、科技和其他技术人员的合同技术服务。1968 年，经过泰森的游说，通用设备公司在已经知道或应该知道泰森因运输工业及污水废物而被宾夕法尼亚州卫生署罚款，且知道泰森打算在污染物快速处理后继续向其污水坑场地中倾倒废水的情况下与泰森以书面形式约定成立污染物快速处理公司，该公司于 1968 年 6 月 26 日在宾夕法尼亚州成立。泰森向污染物快速处理公司提供了泰森污水坑场地、油罐车、推土机、前端装载机和其他设备、客户名单及商誉权。通用设备公司向污染物快速处理公司供款 60 000 美元。在付清泰森的设备欠款和公司债务后，剩下的钱成为污染物快速处理公司的资本公积。1968 年 9 月 25 日，泰森污水坑场地的所有权由泰森移交给污染物快速处理公司。通用设备公司收购了污染物快速处理公司，污染物快速处理公司的大多数官员和董事由通用设备公司的官员、董事或雇员担任。通用设备公司主动参与污染物快速处理公司的各项管理，在已经知道或应该知道污染物快速处理公司将废水倾倒于泰森污水坑场地这一行为违反了州法律的前提下，通用设备公司及其任何一家子公司均未采取任何措施禁止将废水排入泰森污水坑场地。这也成为该公司被认定为污染事故责任人的重要依据。1969 年 10 月 31 日，污染物快速处理公司同意将泰森污水坑场地的所有权转让给通用设备公司，通用设备公司获得该场地所有权后，泰森便不再向泰森污水坑场地排放工业废水，但通用设备公司没有对场地的污染进行管控，还放任工业废水的排放。1973年，在环保相关人员的通知要求下，通用设备公司聘请爱思（Ace）处置服务公司（并非专业的工业废水处理公司）将污水坑中的工业废水抽出，但爱思处置服务公司只抽出了上部废水，并没有将污水坑的浓稠油状黑色物质清除，随后污水坑被泥土填埋，这样的处理方式显然不能排除污染的进一步扩散。1983年2月25日，美国环境保护署口头要求通用设备公司清理泰森污水坑场地并进一步指出，如果通用设备公司不按照要求清理场地，美国环境保护署将负责清理上述场地，并根据超级基金法的规定向通用设备公司追偿相关费用。然而，通用设备公司不同意清理该场地。

本案的第三个被告是汽巴嘉基有限公司（Ciba-Geigy Corporation），因为汤姆河化学品公司（如今归汽巴嘉基有限公司所有）在泰森污水坑场地排放了三氯丙烷，泰森处置了这些废物。在泰森污水坑场地处置的汤姆河化学品公司的一些三氯丙烷含有重质馏分（重质残油），其来自环氧氯丙烷生产过程中使用的净化蒸馏塔。《固体废物处置法》第3001条和《美国法典》第42卷第6921条将重质馏分（重质残油）列为有害废物（废物K-017），因此汽巴嘉基公司是污染物质的生产者。

1986年美国政府起诉泰森污水坑场地相关污染事故责任人，被告包括通用设备公司、汽巴嘉基公司以及泰森。截至诉讼时，通用设备公司是泰森污水坑场地的当前所有者，汽巴嘉基有限公司是在泰森污水坑场地处置的有害废物的生产者，泰森曾在泰森污水坑场地处置此类有害废物。美国政府要求三个被告共同承担泰森污水坑场地环境污染修复行动中已经产生和未来将要产生的费用。在诉讼过程中，被告通用设备公司和汽巴嘉基有限公司将惠氏实验室股份有限公司（Wyeth Laboratories, Inc.）、埃塞克斯集团公司（Essex Group, Inc.）、史克贝克曼公司（SmithKline Beckman Corporation）以及巴德公司（Budd Company）列为本案的第三方被告。多方被告就分摊费用的责任人认定产生了分歧。1986年6月，法院开庭（无陪审团）审查了本案中有关责任问题的证据，即就被告或第三方被告是否属于《美国法典》第42卷第9607条规定的责任人这一问题给予了事实和法律上的认定。

（二）污染物及环境损害

本案涉及工业废水不合理存储和处置导致的地下水污染、地表水污染、土壤污染和河流水源污染问题，并对周围环境和公众健康产生重大的潜在风险。

泰森污水坑场地上有强烈的化学气味，部分土壤呈红棕色且有渗滤液溢出。通过对场地土壤、沉积物、水和空气样品的提取和化验发现，泰森污水坑场地中存在以下污染物：1,2,4-三氯苯、1,2-二氯苯、甲苯、乙苯、二甲苯、1,2,3-三氯丙烷和铜。这些有害物质浸入土壤和地下水中，需要采取紧急移除行动，清理现存污染。

在污水坑储存、处置废水的环节，由于污水坑的底部和侧面未采取防渗措施，仅靠两个污水坑的上下结构和周围建造的外缘不足以隔绝废水的溢流和污染，废水中的污染物会持续对地表水、地下水及土壤产生危害。20世纪60年代，泰森污水坑场地已经导致空气中弥漫难闻的化学气味，场地里的液体在不同时间呈现铁锈色、黑色或红色，废水的渗滤液从地表流入斯库尔基尔河，造成了更大范围的污染。此外，在地表径流中还发现有废水排放，该场地已经不单纯是一个废物处置的场地，而是混合了废水排放，而场地拥有者并没有阻止这种非法排放行为。汤姆河化学品公司在泰森污水坑场地排放了三氯丙烷，一些三氯丙烷中含有重质馏分（重质残油），其来自环氧氯丙烷生产过程中使用的净化蒸馏塔。

在泰森污水坑场地被勒令修复的阶段，宾夕法尼亚州环境资源部认为污水坑中酚类、铁的含量和pH值不符合规定，要求通用设备公司排空含有污染物的污水坑，回填、平整并压实污水坑，或以其他方式进行处理，使其符合宾夕法尼亚州环境资源部的规定。通用设备公司聘请爱思处置服务公司将污水坑中的废水抽出，但爱思处置服务公司并未将每个污水坑底部的浓稠油性黑色物质清除，随后挖掘承包商用泥土填满了这些污水坑。通用设备公司没有安排移除或处置场地中的受污染土壤，也没有调查场地中具体存在哪些污染物。实际上，受污染的化学物质并未从场地移除，且在积水及受污染的地表水从场地流出时发生扩散。

以上有害物质的释放造成了公共卫生风险、难闻的气味、水域污染和土壤污染，对环境及公众健康造成了重大不良影响。

二、诉讼过程

(一) 原告与被告

原告：美国联邦政府。

被告：通用设备公司、汽巴嘉基有限公司、富兰克林·P. 泰森。

第三方被告：惠氏实验室股份有限公司、埃塞克斯集团公司、史克贝克曼公司、巴德公司。

备注：因为没有证据表明巴德公司曾经将废水倾倒入泰森污水坑场地，经相关方同意，已经撤回了对巴德公司提起的诉讼。

(二) 原告诉讼法律依据与被告辩驳依据

1. 原告诉讼法律依据

1986 年，美国政府根据《美国法典》第 9607 条的规定起诉泰森污水坑场地相关污染事故责任人，被告包括通用设备公司、汽巴嘉基有限公司以及富兰克林·P. 泰森。具体而言，被告通用设备公司的行为符合《美国法典》第 9607 条 (a) 款 (1) 项的构成要件，即泰森污水坑场地属于法律规定的场地，该场地已经发生了有害物质的释放和潜在释放，该场地的有害物质释放和潜在释放产生了相应的处理费用，通用设备公司是该场地的当前所有者。基于此，通用设备公司应该承担费用的分摊责任。被告汽巴嘉基有限公司已经承认，根据超级基金法第 107 条以及《美国法典》第 42 卷第 9607 条 (a) 款 (3) 项的规定，其属于本次事故的责任人，原因是汤姆河化学品公司曾在泰森污水坑场地处置有害物质，该场地如今仍含有同样的有害物质，且因此类活动释放了一些有害物质并因此产生了一定的处理费用。在这种情况下，可以根据超级基金法的规定使有害废物的生产者承担相应的责任。

2. 被告辩驳依据

本案其中两个被告提出追加第三方被告的诉讼，要求惠氏实验室股份有限公司、埃塞克斯集团公司、史克贝克曼公司和巴德公司对救济和损害赔偿承担连带责任，理由是上述当事人都曾将自己生产作业中产生的污染物质投入泰森污水坑场地进行处理，而那些污染物质均是符合法律规定的有害物质，因此上述当事人对该场地的污染负有一定责任。被告引用了超级基金法来追究其他潜在责任人的责任，目的是减轻自己的赔偿负担。

被告富兰克林·P. 泰森和汽巴嘉基有限公司已经承认自身行为符合《美

国法典》第 42 卷第 9607 条的规定，但汽巴嘉基有限公司认为对过去的合法
行为追溯施加责任违反了法律条款不得追溯适用和规定不成比例惩罚的宪法
保障。被告通用设备公司辩称，基于以下原因及《美国法典》第 42 卷第 9607
条（a）款（1）项的规定，其无须承担相关责任：①通用设备公司已经准备
好专家鉴定人的证词，以证明根据超级基金法的规定，判定由通用设备公司
承担清理费用是不合理的，理由是清理活动不利于通用设备公司；②通用设
备公司应承担最低减让责任；③由于通用设备公司提供了证据证明汽巴嘉基
有限公司在泰森污水坑场地任意处置工业废水，通用设备公司本应证明其相
对无责；④通用设备公司有权提起《美国法典》第 42 卷第 9607 条（b）款
（3）项中规定的第三方/正当抗辩；⑤追溯适用超级基金法，使在审判前 16
年收购场地的无辜土地所有者对其他人排放到该场地的物质负有严格责任，
这一做法违反了《美国宪法》第五修正案中的程序性和实质性正当程序保障。

（三）法院判决及决定性依据

法院根据超级基金法第 107 条、《美国法典》第 42 卷第 9607 条判决：①通
用设备公司不属于无辜土地所有者；②通用设备公司无权提起超级基金法第
107 条（b）款项下的抗辩；③相关责任的追溯并未违反宪法；④所有被告均
构成本次事故的责任人；⑤三个第三方被告均构成本次事故的责任人；⑥各
责任人承担连带责任，承担美国环境保护署在清理场地过程中产生的费用。

1. 富兰克林·P. 泰森的责任

富兰克林·P. 泰森作为污染场地曾经的所有者，承认其接收了含有有害
物质的工业废水并将其运输和倾倒在泰森污水坑场地。泰森污水坑场地属于
超级基金法中规定的场地，该场地发生过有害物质释放，且因此类释放产生
了超级基金法规定的清理费用。法院早已根据审判时收到的证据作出了此类
判决，在无法确定富兰克林·P. 泰森损害赔偿额的情况下不能响应缺席判决
动议。因此，法院认为富兰克林·P. 泰森应作为《美国法典》第 42 卷第
9607 条（a）款（4）项中规定的责任人承担相应的责任。

2. 汽巴嘉基有限公司的责任

汽巴嘉基有限公司已经承认其符合超级基金法第 107 条以及《美国法典》
第 42 卷第 9607 条（a）款（3）项规定的责任构成要件：汽巴嘉基有限公司
在泰森污水坑场地处置有害物质，这些有害物质被《固体废物处置法》第
3001 条、《美国法典》第 42 卷第 6921 条规定为有害废物，这些有害废物当下

仍存在于该场地中，处置这些有害废物产生了一定的费用。在明确超级基金法可以追溯使用的情况下，法院认定汽巴嘉基有限公司属于本次事故的责任人，应作为有害废物的生产者承担相应的费用分摊责任。

3. 通用设备公司的责任

从 1969 年 11 月 14 日至纠纷发生当日，通用设备公司始终是泰森污水坑场地的所有者。在存储、处置泰森污水坑场地中的有害物质时，通用设备公司从未获得《固体废物处置法》C 分编、《美国法典》第 42 卷第 6921 条规定的相关许可，客观上在泰森污水坑场地造成了有害物质的不当储存和释放，由此产生了相应的处理费用，符合《美国法典》第 42 卷第 9607 条（a）款的责任构成要件，且通用设备公司的抗辩不成立，因为超级基金法采取的是严格责任原则，潜在责任人的故意不当行为的赔偿责任限定并不免除任何其他方的责任。此外，通用设备公司不属于无辜且不知情的土地所有者。事实上，通用设备公司将污染物倾倒在泰森污水坑场地，污染了宾夕法尼亚州的水域，不符合《美国法典》第 42 卷第 9607 条（b）款（3）项无须承担责任的构成要件，因此通用设备公司的各项抗辩均不成立，应承担清理场地所产生的费用。

4. 惠氏实验室股份有限公司的责任

惠氏实验室股份有限公司是宾夕法尼亚州西切斯特一家制药厂的所有者和经营者，在化学流程中使用的有害溶剂有时会聘请污染物快速处理公司帮忙处理。惠氏实验室股份有限公司将废溶剂（即"可燃混合溶剂"或 BMS）装在储罐中，富兰克林·P. 泰森或其一名司机从惠氏实验室股份有限公司场地接收废溶剂并将其倾倒到泰森污水坑场地中。储罐中的二甲苯和甲苯属于超级基金法中界定的有害废物，处置这些有害物质产生了费用，因此惠氏实验室股份有限公司需要承担赔偿责任。

5. 埃塞克斯集团公司

埃塞克斯集团公司经营一家铜线制造厂，该制造厂位于宾夕法尼亚州康舍霍肯市赫克托街附近。埃塞克斯集团公司在康舍霍肯工厂制造铜线，生产过程中会产生废物铜泥。该公司聘请富兰克林·P. 泰森移除铜线绘图罐中的废液以及铜泥。埃塞克斯集团公司的绝大多数或全部废物均倾倒到了泰森污水坑场地。铜属于超级基金法中界定的有害物质，因此根据《美国法典》第 42 卷第 9607 条（a）款（3）项的规定，埃塞克斯集团公司构成此次事故的责任人。

6. 史克贝克曼公司

史克贝克曼公司是一家制药厂的所有者和经营者，在其两处场地的作业中产生了有害物质。史克贝克曼公司聘请富兰克林·P. 泰森倾倒含有有害物质甲苯和二甲苯的废物，富兰克林·P. 泰森将此类废物倾倒到泰森污水坑场地中，后来在该场地中发现了甲苯和二甲苯，且由于泰森污水坑场地发生了有害物质释放并由此产生了一定的处理费用，根据《美国法典》第 42 卷第 9607 条（a）款（3）项的规定，史克贝克曼公司构成此次事故的责任人。

三、案例讨论

（一）诉讼所涉及的法律文件、条款

①超级基金法第 107 条（a）款、（b）款；②《联邦证据规则》第 803 条；③《美国法典》第 42 卷第 6921 条、第 9601 条、第 9603 条（c）款、第 9607 条；④《固体废物处置法》第 3001 条。

（二）法院判决争议点

1. 对超级基金法溯及效力的争议

法不溯及既往是法律的一项基本原则，表现在国家不能用现在制定的法律去约束人们过去的行为，更不能用现在的法律处罚人们过去从事时合法而现在违法的行为，以此保护人们的信赖利益，维护社会稳定。美国 1978 年宪法规定：溯及既往的法律不得通过。本案中，被告对超级基金法的溯及效力产生怀疑，认为其违反了宪法正当程序的要求，违反了法不溯及既往这一基本原则。

法院认为，本案追溯适用超级基金法不违反宪法。首先，为调节经济生活中的负担和利益，宪法是允许国会追溯性立法的。其次，超级基金法本身没有规定环境责任的溯及问题，但是以往联邦法院的判例中将其解释为溯及既往地适用于该法生效前危险物质的不当处置行为。该法的立法目的并不是惩罚性的，而是保护公共安全，恢复历史遗留环境污染场地的生态，对多年积累的危险废物场地进行清理和恢复，以免继续危害公众健康或环境，因此溯及既往具有一定的合理性和必要性。

2. 对超级基金法责任承担的争议

被告通用设备公司认为其不应作为责任人承担责任，提出的抗辩包括最低减让责任、《美国法典》第 42 卷第 9607 条（b）款（3）项中的第三方/正当抗辩、追溯适用超级基金法违背宪法的程序性和实质性正当程序保障。法院认为，根据超级基金法第 107 条（b）款，潜在责任人若要不承担责任，需要通过优势证据证明，危险物质的释放或释放危险系由以下原因所致：①不可抗力；②战争；③由第三人的作为或不作为导致，而潜在责任人尽到了合理的注意义务并采取了预防措施。本案中，被告提出的抗辩理由不能成立，事实上通用设备公司并不是无辜土地所有者，无法通过证明第三方对环境损害负有责任而免除自身的责任。另外，追溯适用超级基金法并不违背宪法，因此通用设备公司依旧要承担超级基金法项下的赔偿责任。

（三）本案启示

通过本案可以看出，超级基金法设置的环境侵权责任十分严格，与污染场地有关联的潜在责任人，无论过错与否，都应当就相应的响应费用和自然资源损害承担责任。一个污染场地涉及的责任主体非常广泛，性质各不相同，如污染场地的经营者和所有者，污染物的产生者，污染物的存储者、运输者等。法院通常认为根据超级基金法第 107 条，潜在责任人的责任是连带的，任何一方当事人认为自己应当免除或减轻责任时都对免除和减轻责任承担举证责任，若无法有效证明自身与损害无关联，则应当承担连带赔偿责任。

超级基金法是以修复既往环境损害为立法目的的，主要以追偿修复费用为责任承担方式，通过非惩罚性立法决策调整经济生活负担，因此该法具有追溯效力。超级基金法可以对立法之前产生并一直延续到立法之后尚未解决的损害赔偿问题进行调整，而不违反法不溯及既往的基本原则。

案例 21　泽西市重建局诉 PPG 工业公司案

（Jersey City Redevelopment Auth. v. PPG Indus.）

一、案例背景

（一）基本情况

本案涉及的环境污染场地是一个位于泽西市第九大街的住宅开发区，该场地在 1983 年 1 月 20 日首次发现污染物质铬时归泽西市重建局所有。泽西市重建局在性质上属于市政公司，原本负责涉案场地的市政建设，亦是本案的原告，其已经为第九大街场地的污染支付了大额清理费用，现在向相关污染责任人提起追偿清理费用的诉讼。

1974 年 11 月 25 日，泽西市重建局与安布罗西奥公司，就本案场地的拆除和清理达成协议，由安布罗西奥公司拆除该场地上的原有建筑物。在拆除过程中，安布罗西奥公司使用砖块和其他杂物填充了所拆除建筑物的地下室，其中一些填埋材料是从附近的下水道中挖掘的，剩余的填埋材料是安布罗西奥公司从劳伦斯建筑公司（Lawrence Construction Company）购得的，来源于嘉菲尔德大道上的一处场地，而这处场地上的填埋材料正是导致第九大街场地污染的直接原因。

嘉菲尔德大道上的场地曾被用作铬处理工厂，PPG 工业公司（PPG Industries）是铬处理工厂的前所有者。1954 年到 1964 年，PPG 工业公司直接或者间接通过其子公司在铬处理工厂进行铬矿加工，开展正常的生产活动。在铬矿的加工过程中会产生一种含铬的泥渣，随着加工过程的进行，含铬的泥渣或废泥浆大量残留在铬处理工厂中。据估计，从 1958 年 1 月到 1963 年 7 月，PPG 工业公司共产生了 73 200 吨废泥浆。在此期间，各承包商定期清理铬处理工厂中的废泥浆，并将其用作各建筑项目的填埋材料，包括公共工程项目。将此类材料用作填埋材料的承包商中就包括本案的被告之一劳伦斯建筑公司。自 1954 年开始，PPG 工业公司就知道铬处理工厂因为铬加工而存在的潜在健康危害。美国工业卫生基金会在 1954 年编制的详细报告中阐明了铬加工的风险并将详细报告分发给行业内的公司，PPG 工业公司收到过这份报告，且铬处理工厂内从事加工工作的员工出现过鼻穿孔、皮肤溃疡（也称为铬疮）和肺癌等病症。尽管上述事实证明 PPG 工业公司充分知晓铬处理工厂可能对员工造成健康风险，但其知晓范围仅限于直接接触残留物，并不知晓残泥浆会造成特定的健康风险。出于各种综合因素的考虑，PPG 工业公司在 1963 年 7 月停止了在铬处理工厂的生产活动，于 1964 年为该场地寻找买家。1964 年 7 月 13 日，PPG 工业公司和克利夫联合公司（Clif Associates）就购买嘉菲尔德大道场地达成协议。

克利夫联合公司也是本案的被告之一，与本案的另一被告劳伦斯建筑公司是关联公司。早在场地协商出售之前，劳伦斯建筑公司就已经在嘉菲尔德大道场地获取废泥浆并用作填埋材料，因此劳伦斯建筑公司和克利夫联合公司的代表知悉 PPG 工业公司的工厂曾加工过铬矿。协议中还特别提到了场地存在相关化学品，但是其对上述具体的健康危害不知情。克利夫联合公司买下该场地后在其中建造了几个仓库，场地中的废泥浆依旧被用作各建筑项目的填埋材料。1973 年，劳伦斯建筑公司和克利夫联合公司收到了哈勒测试实验室发出的一份报告，得知嘉菲尔德大道场地土壤中存在重金属铬。被用作填埋材料的存在重金属铬的废泥浆出现了膨胀，对嘉菲尔德大道场地及其他场地的施工造成了影响，因此需要进行清除。虽然这份报告不足以让劳伦斯建筑公司和克利夫联合公司获知铬残留物质会造成健康危害，但足以使其知晓含铬废泥浆有可能引发施工问题，进而诱发相关环境问题。然而劳伦斯建筑公司和克利夫联合公司并未给予充分的关注。PPG 工业公司作为铬处理工厂原所有者和废泥浆产出者，在能够预见劳伦斯建筑公司和克利夫联合公司使用废泥浆作为填充材料的情况下，也未将自身知悉的健康风险进行告知。

1982 年 5 月，泽西市政府告知 PPG 工业公司，之前归其所有的嘉菲尔德大道场地可能已受污染。1983 年 6 月，新泽西州环保局告知劳伦斯建筑公司和克利夫联合公司，已在嘉菲尔德大道场地中发现了六价铬。六价铬为吞入性毒物/吸入性极毒物，皮肤接触可能导致过敏，更可能造成遗传性基因缺陷，吸入可能致癌，对环境有持久性危险。1983 年 1 月 20 日，首次在第九大街场地中发现铬：在当时所提取的样品中发现了高含量的铬，并且发现了铬迁移的一些证据。虽然当时似乎并未产生任何重大或直接健康风险，但其中存在一定的环境风险这一点是毫无疑问的，且根据当时的适用标准，第九大街部分场地被界定为含有有害废物的场地。1983 年 8 月 4 日，新泽西州环保局要求第九大街场地所有者（本案原告）采取必要措施保护公共卫生和环境，要求其就污染程度划定以及第九大街场地中受污染材料的挖掘、清除提交一份工作计划。原告按照上述要求提交工作计划并展开清理工作。在清理过程中，原告支付了高昂的费用，因此依据超级基金法和《美国法典》的相关规定，向铬处理工厂场地所有者、废泥浆运输者和产出者等相关责任人进行索赔，要求相关责任人承担费用。

本案第一阶段于 1987 年 3 月审结，就原告是否能在 PPG 工业公司的侵权诉讼上胜诉以及劳伦斯建筑公司和克利夫联合公司在购买铬处理工厂场地时是否缺乏必要知识等问题进行了裁决。本案的第二阶段对原告是否构成责任人、安布罗西奥公司是否违约或需分摊赔偿责任、PPG 工业公司与劳伦斯建筑公司及克利夫联合公司的责任认定问题进行了裁决说明。第三阶段发生在

1987 年 12 月，争议焦点为原告在诉讼中的律师费和专家费应如何确定数额并由何者承担。

（二）污染物及环境损害

本案主要涉及土壤污染，并对周围环境和公众健康产生重大潜在风险。污染物质是铬处理工厂运作产生的废泥浆，这些物质中含有超量的铬，被用作建筑项目的填充材料时，不仅会导致项目施工存在安全隐患，还会直接污染土壤，并顺着土壤产生污染迁移。此外，六价铬是可吸入毒物，直接接触可能导致铬疮、鼻穿孔或肺癌等特定健康危害；浓度高时，未接触也可因吸入而造成健康风险。本案中第九大街场地毗邻公共图书馆和公共学校，高含量的铬虽然未产生重大或直接的健康风险，但是场地的清理也是刻不容缓的。按照当时实验室测定的数据，参照适用标准，第九大街场地的某些部分属于含有有害废物的场地，必须采取必要措施保护公共卫生和环境。

（三）场地清理过程及费用

根据新泽西州环保局的要求，原告聘请德累斯顿联合公司按照新泽西州环保局的要求编制清理计划，并按照环保局的要求于 1983 年 9 月 7 日提交了一份计划草案。草案被新泽西州环保局基本认可后，原告又向新泽西州环保局提交了一份由地质工程公司编制的计划，该计划是关于挖掘并清除第九大街场地中的受污染土壤，并净化铬迁移所涉及的相邻消防站的。清除工作最终承包给了低价竞标者塞科斯国际公司。根据新泽西州环保局的授权，该工程于 1983 年 12 月 27 日开始，并于 1984 年 1 月 17 日结束。法院认为，原告在选择承包商进行研究并开展相关工作的过程中采取了适当且合理的行动，并聘请了一名高资质且称职的顾问。在第九大街场地实际开展的具体工作包括场地围栏安装、土壤和地下水取样、相邻学校和图书馆的灰尘取样、场地材料的最终挖掘和清除、相邻消防站的净化和防水。1984 年 2 月 22 日，新泽西州环保局告知原告，铬污染已得到充分缓解，且相邻的连栋房屋可继续施工。

原告因清理第九大街场地的污染支付了大量的费用，具体包括：

（1）527 960.50 美元用于挖掘受污染材料并将其运至位于纽约尼亚加拉大瀑布的某有害废物填埋场；

（2）39 562.50 美元用于购买新的填埋材料；

（3）3 888.34 美元用于在消防站墙壁上安装膨润土板；

（4）4 553.00 美元用于在第九大街场地安装围栏。

此外还有两项费用：因为德累斯顿联合公司负责监督修复工程并代表原告开展与本次诉讼有关的调查工作，所以获得了 69 667.41 美元的报酬；至 1986 年 12 月 15 日，原告支付了 64 232.47 美元的律师费用。上述所有费用截至目前共计 709 864.22 美元。

针对清理费用的数额，被告认为原告在实施清理工作时产生了不必要且不合理的费用，有成本更低的替代方案而原告未选择。一方面，原告对污染区域清理深度超过必要程度；另一方面，未区分非有害废物场地，对土地均按危险废物场地处置导致成本虚高。法院在结合专家证人解释说明的基础上对被告这两个主张分别给予判定，认为虽然不同专家会得出不同结论，但没有证据表明污染区域的开挖深度存在不合理和不必要之处，因此被告的第一个主张不能成立；而针对几乎没有被污染的地表区域，核算大概有 800 立方码的土壤，这一部分确实可以不按照危险废物处置，能节约相当一部分的成本开支，被告的第二个主张可以成立。当时在有害废物场地处置土壤的成本为每立方码 165 美元，如果当时将这些土壤输送到非有害废物场地进行处置，则土壤处置成本为每立方码 20 美元，计算可得出 116 000 美元（800 立方码×145 美元/立方码）的差额，属于一笔不必要且不合理的费用，应从 709 864.22 美元中扣除，扣除后的数额为本案目前合理的场地清理费用，即 593 864.22 美元。

二、诉讼过程

（一）原告与被告

原告：泽西市重建局。

被告：PPG 工业公司、劳伦斯建筑公司/克利夫联合公司、安布罗西奥公司、新泽西国际信用保险公司和哈特福特公司（安布罗西奥公司的担保公司）。

（二）原告诉讼法律依据与被告辩驳依据

1. 原告诉讼法律依据

1987 年，泽西市重建局根据超级基金法第 107 条、《美国法典》第 42 卷第 9607 条向 PPG 工业公司、劳伦斯建筑公司/克利夫联合公司、安布罗西奥公司、新泽西国际信用保险公司和哈特福特公司提起诉讼，针对泽西市第九大街场地填埋材料中含有污染物质铬引发的环境修复费用进行追偿，要求认定PPG工业公司、劳伦斯建筑公司/克利夫联合公司、安布罗西奥公司为本次事故的责任人，共同承担原告已经支付的场地清理费用以及聘请专家和律师的费用。原告认为被告PPG工业公司和劳伦斯建筑公司/克利夫联合公司对场地污染存在过错，分销含有有害物质的填埋材料属于异常危险的处置活动，无论是否对特定的健康风险知情，都应将自身所知的场地含铬情况告知填埋材料的购买者和使用方，而以上被告并未尽到告知义务，因此应对污染承担严格责任，分摊清理费用。原告认为被告安布罗西奥公司未交付清洁的填埋材料，构成违约；安布罗西奥公司将填埋材料运输到第九大街场地供原告使用，对填埋材料的品质有欺诈和虚假陈述，致使原告使用了不符合清洁标准的填埋材料，因此也属于本次事故的责任人。安布罗西奥公司与其担保公司——新泽西国际信用保险公司和哈特福特公司——需要对本次清理费用进行分摊。

2. 被告辩驳依据

被告PPG工业公司针对原告的诉讼请求反驳如下：①PPG工业公司不应负严格责任，因为早在1964年其就已经将污染填埋材料的来源铬处理工厂场地出售给克利夫联合公司，与第九大街场地污染没有直接关联，不应承担清理费用的分摊责任；②依据超级基金法第107条（a）款，原告属于责任人，应分摊清理费用；③原告的律师费用、与诉讼相关的专家费用不应由被告PPG工业承担；④对被告劳伦斯建筑公司/克利夫联合公司提出交叉索赔请求，要求进一步细分费用承担的比例。

被告劳伦斯建筑公司/克利夫联合公司针对原告的诉讼请求反驳如下：①原告的清理费用数额计算不合理，其中包括了不必要的费用，应予以扣除；②自身未产生铬废物，亦对铬产生的健康风险不知情，构成超级基金法中的"无辜土地所有者"，不应被认定为本事故的责任人，进而无须承担清理费用的分摊责任；③对PPG工业公司提出交叉索赔请求，认为PPG工业公司在出售铬处理工厂场地时故意隐瞒与铬相关的风险，要求PPG工业公司进行赔偿；④主张大幅度减少律师费用和诉讼中的专家费用。

被告安布罗西奥公司针对原告的诉讼请求反驳如下：自身的运输行为并不构成超级基金法中的"处置"行为，且其对填充材料中的危险物质并不知情，不存在欺诈和违约行为，不应作为责任人分摊清理费用。

（三）法院判决及决定性依据

根据超级基金法第 107 条、《美国法典》第 42 卷第 9607 条和《侵权法重述（第二版）》第 520 条、第 886A 条，法院判决：①原告属于责任人，但基于公平性的考虑，原告不承担清理费用的分摊责任；②被告 PPG 工业公司和劳伦斯建筑公司/克利夫联合公司是本次污染事故的责任人，对损害承担连带的严格责任，平均分摊清理费用；③被告安布罗西奥公司的运输行为不构成违约和欺诈，不属于本次事故的责任人，不承担清理费用的分摊责任；④原告的清理费用扣除不必要处置部分，认定共计 593 864.22 美元；⑤原告的律师费用和诉讼相关的专家费用在原告的主张基础上减少 50%，由被告劳伦斯建筑公司/克利夫联合公司承担；⑥对被告 PPG 工业公司和被告劳伦斯建筑公司/克利夫联合公司之间要求细分分摊责任的交叉诉讼予以驳回。

1. 被告 PPG 工业公司的责任

PPG 工业公司作为铬处理工厂原所有者，在经营过程中产出了含铬的废泥渣，正是这些工业废物被用作填埋材料导致了涉案场地的污染。虽然早在本案污染产生之前，PPG 工业公司已经将铬处理工厂场地转卖他人，但在明知道转卖后购买者会将场地的工业废料转卖他人使用的情况下，仍未将自身知道的环境和健康风险告知场地购买者，因此存在过失。此外，法院认为 PPG 工业公司在经营期间已经有过出售含铬废泥浆的行为，这样的分销行为是异常危险的处置活动，虽然其辩称本次污染与其分销活动没有直接关联，但根据超级基金法，参与某项异常危险的处置活动的一方不应从介入方的偶然过失中获益。因此被告 PPG 工业公司应当对本案污染承担严格责任。

2. 被告劳伦斯建筑公司/克利夫联合公司的责任

被告劳伦斯建筑公司/克利夫联合公司作为铬处理工厂场地的购买者，对废料中含有铬元素是知情的。劳伦斯建筑公司/克利夫联合公司购买场地后继续将含有铬的废料分销给他人作为填埋材料，虽然其抗辩称 PPG 工业公司在出售场地时隐瞒了相关信息，致使其不知道该场地存在具体的健康风险，但其本身并没有对作为填埋材料的工业废渣给予应有的关注，因此不构成超级基金法第 107 条项下的无辜土地所有者。劳伦斯建筑公司/克利夫联合公司对购买场地的调查缺失，且分销行为异常危险，在分销过程中未尽到充分的风险告知义务，存在一定过失，分销出去的填埋材料直接造成了第九大街场地的污染，因此应与 PPG 工业公司一起承担严格责任，平均分摊本案清理费用。

此外，超级基金法项下的责任分摊并不影响律师费用的分配，法院可就费用数额作出衡平判决。原告主张的律师费用和诉讼相关的专家费用，经合理减少一半后，由劳伦斯建筑公司/克利夫联合公司承担。

3. 被告安布罗西奥公司

被告安布罗西奥公司从劳伦斯建筑公司/克利夫联合公司处购买了含有铬的填埋材料并运输到泽西市第九大街。虽然这是导致本案污染产生的直接因素之一，但是被告安布罗西奥公司并不需要对清洁材料进行任何化学分析，也没有理由知道其交付的填埋材料是已经受到污染的，因此不存在违约和欺诈行为。另外，根据超级基金法第107条的规定，要想认定安布罗西奥公司为责任人，必须证明其运输行为具有以下特定目的地之一：①处置场地；②处理场地；③运输者所选的场地。本案第九大街场地不属于以上任何一种类型的场地，也不是由安布罗西奥公司选定的，因此不能认定安布罗西奥公司为本案的责任人，安布罗西奥公司不对原告承担任何责任。相应的，作为安布罗西奥公司担保公司的新泽西国际信用保险公司和哈特福特公司也无须承担相关责任。

4. 关于原告泽西市重建局主张费用的认定

原告主张追偿的损害清理费用共计709 864.22美元，但被告对费用的必要性和合理性产生怀疑。经法院查明，有害物质浓度较高的区域是第九大街场地原建筑物和相邻建筑物的边界内，对这一区域的处置毋庸置疑。剩余的几乎或根本没有有害废物迹象的区域，确实不需要在有害废物场地进行处置，将这类土壤从高污染区域分离，采用更为划算的方法处理是可以节约成本的。因此在扣除这部分不合理费用后，法院认定可追偿的清理费用共计593 864.22美元。

三、案例讨论

（一）诉讼所涉及的法律文件、条款

①超级基金法第107条；②《联邦普通法》；③《联邦民事诉讼规则》第52条（a）款；④《美国法典》第42卷第9607条；⑤《化学品法规和有害废物法》第607条；⑥《有害物质处置和地下施工法》；⑦《侵权法重述（第二版）》第520条、第886A条；⑧《超级基金修改和再授权法》；⑨法律的扩展——有毒废物诉讼。

（二）法院判决争议点

1. 对过失责任的认定

本案中被告PPG工业公司和劳伦斯建筑公司/克利夫联合公司都声称自己对铬具体产生的污染和健康风险不知情，以期减免自身未尽告知义务的赔偿责任。然而，有证据证明PPG工业公司知晓铬矿的潜在健康危害，无论是从卫生基金会的报告还是从工厂员工的病症上，PPG工业公司都应该对铬处理工厂的生产和废料的后续处理给予更多的关注，也应该在出售场地时将自己知道的风险全部告知买方，而它没有履行告知义务，因此存在过失。劳伦斯建筑公司/克利夫联合公司虽然不知道具体的健康损害，但是知晓所购买场地之前是铬处理工厂，且在哈勒测试实验室告知其填埋材料膨胀影响施工时，劳伦斯建筑公司/克利夫联合公司应该知晓残留物可能引发环境问题，然而其也没有在后续分销填埋材料时对买方进行提醒，因此亦存在过失，应承担责任。

2. 对原告是否为责任人并分摊费用的争议

本案被告认为原告也属于污染场地的责任人，因为第九大街场地的污染发生时，原告是该场地的所有者，所以应该分摊一部分清理费用。但是法院认为，即使根据超级基金法第107条（a）款的规定认定原告属于责任人，也不需要由原告分摊清理费用。原告在与安布罗西奥公司购买填埋材料时并无可能知道填埋材料的清洁情况，且在已知污染制造者和分销商负有责任的情况下，向不知情的土地所有者施加严格责任是不必要的，也是有违公平的。超级基金法以及《联邦普通法》均授权法院基于案件的公平性认定相关责任人的费用，因此法院认定原告不承担损害赔偿的费用分摊责任。

（三）本案启示

虽然超级基金法将清理费用和责任确定为"严格和连带责任"，但在分配清理费用的诉讼过程中，法院有权使用自由裁量权考虑一些衡平法中的因素来维护公平正义，这意味着并不是每个潜在责任人都会分摊费用。这主要是为了防止严格和连带责任带来的矫枉过正，即因为连带责任的设置使得每个潜在责任人都有动力让尽可能多的人或者实体组织成为潜在责任人来分摊费用。如果潜在责任人的数量不合理扩张，不仅使得对责任的谈判和审查成本过高，还会使原本应用于清理场地的费用花在不必要的领域，更有可能变成一场责任人的"逐富比赛"，诱发不公。因此法院可以从公平的角度，对清理费用的分摊进行裁量，防止出现僵化适用严格和连带责任的弊端。

第十五章

运输者与其他潜在责任人之间
[Transporter(s) vs. other PRP(s)]

案例 22　美国政府诉阿特拉斯矿物和化学品公司案
（ United States v. Atlas Minerals & Chemicals, Inc. ）

一、案例背景

（一）基本情况（地点、涉案各方诉求、历审程序）

本案是由宾夕法尼亚州伯克斯县麦坎吉镇上城区多尼路垃圾填埋场（场地）的污染引起的。涉案污染场地在被用作垃圾填埋场之前是一个露天铁矿场。从 1952 年到 1978 年，各种城市和工业废物被倾倒在矿井和周围区域，直到 1978 年该场地被弃置。由于未采取封顶或封闭等防污染扩散的保护措施，该场地出现了历史性遗留的环境污染问题。1980 年，美国环境保护署在该场地进行地下水和土壤浸出液测试，确定其中存在多种有机和无机污染物。1986 年之前，美国环境保护署与宾夕法尼亚州环境资源部继续对该场地进行监测。美国环境保护署在确定该场地存在重大人体健康威胁后启动了一项超级基金资助的紧急清除行动，以解决不容忽视的环境损害。

本案经历了数个诉讼阶段，1991 年 8 月，美国政府根据《美国法典》第42 卷第 9607 条向潜在责任人提起了一项超级基金法费用追偿诉讼，并根据《美国法典》第 42 卷第 9613 条（g）款要求法院就未来的费用进行裁判。被告随后向大约 60 家第三方被告提起诉讼，认为这些第三方被告也产生或运输了在涉案场地处置的危险废物，要求此类第三方被告分摊相应的费用。1992年 12 月 24 日（审理美国政府对潜在责任人提出的索赔前一日），美国政府和潜在责任人达成了和解协议（内容详见同意令）。该和解协议中规定：①潜在责任人就美国政府之前开展的处理活动偿还 1 209 250 美元的费用；②潜在责任人向美国政府偿还将来美国环境保护署监督潜在责任人私人资助的处理行动中产生的任何监督费用;③如果美国环境保护署向宾夕法尼亚州环境资源部偿还相关费用,则潜在责任人分摊 70 750 美元。达成上述和解协议后,美国政府决定撤回对潜在责任人的索赔,并承诺不会就涉案场地的其他费用起诉潜在责任人。除此之外,已达成和解的潜在责任人无须分摊非相关方根据同意令提出的费用。1993 年 4 月 13 日,美国政府向法院提交了载有和解协议的同意令。根据《美国法典》第 42 卷第 9622 条(d)款(2)项和《联邦法规汇编》第 28 编第 50 条第 7 款的规定,法院在 1993 年 5 月 24 日之前对该同意令进行公众意见征询。美国司法部收到了三组第三方被告的意见。在考虑第三方被告的异议并对其作出回应后,美国环境保护署认为第三方被告提出的异议不足以影响该同意令的颁布。美国政府于 1993 年 8 月 3 日提起了颁布该同意令的动议,相关第三方被告就颁布该同意令提出异议。1993 年 8 月 12 日,第三巡回上诉法院发布了其对美国政府诉罗门哈斯公司(Rohm & Haas Co.)案[1](以下简称"罗门哈斯公司案")的意见书。在罗门哈斯公司案中,上诉法院裁定,私人处理行动监督费用不应作为超级基金法第 107 条中的移除费用予以收回。由于这一判例的出现,潜在责任人向法院提出请求,要求美国政府对本案和解协议中约定的私人处理行动监督费用进行合理性论证。法院在 1993 年 9 月 23 日发布的命令中批准了潜在责任人的请求,即根据罗门哈斯公司案简要说明是否应批准并颁布同意令。1993 年 10 月 8 日,由于美国政府缺乏根据超级基金法追回某些监督费用的权力,潜在责任人提起一项动议,要求法院参照罗门哈斯公司案的判决结论修改或撤销同意令。美国政府于 1993 年 10 月 22 日提交了一份答辩状。法院于 1994 年 1 月 10 日举行了一次听证会,美国政府、潜在责任人和第三方被告在听证会上阐述了己方的观点。

(二)污染物及环境损害

本案涉及土壤污染和地下水污染问题,污染场地填埋的废物来自城市和工业生产,通过矿井和周围区域的地下水和土壤渗滤液测试,可确定其中含有各种有机和无机污染物。该场地一直未有顶部覆盖和垂向阻隔措施,且作为垃圾填埋场的时间较久,因此对周围环境和公众健康产生重大潜在风险,

---

[1] "United States v. Rohm & Haas Co., 2 F. 3d 1265(3d Cir. 1993)", https://casetext.com/case/us-v-rohm-and-haas-co, 2022-10-31.

美国环境保护署已针对该场地启动了一项超级基金资助的紧急清除行动，同时也结合场地情况制订了长期永久性修复方案。

（三）场地清理及费用

在清理行动方案计划层面，美国环境保护署从两个方面解决涉案场地存在的污染问题：一方面，就紧急清除行动而言，包括重新平整场地并在场地中建设池塘，以收集地表水径流。另一方面，研究长期修复方案。从 1987 年秋季到 1998 年春季，美国环境保护署与宾夕法尼亚州环境资源部在涉案场地开展了修复调查和可行性研究（RI/FS）。为长期应对相关风险，美国环境保护署决定将涉案场地分为两个"操作单元"，在其中一个单元处理填埋垃圾和土壤污染问题（OU1），在另外一个单元处理地下水问题（OU2）。1988 年秋季，美国环境保护署发布了一份"操作单元决策记录"（"操作单元 1 决策记录"和"操作单元 2 决策记录"），其中详细阐述了涉案场地中存在的有害物质以及此类有害物质对人体健康和环境构成的威胁，还评估了各种场地应对方案的潜在有效性，并选出美国环境保护署认为适用于该场地的最佳永久性修复方法，要求 10 个潜在责任人根据超级基金法第 106 条的规定自费开展美国环境保护署在操作单元决策记录中选择的永久性修复行动，由美国政府或美国环境保护署监督实施。

在修复和治理费用层面，美国政府最开始起诉要求潜在责任人承担大约 150 万美元的紧急处理费用，而在后续与潜在责任人的和解协议中，要求潜在责任人承担的费用则包括之前开展处理活动的 1 209 250 美元、将来可能产生的任何监督费用以及分摊美国环境保护署向宾夕法尼亚州环境资源部偿还的 70 750 美元。由于各方对费用构成仍存在争议，确切的清理费用数额尚不能确定。

二、诉讼过程

（一）原告与被告

原告：美国环境保护署、美国联邦政府。

被告：阿特拉斯矿物和化学品公司等 10 个潜在责任人。

第三方被告：石榴石电镀公司等超过 53 个可能与场地污染存在关联的相关方。

（二）原告诉讼法律依据与被告辩驳依据

1. 原告诉讼法律依据

美国政府根据超级基金法和《美国法典》对10个潜在责任人（被告）提起污染场地的修复费用追偿诉讼。这些应由被告承担的费用包括以下两个主要方面：其一，本案污染场地的紧急处理行动使用的是超级基金，根据《美国法典》第42卷第9607条的规定，使用超级基金处理有害废物的，美国政府可以起诉潜在责任人，要求其偿还该费用以实现"谁污染谁付费"和补充超级基金资金的双重目标；其二，根据《美国法典》第42卷第9606条的规定，在长期永久性修复行动中，潜在责任人即使是自费按照美国环境保护署的修复方案进行处理的，依然需要承担场地评估费以及处理费用并接受美国环境保护署的监督，如若违反单方面的命令，则可能要接受罚款处罚。

此外，超级基金法第122条规定，政府在评估相关人员处理场地的能力后，可以自行决定与该人员签订场地处理协议。本案中政府和部分潜在责任人就污染费用清偿问题达成和解，约定潜在责任人就美国政府之前开展的处理活动偿还1 209 250美元并偿还将来产生的任何监督费用，如果美国环境保护署向宾夕法尼亚州环境资源部偿还相关费用，则潜在责任人承诺分摊70 750美元。在达成上述协议的基础上，美国政府决定撤诉并承诺不会就该场地的其他费用起诉潜在责任人，且已达成和解的潜在责任人无须分摊非相关方根据同意令提出的费用。和解协议的上述内容被一份同意令记载并由美国政府提交到法院，请求法院批准这份同意令，结束本案当前的诉讼程序。

2. 被告辩驳依据

在法院对同意令进行裁决之前，第三巡回上诉法院在另一起相似案件中给出了判决意见，认为私人处理行动的监督费用不应作为超级基金法第107条中的移除费用予以收回。被告依据这一判例，提出了对美国政府追回监督费用之权力的质疑，认为当前和解协议中的约定存在问题，不能被批准，应修改或者驳回载有和解协议的同意令。

3. 第三方被告异议依据

部分第三方被告在同意令面向公众征求意见的阶段就已经提出异议，认为该同意令如果得以确认实施，会损害第三方被告的利益。在听证会上，第三方被告给出的具体依据是同意令中的费用分摊和潜在责任人的责任免除会造成第三方被告负担加重，且无法进一步追偿自身的损失，因此其认为同意令存在不公正之处，不应得到法院的认可。

（三）法院判决及决定性依据

根据超级基金法，法院裁定：①批准美国政府关于颁布同意令的动议；②驳回被告关于修改或撤销同意令的动议；③颁布同意令并将其作为本法院的判决结果；④除了同意令中规定的索赔，美国政府对被告提出的所有索赔均不予受理；⑤除了同意令中规定的索赔，被告对美国政府提出的所有索赔均不予受理；⑥驳回部分第三方被告对同意令的异议。

1. 同意令的性质

同意令记载着和解协议的内容，双方自愿达成的和解协议本身属于合同，一旦经过法院确认即对双方产生约束力。同时，合同具有相对性，非合同当事人不能进行修改。基于这一民事属性，法院只能对同意令进行批准或撤销，而不能直接进行修改，这是当事人意思自治的体现。此外，法院在决定是否批准同意令时应全面考虑政策因素，因为一旦批准，同意令便对双方产生实质的权利义务，不仅是合同，更是一项司法法案。

2. 法律框架

从同意令的合法性来看，因为其记载的是政府与潜在责任人协商一致而达成的和解协议，需双方意思表示真实自由，在性质上属于合同，政府是否有权和潜在责任人签订合同需要寻找制度支撑。为了节约司法成本，加快污染场地环境修复，超级基金法第122条规定，如果美国政府确定任何人员可清理场地，则可自行决定与该等人员签订场地清理协议。只要美国政府认为相关处理方法可行且有助于维护公众利益，即可依据本条要求与任何相关人员签订符合公众利益且与国家应急计划不相悖的协议。由此可见，同意令具有合法性，提请法院予以确认时，法院应当对其进行审查。为了鼓励和解并加快使用超级基金清理相关场地，国会已经授权美国政府自行决定不起诉已经与之和解的相关方。超级基金法中还规定，已经与美国政府和解的潜在责任人无须支付相关的场地清理费用。然而，如果潜在责任人违反了其在本法令中规定的义务，美国政府则保留提起诉讼的权利。当下，各方对同意令是否予以确认存在争议，若同意令确认颁布，则会对相关方产生约束力，潜在责任人需按照约定向美国政府偿还费用；若同意令被撤销，则美国政府可以再次通过诉讼的方式要求潜在责任人偿还清除污染的费用。

3. 对同意令的审查

即使同意令仅对相关方产生影响，法院仍应通过仔细审查其中的条款来确保其内容符合以下两点：一是，同意令是一项公正的和解方案且不会导致法院的制裁和权力违反美国宪法、法令或判例；二是，如果同意令还对第三方产生影响，则法院必须证实该等影响是合理且被允许的。遵循上述两点要求，法院对本案情况进行了解释说明。首先，本案的同意令形成于罗门哈斯公司案判决之前，应该基于当事人同意受合同令约束之时已经知道或应当知道的事实来衡量相关方是否具有对等谈判优势，而不应该考虑后续发生的司法风险和变化。其次，罗门哈斯公司案的判决并不意味着本案同意令必然不合理。法院认为，本案中监督费用的性质和罗门哈斯公司案中的有所不同。具体而言，罗门哈斯公司案中的监督费用偏向于短期处理中的"移除"费用，而本案中的监督费用将发生在永久性修复活动中，更偏向于"补救"费用。超级基金法所规定的费用追偿计划对"移除"和"补救"行动有不同的规定，因此被告仅根据罗门哈斯公司案的判决结果来否定本案的同意令不具有说服力。罗门哈斯公司案给予我们的启示是不能允许美国政府追偿原本无法追回的监督费用，其上诉法院还对 NCTA 原则进行了适用。如果 NCTA 原则适用于本案涉及的监督费用，则要求法院在审查时分辨美国政府追偿监督费用的行为是否违背该原则。由于本案同意令中对监督费用的规定比较宽泛，在尊重当事人意思自治的基础上，结合超级基金法诉讼中支持和解的政策考虑，法院认为潜在的 NCTA 原则不应阻碍同意令的颁布。

三、案例讨论

（一）诉讼所涉及的法律文件、条款

①《美国法典》第 42 卷第 9601 条、第 9604 条、第 9606 条、第 9607 条、第 9611 条、第 9613 条、第 9622 条（d）款；②超级基金法第 106 条、第 107 条、第 113 条、第 122 条；③《联邦法规汇编》第 28 卷第 50 条 7 款。

（二）法院判决争议点

1. 对监督费用性质的界定

监督费用是和解协议中规定的一部分由潜在责任人向美国政府偿还的费用，对监督费用性质的界定，不仅直接影响潜在责任人被追偿费用的数额，还影响同意令批准与否以及后续诉讼的走向。基于罗门哈斯公司案的判决结果，潜在责任人对本案的监督费用追偿合理性提出异议，认为法院应对监督费用进行狭义解释，否定本案监督费用的追偿依据，修改或者撤销同意令。美国政府则认为罗门哈斯公司案的监督费用与本案不同，移除费用的不能追偿不导致补救费用的追偿受限。法院认为，同意令必须按照合同原则进行审查：首先，法院不具备修改当事人协议的权限，不能依据潜在责任人的建议对协议内容增加措辞。其次，两案中的监督费用虽然名称相同，但是发生在不同阶段，存在实质性的不同，没有证据表明本案中监督费用的追偿违背 NCTA 原则、美国宪法和超级基金法的规定。因此本案中补救性质的监督费用追偿应当予以确认。

2. 对同意令公正性的争论

美国政府认为同意令是当事人的真实意思表示，且不违背法律和公共利益，因此请求法院对同意令进行批准。潜在责任人和第三方被告认为法院批准同意令是违背超级基金法的立法预期的。一方面，罗门哈斯公司案的判决导致同意令不合理，潜在责任人没有谈判的对等优势，同意令有失公平性；另一方面，美国政府没有和第三方被告进行和解谈判，而同意令的颁布对第三方被告的权利义务产生了实质影响，这是违背程序公正的，而从不同意和解人员的责任承担上看，不对称的责任设定也违背了实质正义。第三方被告辩称，约定中对潜在责任人费用分摊责任的免除会影响第三方被告的费用承担。法院认为，同意令在程序上和实质上都不存在不公正的情形，潜在责任人和第三方被告的观点不能得到支持。因为潜在责任人和政府进行了直截了当的协商，在协议达成时，各方对自身的谈判优势和利益保护都有清晰的认识，且规定了救济路径。同意令在程序上做到了公正公开，而美国政府是否决定和解以及和谁进行和解不是司法审查的范围，因此本案同意令在程序上具有公正性。在实质层面，法院认为分摊保护的范围本身就无法覆盖所有相关责任人，和解协议达成存在着让渡和妥协，根据超级基金法第 113 条（f）款（2）项中的明确规定，仅当已达成和解的被告已经"确定其对美国政府负有的责任"时，同意令中的分摊保护规定方可适用。法院很清楚如下两点：①同意令向潜在责任人提供分摊保护，但是该等保护仅限于潜在责任人已经"确定其对美国政府负有的责任"情况下的相关费用；②同意令确定了潜在责任人对未来产生的监督费用的责任，但仅限于潜在责任人已经向美国环境保护署偿还此类费用的情形。鉴于同意令的这一解释，法院认为对分摊保护提出的异议没有任何依据，实质层面上同意令也具有公正性。

（三）本案启示

1. 美国超级基金法

超级基金法是美国为解决危险物质泄漏的治理及其费用负担问题而制定的法律。治理行动包括两部分，一是清除，二是救助。治理费用应由危险物质泄漏设施的所有者或者经营者或该设施所处土地的所有者或经营者承担。考虑到污染责任人认定的时间成本，加之有的责任人没有支付污染修复费用的能力，该法规定建立危险物质信托基金和危险废物处置设施关闭后责任信托基金，由国会拨款资助的信托基金可以率先对污染场地进行紧急处理，待责任人确定后再由责任人偿还，补充基金。

2. 超级基金法项下有害物质的处理方式

尽管美国政府可采取多种方式处理有害物质，但是超级基金法提供了两种一般处理选项：其一，美国政府可以制定并实施一种用超级基金支付的处理方式，以移除有害物质，对污染进行快速响应，防止遗留污染问题加剧。在使用超级基金处理有害物质的过程中，美国政府可以起诉潜在责任人并要求其赔偿相关处理费用，以这种方式来补充超级基金。其二，美国环境保护署可以结合对场地的调查确定一种长期的永久性修复方案，要求潜在责任人自费实施该方案（见《美国法典》第 42 卷第 9606 条）。在美国环境保护署要求潜在责任人自费处理的情况下，仍然可以要求潜在责任人赔偿场地评估费用及处理费用。但监督费用是否可以追偿要看具体修复方案中的监督费用是用作移除污染还是环境补救。

3. 诉外和解路径

针对环境污染场地清理费用的追回，不仅有民事诉讼这一种方式，还可以达成和解协议，以加快场地的有效处理和节约诉讼成本。超级基金法第 122 条规定，如果美国政府确定任何人员可处理场地，则可自行决定与该等人员签订场地处理协议。只要美国政府认为相关处理方法可行且有助于维护公众利益，即可依据本条要求与任何相关人员签订符合公众利益且与国家应急计划不相悖的协议。由于和解协议具有合同的属性，除协商双方外，其他人不得肆意进行改动，以尊重当事人的意思自治。和解协议内容一旦经过司法程序予以确认，相对方行为即受和解协议约束，若相对人违约，美国政府依旧可以再次起诉相对人并加处罚款。该制度的设定凸显了超级基金法对环境损害问题的多元处理机制。

——◇第四部分◇——

环境污染责任索赔案例——
非潜在责任人与潜在责任人之间
（Non-PRPs vs. PRPs）[*]

＊ 由汪安宁、李奕杰、张雅楠、王元凤、王建飞执笔。

非潜在责任人与潜在责任人之间
[Non-PRP(s) vs. PRP(s)]

第十六章

案例 23 霍尔斯道姆诉蒂拉穆克县案

（Hallstrom v. Tillamook County）

一、案例背景

（一）基本情况（时间、地点、涉及人员）

本案涉及的污染源是蒂拉穆克县一处垃圾填埋场（Tillamook County land-fill），涉及的受污染地为与该垃圾填埋场相邻的奶牛养殖场，本案原告霍尔斯道姆（Hallstrom）为奶牛养殖场的农场主。

霍尔斯道姆认为蒂拉穆克县垃圾填埋作业违反了《资源保护和回收法》规定的标准，导致垃圾填埋场渗滤液污染了周边的土壤和地下水，造成或在一定程度上加剧了其奶牛养殖场附近地下水及地表水的细菌污染和化学污染。1981 年 4 月，霍尔斯道姆向蒂拉穆克县发出了书面起诉意向通知。1982 年 4 月，依据《资源保护和回收法》以及俄勒冈州法律，霍尔斯道姆正式提起诉讼。1983 年 3 月 1 日，被告提议作出简易判决，理由是原告未按照《美国法典》第 42 卷第 6972 条（b）款（1）项的要求通知俄勒冈州环境质量部和美国环境保护署其起诉意向。1983 年 3 月 2 日，原告通知了上述机构该起案件，但上述机构并没有采取任何制止被告行为的非司法措施。1985 年，地方法院经过一审，认定被告违反了《资源保护和回收法》以及俄勒冈州水质管理计划，命令被告在两年内控制渗滤液。之后原告、被告提起上诉，第九巡回上诉法院认定，原告未能遵守 60 天通知要求，剥夺了地方法院的诉讼管辖权，将该案件发回重审，并指示地方法院驳回诉讼。奥拉夫等向第九巡回上诉法院提交调卷令申请，最终本案由联邦最高法院依法作出判决。

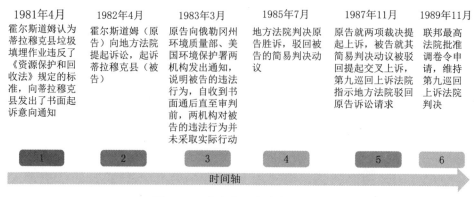

图 16-1 本案主要事件发生时间

（二）污染物及环境损害

本案涉及垃圾填埋场渗滤液导致的土壤污染、地表水污染和地下水污染问题。

渗滤液是一种成分复杂的高浓度有机废水，其性质取决于垃圾成分、垃圾的粒径、垃圾压实程度、现场的气候、水文条件和填埋时间等因素。垃圾渗滤液水质复杂，含有多种有毒有害的无机物和有机物，还含有难以生物降解的萘、菲等非氯化芳香族化合物、氯化芳香族化合物、磷酸酯、酚类化合物和苯胺类化合物等。

本案中，原告认为被告的垃圾填埋作业违反了《资源保护和回收法》规定的标准，在垃圾填埋作业中产生的渗滤液导致了土壤、地表水和地下水的污染。地方法院审理发现垃圾填埋场的渗滤液的确污染了霍尔斯道姆的奶牛养殖场，违反了《资源保护和回收法》的规定以及俄勒冈州水质管理计划。

二、诉讼过程

（一）原告与被告

原告：霍尔斯道姆。

被告：蒂拉穆克县。

（二）原告诉讼法律依据与被告辩驳依据

1. 原告诉讼法律依据

原告认为被告违反了《资源保护和回收法》，并认为地方法院应对《美国法典》第 6972 条（b）款（1）项的规定作出灵活且务实的解读，其声明这一论点并未要求地方法院无视该法的明文规定。原告认为，如果在未提供适当通知的情况下所提起的诉讼被搁置至通知发出 60 天后，地方法院应认定通知要求已得到满足。按照原告的说法，60 天搁置将起到与延迟提起诉讼相同的作用，即可以使政府有机会对涉嫌违规者采取措施，并使违规者有机会及时改正其行为。

首先，原告认为对通知条款的字面解读无法实现国会颁布《资源保护和回收法》的意图。为了支持这一论点，原告援引了第一部公民诉讼法——1970 年《清洁空气法》第 304 节的立法史，其中指出应鼓励公民诉讼。原告进一步主张，参考联邦最高法院在宰普斯（Zipes）诉环球航空公司（Trans World Airlines, Inc.）案[1]中的判决，应对《资源保护和回收法》的 60 天通知条款作出公平的修改和调整。

其次，原告认为遵守通知条款的字面意义将会产生"荒谬无用的结果"，严格执行《美国法典》第 6972 条（b）款（1）项的规定将会让违法人员对环境造成进一步损害，或实际上发生公民正在试图阻止的后果。此外，严格解读通知条款会造成程序异常，如果某公民向政府机构通报了一项违规行为，而这些机构明确拒绝采取行动，那么要求该公民等待 60 天才提起诉讼是毫无意义的。

最后，由于本案所涉及的复杂环境和法律问题，耗费了地方法院和当事人近四年的时间和精力，本案原告强烈请求联邦最高法院不要直接驳回诉讼。原告认为，不必要地驳回诉讼将会浪费司法资源。

2. 被告辩驳依据

被告根据《美国法典》第 6972 条（b）款的规定，提议地方法院作出简易判决，理由是原告未能按照《美国法典》第 6972 条（b）款的要求通知俄勒冈州环境质量部和环境保护署，导致地方法院缺乏本案管辖权。

（三）法院判决及决定性依据

1. 地方法院

地方法院一审驳回了被告的动议，理由是原告在 1983 年 3 月 2 日正式通知了俄勒冈州和联邦机构，借此弥补了在通知程序上的不足之处。地方法院

---

［1］　"Zipes v. Trans World Airlines, Inc., 455 U. S. 385（1982）"，https://supreme. justia. com/cases/federal/us/455/385/，2022-10-31.

指出，该通知旨在让有关行政机构有机会执行环境条例。在本案中，该州和联邦机构均未表示出对被告采取行动的意愿。因此，地方法院认为，现阶段驳回该起诉讼将会浪费司法资源。地方法院在审理本案后认定，被告违反了《资源保护和回收法》。地方法院命令被告对违规行为进行补救，但驳回了原告的禁令性救济动议。地方法院在后来的裁决中驳回了原告提出的律师费诉讼请求。原告对这两项裁决提出上诉，被告就其简易判决动议被驳回提出交叉上诉。

2. 第九巡回上诉法院

第九巡回上诉法院认为原告未能遵守 60 天通知要求，剥夺了地方法院对诉讼的管辖权。根据《美国法典》第 6972 条（b）款（1）项的明文规定，第九巡回上诉法院认定，允许原告在不发出通知的情况下提起诉讼将构成对明确法令的"司法修正"。第九巡回上诉法院还认定，严谨解读这一法规，能推动《联邦判例汇编第二辑》第 844 卷第 601 页中"由环保部门（而非法院）主要负责实施《资源保护和回收法》"这一目标的实现。因此，第九巡回上诉法院将案件发回地方法院重审，并指示地方法院驳回该诉讼。

为了解决上诉法院之间对这一通知解读的冲突，本案被授予调卷令，不同上诉法院的主张得以展示。第一巡回上诉法院和第七巡回上诉法院以及本案涉及的第九巡回上诉法院将通知条款解读为提起诉讼的强制性先决条件，第三巡回上诉法院持反对意见，认为如果适当当事人在提起诉讼前 60 天就已发出了有关涉嫌违法行为的通知，或地方法院将诉讼程序搁置 60 天，则通知要求已得到满足。

3. 联邦最高法院

联邦最高法院维持第九巡回上诉法院的判决，驳回原告的诉讼请求，因为根据《资源保护和回收法》公民诉讼条款起诉的当事人未能满足《美国法典》第 6972 条（b）款规定的通知和 60 天延迟要求的，地方法院应驳回诉讼。

联邦最高法院指出，"解读法规时，首先须着眼于法规本身的措辞"。《美国法典》第 42 卷第 6972 条（a）款（1）项允许任何人对涉嫌违反根据《资源保护和回收法》颁布的法规的人员提起民事诉讼。同时，《美国法典》第 42 卷第 6972 条（b）款（1）项明确规定了禁止诉讼的情形，即在原告向美国环境保护署、涉嫌违法行为发生地所在州以及任何涉嫌违反此类许可、标准、法规、命令的人员发出违法通知后 60 天内，不得根据《美国法典》第 42

卷第 6972 条（a）款（1）项提起诉讼。也就是说，公民可在向美国环境保护署、涉嫌违法行为发生地所在州和涉嫌违法者发出通知 60 天后，根据《资源保护和回收法》提起诉讼，"禁止"在发出通知后 60 天内提起诉讼。这一规定通过引用被明确纳入《美国法典》第 6972 条（a）款，是对公民的诉讼权作出的具体限制。按照对该法规的字面解读，遵守 60 天通知条款是诉讼的强制性而非选择性先决条件。

无论搁置事实上是否等同于开始诉讼前的延迟，对《美国法典》第 6972 条（b）款的这种解读都违背了法规的原意。根据《联邦民事诉讼规则》第 3 条，"向法院提起民事诉讼时即视同民事诉讼开始"。根据该规则解读《美国法典》第 6972 条（b）款（1）项，原告在满足 60 天通知要求前不得提起诉讼，诉讼在提起后被搁置并不符合这一要求。另外，法院也不能以"技术性解读"为由，为原告未提前发出通知的行为辩解（事实上，本案原告的律师在口头辩论中承认，他知道该通知条款，但不经意忽略了通知州和联邦机构）。

对于原告强烈请求联邦最高法院不要直接驳回诉讼，避免对司法资源不必要的浪费，联邦最高法院表示赞同，但本案并不存在不溯及既往地采纳地方法院判决的因素。联邦最高法院的判决并未建立新的法律规则，也未推翻诉讼当事人可能援引的确切先例。此外，法规本身提醒了原告注意提起诉讼的要求，溯及既往地执行联邦最高法院判决将进一步推动国会实现其立法意图，即给予环保机构和涉嫌违法者 60 天非对抗期来解决冲突，并促使其遵守《资源保护和回收法》的规定。驳回诉讼也不会造成剥夺原告"出庭答辩权"这种不公平的结果，原告仍可随时发出通知，并根据法规提起诉讼，以执行相关环境标准。

联邦最高法院认为，原告的任何论点均不足以要求法院无视《美国法典》第 6972 条（b）款的明文规定。经验证明，严格遵守立法机构规定的程序要求是公平执法的最佳保证。因此，联邦最高法院认为通知要求和 60 天延迟要求是根据《资源保护和回收法》公民诉讼条款提起诉讼的强制性先决条件，地方法院不得擅自无视这些要求。

三、案例讨论

（一）诉讼所涉及的法律文件、条款

①《资源保护和回收法》；②《美国法典》第 42 卷第 6972 条（b）款、

第7604条；③《美国制定法大全》；④《美国判例汇编》；⑤《清洁水法案》；⑥《清洁空气法》；⑦《联邦判例汇编第二辑》。

（二）法院判决争议点

1. 对《美国法典》第42卷第6972条（b）款中遵守60天通知规定的理解

依据《美国法典》第42卷第6972条（b）款的规定，原告在向美国环境保护署（负责执行《资源保护和回收法》的联邦机构）、涉嫌违法行为发生地所在州以及涉嫌违法者通知违法行为后60天内，不得提起诉讼。

在本案中，原告认为，法院应对《美国法典》第42卷第6972条（b）款（1）项的规定作出灵活且务实的解读，严格解读通知条款会造成程序异常。对于《美国法典》第42卷第6972条（b）款的规定，第二巡回上诉法院、第三巡回上诉法院、第八巡回上诉法院和哥伦比亚特区巡回上诉法院采用的"务实方法"将联邦环境法规中的通知要求视为程序性要求，如果原告未能满足该要求，可能会被法院中止诉讼60天，以便达到通知要求的目的。根据这种方法，只要在地方法院采取行动之前60天过去，就不需要正式遵守通知要求。这种理解侧重于保护公民在执行联邦环境政策方面的作用和权利。同时，这种观点的支持者认为通知要求的严格应用和执行违背了国会允许公民采取行动的意图，这种结构会阻碍公民对法案的执行，并将公民视为"麻烦制造者"而不是"欢迎参与维护环境利益"。

第九巡回上诉法院的普瑞格森法官也主张对《美国法典》第42卷第6972条（b）款进行灵活解读。普瑞格森法官认为，根据国会的立法目的，60天通知要求是为了允许美国环境保护署等机构执行该法规，大多数人在承认这一目的的同时进一步主张，《美国法典》第42卷第6972条（b）款是为了更好地实现鼓励公民采用非司法手段解决环境冲突的基本政策目标。但这种观点在本案中明显是站不住脚的。在法庭辩论中，原告的律师表示，美国环境保护署非常清楚原被告之间就垃圾填埋场违规作业行为产生的冲突。事实上，美国环境保护署工作人员在地方法院诉讼的各个阶段都有通过电话询问案件进展，但美国环境保护署从未表示有任何意向去执行该法规。普瑞格森法官将《美国法典》第42卷第6972条（b）款的通知要求解释为：要求原告在地方法院采取行动之前60天进行通知即可。这种理解可以进一步实现政府机构的执法目的，它允许政府机构在60天内考虑是否对所指控的违法行为采取行动，如果相应机构在 60 天内没有采取任何行动，地方法院可以继续审理案件，第九巡回上诉法院要求地方法院驳回诉讼并要求当事人重新提起诉讼"过于形式化"。

第九巡回上诉法院采用了维斯顿法官提出的更合理的"司法先决条件方法"。这种观点侧重于法规的通俗语言和通知要求背后的政策目标。维斯顿法官认为《美国法典》第 42 卷第 6972 条（b）款的表述通俗且明确，即要求原告在诉讼开始前 60 天通知相关人员。而且，提前 60 天通知的要求不是联邦法院可以随意放弃的技术问题或多余的手续，而是国会授予管辖权的一部分，法院无权更改。第九巡回上诉法院也同意第一巡回上诉法院的意见，即《美国法典》第 42 卷第 6972 条（b）款的管辖权解释更好地服务于鼓励非司法解决环境冲突的基本政策目标。因为一旦提起诉讼，当事人双方的立场就会变得更加强硬，当事人需要承担法律费用，关系也会变得敌对，合作和妥协的可能性就会降低。

第九巡回上诉法院认为，《美国法典》第 42 卷第 6972 条（b）款及其立法历史映射了国会的法律观念，即与州或环保局合作的公民原告可以比法院更好地解决环境纠纷。国会认为，公民通过法院的执法应该次于环保局的行政执法。除了 60 天通知要求的字面解释之外，任何其他内容都会使这些条款变得毫无价值。例如，如果公民原告可以在不遵循通知要求的情况下根据《资源保护和回收法》提起诉讼，并且仅通过主张美国环境保护署或其他相关机构在审判或证据开示之前有 60 天以上的时间采取行动就可以避免驳回动议，那么在当今诉讼的现实情况下，没有人会遵守这一要求。因此，第九巡回上诉法院认为，国会经过数小时的商讨后颁布的一项条款，不应当被视为每一个潜在的原告都可以回避的条款，否则将会使该条款变得毫无意义。如果当事人在提起诉讼之前，在非对抗性环节中考虑他们的利益和立场，更有可能以非司法方式解决冲突。只有在其他努力失败后，才应将诉讼作为最后的手段。

如前所述，联邦最高法院认为通知要求和 60 天延迟要求是根据《资源保护和回收法》公民诉讼条款提起诉讼的强制性先决条件，地方法院不得擅自无视这些要求。诉前未遵守强制性先决条件，是否导致原告诉求必然被驳回？联邦最高法院认为，根据《资源保护和回收法》公民诉讼条款，原告未能满足《美国法典》第 42 卷第 6972 条（b）款规定的强制性先决要件的，地方法院应驳回原告提起的诉讼。

马歇尔法官与布恩曼法官对此表示异议。他们认为，原告在提起诉讼前未遵守法律规定的先决条件，不一定导致法院必须驳回其诉讼。奥斯卡·迈耶公司（Oscar Mayer & Co.）诉伊万斯（Evans）案〔1〕的判决已明显体现了这一观点。在该案中，法官被要求按照《美国法典》第 29 卷第 633 条（b）款解读 1967 年《就业年龄歧视法》第 14 条（b）款，该规定要求原告在根据州法律提起诉讼后 60 天内，不得根据《美国法典》第 29 卷第 626 条提起诉讼。在奥斯卡·迈耶公司诉伊万斯案中，法官查明《就业年龄歧视法》第 14 条（b）款的规定旨在让国家机构有一定机会解决就业歧视问题，从而使受害者无须诉诸联邦救济，因此法院裁定，60 天通知要求是一个强制性而非选择性先决条件，和《资源保护和回收法》的 60 天通知要求的性质一样。但在奥斯卡·迈耶公司诉伊万斯案中，法院认为原告尽管违反了法律规定的强制性先决要件，但不应驳回原告诉讼，而是应在州诉讼提起后将其搁置 60 天，此后，申诉人可以继续提起其联邦诉讼。

马歇尔法官与布恩曼法官认为，在本案的背景下，搁置比驳回并重新提起诉讼更可取。要求受害方在州诉讼终止后进行第二次起诉，除产生额外的诉讼程序性细节之外，并无任何作用。这种诉讼程序性细节对于外行人在无专业律师协助提起诉讼的法律体制中尤其不合适。因此，搁置应当是联邦最高法院的首选做法。此外，两位法官认为搁置比驳回并重新起诉更可取的部分原因是，在《资源保护和回收法》案件中，并不存在外行人提出了许多待裁决诉讼的情况。同时，目前明确的一点是，违反诉讼的强制性先决条件并不一定导致驳回该诉讼，在法规未作出制裁规定的情况下，应当参考法规条款以外的因素来决定何种制裁是适当的。国会制定公民诉讼条款（通知要求是其中的一部分）的其中一个目的是鼓励公民诉讼，如果国会想要促进公民诉讼，通知条款可通过搁置取得与驳回同样的效果。在本案中，直接驳回公民诉讼的做法耗费了地方法院和当事人近四年的时间和精力以及已促成的一项司法裁决，即被告违反了《资源保护和回收法》，而对司法资源的浪费不符合国会的意愿。

---

〔1〕 "Oscar Mayer & Co. v. Evans, 441 U. S. 750（1979）"，https://supreme. justia. com/cases/federal/us/441/750/，2022-10-31.

参考美国政府诉鲁宾逊（Robinson）案[1]，在未及时提交上诉通知以及规则明确规定法院不得延长提交上诉通知的期限时，判定法院是否被剥夺上诉管辖权时，应详细审阅有关规则的措辞、司法解读和历史。该案中法院的分析结果清楚地表明，下达搁置诉讼 60 天的法院命令与驳回诉讼同样能实现通知要求的目的，但前者能更好地实现公民诉讼条款的各种目的。法院明确了国会规定通知要求的两个目的：其一，通知让政府机构负责执行环境法规，从而避免提起不必要的公民诉讼；其二，通知让涉嫌违法者"有机会完全遵守法规"，因此同样避免提起不必要的公民诉讼。解决这些问题只需要延迟 60 天，是在提出诉讼之前还是之后延迟都无关紧要。

因此，马歇尔法官与布恩曼法官认为应当允许地方法院将此类诉讼搁置 60 天（而不是驳回），这样才能更好地实现国会"鼓励公民诉诸《资源保护和回收法》和保护司法资源"的双重意图。

（三）本案启示

通过本案可以看出，美国司法系统对程序的要求很严格，尤其是强制性先决要件，违反法律规定的强制性先决要件，即使前期诉讼成本已经很高、周期很长，也可能导致诉求被法院驳回。原告依据《资源保护和回收法》提起诉讼，但其违反了《美国法典》第 42 卷第 6972 条（b）款的规定，未在提起诉讼前 60 天向美国环境保护署、涉嫌违法行为发生地所在州和涉嫌违法者发出通知，最终联邦最高法院驳回了原告提起的诉讼。

《美国法典》第 42 卷第 6972 条（b）款是对公民诉讼权利的具体限制，其设置有两个目的：其一，通过提前通知，让政府机构负责执行环境法规，从而避免提起不必要的公民诉讼；其二，通过提前通知，让涉嫌违法者"有机会完全遵守法规"，因此同样避免提起不必要的公民诉讼。提前 60 天通知的要求是强制性而非选择性的，故原告依据《资源保护和回收法》提起诉讼必须严格依照法律规定的程序进行。此外，对于程序性法规的解读也不应过于灵活和随意，尤其是对于措辞清楚的程序性法规，原告应严格遵循，否则可能导致诉讼请求被法院依法驳回。

此外，本案一个重要的争议焦点是对《美国法典》第 42 卷第 6972 条

---

［1］"United States v. Robinson, 361 U. S. 220, 223-224（1960）"，https：//supreme. justia. com/cases/federal/us/361/220/，2022-10-31.

（b）款的禁止性规定应当作何理解。在对法律条文的解释中，法院和原告充分运用了历史解释、体系解释、立法者目的解释和文义解释等多种解释方法，但在本案中不难发现，在对逻辑清晰、通俗易懂的法律条文进行理解时，联邦最高法院主要以文义解释和立法者目的解释为主，侧重于还原国会在制定法律时的本意，以其他解释方法为辅。

案例 24　肯德基西部公司诉梅格里格案

（KFC Western. v. Meghrig）

一、案例背景

（一）基本情况（时间、地点、涉及人员）

1975 年 9 月，梅格里格夫妇将自己位于洛杉矶西部大街的房产卖给了肯德基西部公司（KFC Western，以下简称肯德基公司）。肯德基公司获得该房产的所有权，并用来经营一家肯德基炸鸡店。在房产买卖时，肯德基公司不知道的是，该房产的地下土壤被高浓度的精炼石油产品（含铅和苯）污染。该污染是梅格里格夫妇在经营加油站时疏忽造成的，而梅格里格夫妇此前从未向肯德基公司告知有关污染的情况。

1988 年 10 月，在进一步施工完善该房产的过程中，肯德基公司发现了被污染的土壤。洛杉矶市建筑和安全局发出纠正通知，命令肯德基公司停止所有建设施工，等待对土壤的分析结果以及洛杉矶县卫生局（DHS）的许可。而后，分析师们证实土壤中存在高浓度的精炼石油。虽然肯德基公司既没有造成污染，也没有在污染发生时拥有该房产，但是洛杉矶县卫生局还是命令肯德基公司清理污染。肯德基公司花费了 21.1 万美元评估、清除并异地处理被污染的土壤，于 1989 年完成清理工作。1990 年 7 月，肯德基公司向梅格里格夫妇提出偿还清理费用的要求。对此，梅格里格夫妇予以拒绝。

1992 年 5 月 29 日，肯德基公司向地方法院提起诉讼，依据《资源保护和回收法》第 7002 条和《美国法典》第 42 卷第 6972 条（a）款（1）项（B）目，要求梅格里格夫妇偿还其之前花费的清理费用。

（二）污染物及环境损害（土壤、地下水）

本案中的土壤污染物为精炼石油，其主要来自加油站的操作不当以及地下储油罐的泄漏。大量的铅、苯类有毒物质渗透到土壤中，进而污染了地下水，且肯德基公司在污染场地经营的是食品店，土地下的污染会对周边环境和公众健康造成威胁。

（三）场地清理方案及费用

在本案中，洛杉矶市建筑和安全局命令肯德基公司停止所有建设施工。待分析师证实土壤中存在高浓度的精炼石油后，洛杉矶县卫生局命令肯德基公司清理污染。肯德基公司花费了21.1万美元用用评估、清除并异地处理被污染的土壤。

二、诉讼过程梳理

（一）当事人

原告/上诉人/答辩人：肯德基西部公司。

被告/被上诉人/申诉人：梅格里格夫妇。

（二）本案诉讼阶段

1. 初审过程（地方法院）

（1）原告诉讼法律依据与被告辩驳依据。

第一，原告诉讼法律依据。在按照洛杉矶县卫生局的命令清理了本案房产地下土壤中发现的石油污染后，肯德基公司依据《资源保护和回收法》第7002条和《美国法典》第42卷第6972条（a）款提起诉讼，以期从梅格里格夫妇处获赔其之前花费的清理费用。

第二，被告辩驳依据。梅格里格夫妇依照《联邦民事诉讼规则》第12条（b）款（6）项提出了驳回起诉的动议，并且提供了两个理由以说明肯德基公司提出的诉讼不属于《资源保护和回收法》公民诉讼条款的调整范围：其一，不存在"即刻且实质性的危害"，因为在肯德基公司提起诉讼前三年就已经完成了清理工作；其二，依照《资源保护和回收法》公民诉讼条款提起诉讼所能够获得的仅仅是命令性的救济措施，而不包括损害赔偿。

第三，原告的进一步主张。肯德基公司诉称，按照《美国法典》第42卷第6972条（a）款（1）项（B）目的标准来看，本案中的污染在进行清理之时已经"对健康和环境构成即刻且实质性的危害"，其污染了周边的地下水，对公众健康构成了潜在的威胁。同时，根据《美国法典》第42卷第6972条（a）款，梅格里格夫妇负有"衡平法上的赔偿责任"，因为作为本案房产的前主人，他们对场地的污染负有责任。

（2）地方法院判决及决定性依据。根据《资源保护和回收法》第7002条，地方法院最终判决驳回原告诉讼请求。地方法院认为，《美国法典》第42卷第6972条（a）款并不支持追偿以前的清理费用，而且第6972条（a）款（1）项（B）目也未授权将提起诉讼时未对健康或环境构成"即刻且实质性危害"的有毒废弃物场地恢复作为诉因，因此驳回了肯德基公司的诉讼请求。

2. 上诉过程（第九巡回上诉法院）

（1）上诉人诉讼法律依据与被上诉人辩驳依据。

第一，上诉人诉讼法律依据。肯德基公司认为，首先，《资源保护和回收法》授权公民对过去曾经造成"即刻且实质性的危害"的污染问题提起诉讼。肯德基公司提出了第八巡回上诉法院曾引用《资源保护和回收法》第7003条和《美国法典》第42卷第6973条，这两条授权环境保护署提起诉讼，且条款表述在本质上与《美国法典》第42卷第6972条（a）款（1）项（B）目相同。第八巡回上诉法院将"即刻的危害"这一条件解读为将《资源保护和回收法》的适用范围限定为潜在危害很严重的地方，而非限定提起诉讼的时间。这一点参见美国政府诉阿塞托农业化学品公司（Aceto Agricultural Chemicals Corp.）案[1]。

其次，《资源保护和回收法》在特定情况下支持赔偿性的救济措施。肯德基公司所提出的偿还清理费用的诉讼请求是法律所允许的，因为《美国法典》第42卷第6972条（a）款授权地方法院对任何对于曾经或者正在处理、储存、治理、运输或处置固体或危险废物负有责任的人，在必要的时候采取限制或命令的措施，或者二者皆采取。

第二，被上诉人辩驳依据。首先，梅格里格夫妇认为，地方法院作出决定的理由是正确的，《美国法典》第42卷第6972条（a）款（1）项（B）目只授权公民针对在起诉之时"对健康和环境构成即刻且实质性的危害"的污染提起诉讼。因为肯德基公司在提起诉讼三年前就已经完成了清理工作，所以梅格里格夫妇认为其无法依据《资源保护和回收法》主张救济。对此，梅

---

〔1〕 "U. S. v. Aceto Agricultural Chemicals Corp. , 872 F. 2d 1373（8th Cir. 1989）", https：//law. justia. com/cases/federal/appellate-courts/F2/872/1373/172026/, 2022-10-31.

格里格夫妇引用了斯密斯菲尔德沃特尼公司（Gwaltney of Smithfield, Ltd.）诉切萨匹克海湾基金会（Chesapeake Bay Found.）案[1]和麦克莱伦生态渗漏公司（McClellan Ecological Seepage Situation）诉温伯格（Weinberger）案[2]，这两个案例都说明公民诉讼条款对于曾经违反法律义务而现今不正在违反法律义务的人没有追溯力。

其次，梅格里格夫妇提出，《美国法典》第42卷第6972条（a）款（1）项（B）目所述的公民诉讼条款和第6973条的内容具有实质性的差异，赔偿性质的救济请求只能由美国环境保护署提出。梅格里格夫妇主要关注的是这两个条款对于诉前通知要求的区别。由美国环境保护署提起的诉讼是基于其所收到的有关危害的证据，而对于此种诉讼，法律并不会因为其没有进行诉前通知而将其拒之门外。这一点参见《美国法典》第42卷第6973条（a）款的规定。但与之不同的是，如果一个私人原告没有向美国环境保护署、其所在州以及相关环境损害者发出长达90天的通知，那么其不能够提起诉讼。这一点参见《美国法典》第42卷第6972条（b）款（2）项（A）目，同时参见阿斯控房地产有限公司（Ascon Properties, Inc.）诉美孚石油公司（Mobil Oil Co.）案[3]。私人原告的通知可能会鼓励某些污染者减少有害行为以避免昂贵的诉讼。

最后，梅格里格夫妇还提出，《资源保护和回收法》公民诉讼没有时效期限，这证明了根据《资源保护和回收法》的规定，无法进行补偿性诉讼。他们认为，如果私人原告可以在完成对曾经迫在眉睫的污染的清理许多年后提起诉讼，这将是有问题的。国会在其他许多法规中都规定了诉讼时效，例如，超级基金法明确规定了以诉讼方式追偿清理费用的时效期限。这一点参见《美国法典》第42卷第9612条（d）款（1）项，其规定追偿清理费用的诉讼必须在完成所有响应活动后的6年内提出。相反，《资源保护和回收法》规定，私人原告保有"去寻求其他符合法规或普通法规定的可行性救济措施"

---

[1]　"Gwaltney of Smithfield, Ltd. v. Chesapeake Bay Found., 484 U.S.49（1987）", https://supreme.justia.com/cases/federal/us/484/49/, 2022-10-31.

[2]　"McClellan Ecological Seepage Situation（MESS）v. Weinberger, 655 F. Supp.601（E.D. Cal.1986）", https://casetext.com/case/mess-v-weinberger, 2022-10-31.

[3]　"Ascon Properties, Inc. v. Mobil Oil Co., 866 F.2d 1149（9th Cir.1989）", https://casetext.com/case/ascon-properties-inc-v-mobil-oil-co, 2022-10-31.

的权利（即无诉讼时效的限制）。这一点参见《美国法典》第 42 卷第 6972 条
（f）款。

（2）上诉法院判决及决定性依据。1994 年 4 月 5 日，双方当事人进行了
辩论。1995 年 3 月 1 日，第九巡回上诉法院作出判决，撤销原判，将案件发
回地方法院重审，理由如下。

第一，关于本案中污染是否造成"即刻且实质性的危害"。对于《资源保
护和回收法》是否授权公民对曾经造成"即刻且实质性的危害"的污染问题
提起诉讼，第九巡回上诉法院在其判决意见中提到，在阿塞托·阿格利司化
学公司（Acto Agric Chemicals Corp.）案中，当第八巡回上诉法院发出一项依
照《联邦民事诉讼规则》第 12 条（b）款（6）项作出的驳回令时，其审查
并驳斥了被告提出的与梅格里格夫妇相同的观点。在该案中，被告辩驳说，
因为原告（美国环境保护署）在提起诉讼之前就已经清理了污染点，所以法
条中要求的"即刻且实质性的危害"是不存在的。对此，第八巡回上诉法院
给出的结论是，从《资源保护和回收法》所采取的表达方式可以看出，其并
没有要求美国环境保护署在危害现实存在的情况下提起《资源保护和回收法》
诉讼。第八巡回上诉法院进一步解释说，《资源保护和回收法》的目的是赋予
法院广泛的权力，实施所有必要的救济措施，以确保完全完整地保护环境和
公众健康。至于梅格里格夫妇提出的《资源保护和回收法》公民诉讼没有时
效期限，是因为诉讼时效期限有悖于上述目的，是一种"荒唐且不必要"的
条件限制。所以第九巡回上诉法院认为，肯德基公司在诉讼中提出的污染，
虽是过去发生的，但也符合"即刻且实质性的危害"这一基本要件。

第二，关于《资源保护和回收法》公民诉讼条款是否支持赔偿性救济措
施。第九巡回上诉法院认为，1984 年《资源保护和回收法》修正案的立法历
史表明，当国会增设环境危害性条款时，其并没有意图使公民的诉讼权利范
围相较于能够提起赔偿之诉的美国环境保护署更窄，没有任何迹象表明国会
打算让公民诉讼的目的与政府诉讼的目的不同。众议院能源和商业委员会
（The House Committee on Energy and Commerce）在其报告中解释说，根据《资
源保护和回收法》第 7003 条规定的责任标准，公民在环境危害性案件中拥有
有限的起诉权，仅当美国环境保护署在接到通知后没有提起诉讼时，公民才
能够提起诉讼。该委员会相信，尤其是在政府由于缺乏资源而无法提起诉讼
时，公民诉讼条款将会扩大其适用范围。按照国会的立法意图，应当对公民

诉讼与政府诉讼以同样的责任标准进行管理。另外，由于二者在法条表述上近乎一致，应当对二者所涉及的救济措施做一致性理解。而在阿塞托·阿格利司化学公司案中，第八巡回上诉法院支持了美国环境保护署依据《美国法典》第 42 卷第 6973 条提出的损害赔偿请求。因此，第九巡回上诉法院认为，《资源保护和回收法》公民诉讼条款也是支持赔偿性救济措施的。

对于梅格里格夫妇提出的两个条款中对于诉前通知要求的区别，第九巡回上诉法院认为，诉前通知要求与从过去的污染者手中追偿清理费用之间并无矛盾之处。其实，公民损害赔偿诉讼前的通知要求是符合美国环境保护署和各州的某些利益的，因为这使得其知道环境危害已经得到纠正，污染者正在被追究责任。更进一步来讲，即便是美国环境保护署提起环境危害诉讼，也要在诉前向有关政府部门发出通知，这一点参见《美国法典》第 42 卷第 6973 条（c）款——并没有法院会将这种诉前通知要求作为拒绝政府提出赔偿请求的理由。

第三，关于允许依照《资源保护和回收法》进行赔偿性救济的合理性。第九巡回上诉法院认为，如果将《美国法典》第 42 卷第 6972 条（a）款（1）项（B）目解释为对赔偿之诉的阻碍，那么这样的公共政策就是不公平的，也是不发达的。这样的做法将使公民诉讼的补救措施在大多数情况下对于最应该得到赔偿的私主体来说毫无意义，而这些私主体都是无辜的。例如，本案中的肯德基公司，其在受污染的地产上有经济利益，也有潜在和实际的清理责任。就像本案中一样，政府经常命令无辜的私主体，也就是法规中的"责任人"，去清理在他们的房产或地产中所发现的污染，即便污染根本不是他们造成的，并且在污染发生时他们与该地产并无任何关联。当政府命令他们进行清理时，这些无辜者必须迅速地做出响应。但是在这种强制性的清理命令之中，他们根本没有时间针对过去的污染者提出"其他衡平救济"，而那些过去的污染者可能还在现场，也可能早已不在现场。

超级基金法以及州法律并没有给这些无辜的人提供充足的替代救济资源。在实践中，如果将《美国法典》第 42 卷第 6972 条（a）款（1）项（B）目理解为仅提供命令性救济而不提供补偿性救济，将会造成这些救济措施仅能够命令相关的局外人，而这些局外人对环境污染根本没有责任。

事实上，《资源保护和回收法》的赔偿性救济措施对于私主体来讲更加重要。这些私主体通常难以控制清理行动的节奏，但是只要政府发出适当的命令，他们就必须清理受污染的地产。即便是像肯德基公司这样购买了已经受到污染的地产的无辜私人当事方，通常也必须立即进行清理，而后再考虑向实际污染者追偿。与此不同的是，美国环境保护署可以控制清理行动的节奏，并能够在第一时间将清理责任施加给污染者或其他"责任人"。追偿的权利对于美国环境保护署来说只有在污染需要快速得到关注的时候才会变得重要，而这种情况往往会随着私人当事人被命令去清理污染而告终。因此第三巡回上诉法院曾认为，公共政策的考量可能偏向于允许原告先清理被污染的地产，然后再寻求补偿。这一点参见美国政府诉普莱斯（Price）案[1]。

3. 申诉过程（联邦最高法院）

联邦最高法院向第九巡回上诉法院发出调卷令，再审此案。1996年1月10日，双方当事人进行了辩论。1996年3月19日，联邦最高法院作出裁判，撤销第九巡回上诉法院的判决，理由如下。

第一，《资源保护和回收法》第7002条并非旨在为清理费用提供赔偿性救济。《资源保护和回收法》是一项综合性的环境法规，对固体和危险废物的处理、存储和处置进行规制。这一点参见芝加哥诉环境保护基金（Environmental Defense Fund）案[2]。与超级基金法不同，《资源保护和回收法》的立法目的不是完成有毒废弃物场地的清理工作，也不是补偿参与恢复工作的人员或组织。这一点参见通用电气公司（General Electric Co.）诉利顿工业自动化系统公司（Litton Industrial Automation Systems, Inc.）案[3]。超级基金法的两个主要目的是对危险废弃物场地进行及时清理并向责任人收取所有清理费用。与此相反的是，《资源保护和回收法》的主要目的是减少危险废弃物的产生，并确保对正在产生的废弃物进行适当处理、存储和处置，以"最大程度地减少其当前和未来对人类健康和环境的威胁"。这一点参见《美国法典》第42卷第6902条（b）款。

从《美国法典》第42卷第6972条（a）款所述的两种救济措施明显可以

---

〔1〕 "United States v. Price, 688 F. 2d 204（3d Cir. 1982）"，https：//casetext.com/case/united-states-v-price-50，2022-10-31。

〔2〕 "City of Chicago v. Environmental Defense Fund, 511 U. S. 328（1994）"，https：//supreme.justia.com/cases/federal/us/511/328/，2022-10-31。

〔3〕 "General Electric Company, Appellee, v. Litton Industrial Automation Systems, Inc., Appellants, 920 F. 2d 1415（8th Cir. 1990）"，https：//law.justia.com/cases/federal/appellate-courts/F2/920/1415/2918/，2022-10-31。

看出，《资源保护和回收法》的公民诉讼条款并非旨在为过去的清理工作提供赔偿性救济。根据对该条款中救济方案的通俗理解，在第 6972 条（a）款（1）项（B）目规定下提起诉讼的公民个人可以寻求强制性命令，即责成责任人清理和妥善处置有毒废弃物，或者寻求禁止性命令，对责任人的行为予以约束，避免其进一步违反《资源保护和回收法》的规定。然而，这两种救济措施都与第九巡回上诉法院对此条款的理解不同，因为它们都并不涉及有关过去清理费用的追偿问题，无论这些费用追偿是以"损害赔偿"还是"衡平恢复"的名义被提出的。

第二，从《资源保护和回收法》相关条款的立法用语看出其并不支持清理费用的追偿。联邦最高法院认为，将《资源保护和回收法》中公民诉讼条款规定的救济措施与国会在超级基金法中所规定的类似但非平行条款中的救济措施进行比较是具有说服力的。超级基金法在《资源保护和回收法》生效数年后才通过，旨在解决与《资源保护和回收法》所要解决的相同的诸多有毒废弃物问题。比较《美国法典》第 42 卷第 6903 条（5）款（《资源保护和回收法》对危险废弃物的定义）、第 6903 条（27）款（《资源保护和回收法》对固体废弃物的定义）以及第 9601 条（14）款（超级基金法对某些"有害物质"作出的规定，但明确排除了石油）可知，超级基金法和《资源保护和回收法》所提供的救济措施侧重点有明显不同，但是超级基金法的公民诉讼条款与《美国法典》第 42 卷第 6972 条（a）款相似，规定地方法院有权"下令采取必要的行动，对违反超级基金法任何标准或规定的行为予以纠正"，这一点参见《美国法典》第 42 卷第 9659 条（c）款。超级基金法明确规定允许政府追偿"移除污染物或采取补救措施发生的所有费用"，并明确允许追偿任何"符合国家应急计划的由任何人引发的必要的响应费用"，这一点参见《美国法典》第 42 卷第 9607 条（a）款（4）项（B）目。超级基金法还规定"任何人都可以主张其他责任人或潜在责任人共同分担响应费用"，这一点参见《美国法典》第 42 卷第 9613 条（f）款（1）项。因此，超级基金法的规定表明，国会在立法时知道如何对清理费用的追偿做出规定，但《资源保护和回收法》的救济措施中并无类似的规定。

第三，《美国法典》第 42 卷第 6972 条（a）款（1）项（B）目并不支持私主体针对过去某时刻的环境危害进行诉讼。联邦最高法院认为，《资源保护和回收法》的公民诉讼条款并非旨在为过去的清理费用提供补偿，从其所针对的环境危害的紧急性来看，这一点更为明显。《美国法典》第42卷第6972条（a）款（1）项（B）目只允许私人当事方在能够证明所涉固体或危险废弃物"可能对健康或环境构成即刻且实质性危害时提起诉讼"，这一时间性限制在这一条款中表现得非常明显。根据韦伯斯特（Webster）的《新国际英语词典》（New International Dictionary of English Language）（1934年第2版）第1245页的解释，只有"威胁立即发生"，才可称为"即刻"，而"可能造成即刻危害的废弃物"的措辞非常明确地排除了那些此时此刻已经不再构成危害的废弃物。正如第九巡回上诉法院在普莱斯（Price）诉美国海军（U. S. Navy）案[1]中所作的解释，该措辞"意味着必须是当前存在的威胁，尽管威胁所带来的影响可能要在未来的某个时间才能感受到"。因此，《美国法典》第42卷第6972条（a）款的规定旨在提供一种救济措施，以减轻目前或即将发生的"即刻"危害或消除这种风险，而不是对过去的清理工作予以补偿。

第四，《资源保护和回收法》实施体系中的其他方面能够有力证明上述观点。在具体的实施体系中，《资源保护和回收法》与超级基金法有所不同：《资源保护和回收法》不包含任何限制性规定，而超级基金法第107条规定了诉讼时效限制；《资源保护和回收法》不要求证明所追偿响应费用的合理性，而超级基金法第107条（a）款（4）项（A）目和（B）目规定所追偿的费用"必须符合国家应急计划的规定"。因此，如果国会有意将《美国法典》第42卷第6972条（a）款作为费用追偿机制，那么其缺少大量的具体规定。

此外，除了一个有限的例外情形——见霍尔斯道姆诉蒂拉穆克县案[2]（该案指出"当存在危险废弃物的排放危险时"，可以不适用诉前通知），对于其他案件，在未提前90天通知美国环境保护署和潜在被告"可能会发生危险"的情况下，私人当事方不得提起诉讼，这一点参见《美国法典》第42卷第6972条（b）款（2）项（A）目（i）至（iii）。如果美国环境保护署或相关州政府正积极提起诉讼，开展单独的执法行动，则不得再就同一诉因提起公民诉讼，这一点参见《美国法典》第42卷第6972条（b）款（2）项（B）

---

〔1〕 "Price v. U. S. Navy, 39 F. 3d 1011 (9th Cir. 1994)"，https：//casetext.com/case/price-v-us-navy，2022-10-31.

〔2〕 "Hallstrom v. Tillamook County, 493 U. S. 20 (1989)"，https：//supreme. justia. com/cases/fed-eral/us/493/20/，2022-10-31.

目和（C）目。因此，如果《资源保护和回收法》旨在对私主体过去的清理工作予以补偿，那么作出这样的规定是完全不合理的。这会使得，对于有非实质性问题的，也就是无论是州还是联邦政府都认为问题没有必要处理的，当事方可以通过公民诉讼收回其响应费用；而对于那些废弃物问题已严重到足以引起政府管理机构注意的，当事方反而不能收回响应费用。

第五，法院在作出"明确规定"以外的其他解释时必须慎之又慎。《资源保护和回收法》并未阻止私主体依据其他联邦或州法律追偿其清理费用，这一点参见《美国法典》第42卷第6972条（f）款（保留成文法和普通法所规定的救济措施），但第6972条（a）款所规定的有限的救济措施以及该部分的措辞，与超级基金法的费用赔偿规定存在明显差异，这点充分表明国会并未打算让普通公民承担污染清理工作，然后再按照《资源保护和回收法》的规定通过法律程序追偿清理费用。正如米德尔塞克斯县污水管道管理局（Middlesex County Sewerage Auth.）诉国家海蛤协会（Sea Clammers）案[1]中所作的解释，"国会为纠正违反联邦法规的行为提供了'详尽的实施条款'"，就像在《资源保护和回收法》和超级基金法中所作规定一样，"不能假设国会有意通过暗示的方式授权对依照该法提起诉讼的普通公民给予额外的司法救济"。该案判决指出，"这是法律解释的基本准则，如果一部法规明确规定了一项或多项具体的救济措施，那么法院在作出明确规定以外的其他解释时必须慎之又慎"。

三、案例讨论

（一）诉讼所涉及的法律文件、条款

①《资源保护和回收法》第7002、7003条；②超级基金法；③《联邦民事诉讼规则》第12条；④《联邦判例汇编第二辑》；⑤《联邦判例汇编第三辑》；⑥《联邦判例增补》；⑦《美国判例汇编》。

（二）法庭判决争议点

1.《资源保护和回收法》第7002条与第7003条在本质上是否相同

肯德基公司提出了第八巡回上诉法院曾引用《资源保护和回收法》第

---

[1]　"Middlesex County Sewerage Auth. v. Sea Clammers, 453 U. S. 1（1981）"，https://supreme. justia. com/cases/federal/us/453/1/，2022-10-31.

7003 条，即《美国法典》第 42 卷第 6973 条，该条款授权美国环境保护署提起追偿之诉，且该条款的表述在本质上与《美国法典》第 42 卷第 6972 条（a）款（1）项（B）目相同。梅格里格夫妇则认为，《美国法典》第 42 卷第 6972 条（a）款（1）项（B）目所述的公民诉讼与第 6973 条的内容具有实质差异，这两个条款中对于诉前通知的要求具有很大区别，因此赔偿性救济请求只能由美国环境保护署提出。而第九巡回上诉法院则认为，按照国会的立法意图，应当对公民诉讼与政府诉讼以同样的责任标准进行管理，并且诉前通知的要求与从过去的污染者手中追偿清理费用之间并无矛盾之处。

联邦最高法院并未对《资源保护和回收法》第 7002 条与第 7003 条在本质上是否相同这一问题进行讨论，而是直接通过对比《资源保护和回收法》与超级基金法的立法目的，说明了《资源保护和回收法》的主要目的是减少危险废弃物的产生，并确保对正在产生的废弃物进行适当的处理、存储和处置，无论是《资源保护和回收法》第 7002 条还是第 7003 条，均非旨在为过去的清理工作提供赔偿性救济。

2. 本案中的污染是否构成"即刻且实质性的危害"

肯德基公司认为，应当将"即刻的危害"这一条件解读为将《资源保护和回收法》的适用范围限定为潜在危害很严重的地方，而非限定提起诉讼的时间。梅格里格夫妇则认为，肯德基公司在提起诉讼三年前就已经完成了清理工作，早已不存在"即刻的危害"，因此其无法依据《资源保护和回收法》主张救济。第九巡回上诉法院则认为，从《资源保护和回收法》所采取的表达方式来看，"即刻的危害"并不等于危害现实存在。《资源保护和回收法》的目的是赋予法院广泛的权力，采取所有必要的救济措施，以确保完全完整地保护环境和公众健康。因此本案中的污染能够构成《美国法典》第 42 卷第 6972 条中的"即刻且实质性的危害"。

联邦最高法院则认为，从立法宗旨来看，《资源保护和回收法》的公民诉讼条款并非旨在为过去的清理费用提供补偿。而且，只有"威胁立即发生"才可称为"即刻"，而《美国法典》第 42 卷第 6972 条的措辞非常明确地排除了那些此时此刻已经不再构成危害的污染，如本案中的污染。

3. 诉讼时效是否为追偿之诉的必要限制

梅格里格夫妇认为，《资源保护和回收法》公民诉讼没有时效期限，这证明了根据《资源保护和回收法》的规定，无法进行追偿之诉，如果允许私人当事方在完成污染清理许多年后提起诉讼，是不合理的。第九巡回上诉法院则驳斥了这一观点，其认为，《资源保护和回收法》公民诉讼之所以没有时效期限，是因为时效期限有悖于《资源保护和回收法》确保完全完整地保护环境和公众健康之目的，是一种"荒唐且不必要"的条件限制。

联邦最高法院则认为，《资源保护和回收法》与超级基金法的实施体系有诸多不同之处（包括但不限于诉讼时效），明显可以看出对于环境响应费用追偿机制在超级基金法中具有详细规定，私主体不能够再依据《资源保护和回收法》主张相关费用的赔偿。

（三）本案启示

本案的争议焦点在于法律解释的冲突。在法律适用的过程中，成文法的适用往往是以法律规范作为大前提推导出法律结论。因此，选择合理的方法进行恰当的法律解释尤为重要。

首先，在选择解释方法之时，应当以法律规范之文本为根本。本案中，在对"即刻的危害"这一条件进行解读之时，第九巡回上诉法院并未遵循其应有之含义，而仅仅是对《资源保护和回收法》整体性的立法目的进行揣测，最终认为"即刻的危害"不等于危害现实存在，造成了理解的偏差。而后，联邦最高法院通过对文本进行语义诠释，纠正了错误。

其次，在探求立法者主观目的之时，应当以全面的视角对不同法律规范进行比对。本案中，第九巡回上诉法院拘泥于当事人提出的《资源保护和回收法》第7002条与第7003条是否相同这一问题，对上述两个条款进行了僵化的比对，最终因未能发现其中立法意图之区别而盲目、错误地遵循了第八巡回上诉法院的判例。联邦最高法院跳出此问题，通过比对《资源保护和回收法》与超级基金法相关条款的不同限制性规定，对这两部法规不同的立法目的进行了充分阐述，解决了《资源保护和回收法》公民诉讼是否涵盖赔偿性救济的问题，体现出更高的司法水平。对诉讼时效问题的分析亦有此体现。

因此，在环境立法体系尚不完善、环境司法尚欠协调统一的大背景下，在个案中选择正确的法律解释方法，进行恰当的法律解释，兼顾正义与效率，是对未来环境司法审判工作更加严格的考验。

―――◇第五部分◇―――

环境污染责任索赔专家证人
作用及案例 *

———

* 由张雅楠、李奕杰、汪安宁、谢荣焕、迈克尔·J.韦德执笔。

法律情境下的专家辩护

第十七章 ——西方制度和中国制度

在环境法庭科学这一新兴领域，学者或者科学家是合法权利要求环节不可或缺的参与者。环境法医学所固有的复杂性使法律制度必须依赖这些学者或者科学家。因此，学者或者科学家必须学会在适用的监管和法律体系下工作。

过去 40 年来，中国的法律体系发生了变化，环境法庭的设立增加了法庭对科学家的依赖。如今的中国法律制度及专家发挥的作用与美国截然不同。

一、中国法律制度及专家

在中国的法律制度中，法院分为四个等级：基层人民法院、中级人民法院、高级人民法院、最高人民法院，以及军事、海事、铁路运输、林业等特别法院。最高人民法院在明确环境法律原则，指导下级法院适用环境保护法方面，发挥着重要作用。中国目前有多个专门化的审判庭和法庭用于环境司法，既扩大了原告的起诉权，又更加重视环保问题，也因此增加了中国环保案件和环保法律问题的审理数量[1]。

诉讼案件的当事人可以委托律师或者非律师代表担任诉讼代理人，但外国律师不能在中国法院出庭[2]。在中国法律制度中，当事人可以自行聘请鉴定人（专家证人），并提交鉴定意见书。但对方当事人可以针对单方面的鉴定报告提出质疑，因此鉴定报告难以得到法院采信。根据中国《民事诉讼法》第 79 条第 2 款，当事人未申请鉴定，人民法院对专门性问题认为需要鉴定的，应当委托具备资格的鉴定人进行鉴定。鉴定人必须出具签字盖章的书面鉴定

---

〔1〕 "Foreign and International Law", http://www.loc.gov/law/help/legal-research guide/china.php, 2016-12-12.

〔2〕 Jones Day, "Dispute Resolution", http://www.jonesday.com/files/Publication/e0d67d34-3a1f-4d73-b06e3be706c13051/Presentation/PublicationAttachment/5a45530d-5fde-4c39-afa5-65798cd12cd8/China%20Dispute%20Resolution.pdf, 2022-10-31.

结论，以供审查。

在中国法律制度中，鉴定人的职责是在其专业范围内提供专业知识或专业意见。鉴定人的鉴定意见必须独立，才会得到法院的采信。鉴定人可以在庭审中就鉴定意见出庭作证并接受质证，但是，当事人不同意鉴定意见或者法院认为鉴定人有必要作证的，鉴定人必须作证。鉴定人拒绝作证的，其出具的书面报告或意见不予采信。鉴定意见属于可接纳证据[1]。

在中国，环境污染诉讼的最长诉讼时效为权利受侵害之日起 20 年。因此，可以指定一名环境法庭科学专家协助律师及其当事人确定哪一方或多方应对 30 年、40 年、50 年或更久以前的污染承担责任。

中国《民事诉讼法》规定，鉴定人与案件当事人有其他关系，可能影响审判公正性的，必须回避。要求鉴定人对案件保持公正，意味着律师必须为其客户而非鉴定人辩护。缺乏足够的司法经验和专家对鉴定文书发表意见的局限性，给环境诉讼带来了诸多问题。因此，中国法律体系在不断发展的同时必须保持专家的公正性，并确保辩护权仍掌握在律师手中。

二、美国法律制度及专家

多年来，美国法律制度不断演变，针对科学家、专家证人和律师等职业角色的要求也在不断演变。在法律纠纷中，律师的作用是为他们的当事人提供咨询和辩护服务。

根据美国《联邦证据规则》第 704 条（a）款之规定，允许在法庭上引入科学意见，而不仅仅是简单地陈述无争议事实（即实验室结果缺失和对这些结果的解释），它的依据是，专家证人的证词能够帮助审判者对给定的技术问题进行事实理解。专家证人在给出意见时，会基于：①普遍接受的、可验证的理论；②采用有效可靠程序取得的积极成果；③同行评议文献中的著述；④科学界广泛接受的知识与理论。确切地说，科学家变成了法庭上法官和陪审团的老师。

同时，律师被公认为其当事人案件理论的拥护者。美国律师协会《职业行为示范规则》明确规定，作为"辩护人，律师应根据对抗制规则积极维护

---

〔1〕 谢伟："我国环境诉讼的专家证人制度构建"，载《政治与法律》2016 年第 10 期。

委托人的立场"[1]。当然，律师不能在未充分理解当事人立场的情况下为其所持立场进行辩护，其应充分了解维护当事人立场的事实以及驳斥当事人立场的事实。在环境法庭科学这样一个技术上具有挑战性的领域中，如果律师不能确定当事人聘请的专家证人给出的科学建议是公平公正的，且并非简单地为了迎合当事人需求，投其所好的（例如，"这不是你造成的污染"），那么其就无法正确地判断当事人案件的优势和劣势。

法官和律师现在都认识到了这个问题，并开始着手应对这一问题。例如，第六巡回上诉法院已经认识到"相对于科学研究或技术工作中自然产生的专家证词，要谨慎对待专为诉讼准备的专家证言"[2]。同样，在巴特勒（Butler）诉联合碳化物公司（Union Carbide Corporation）案[3]中，佐治亚州上诉法院维持了初审法院不采纳原告医疗专家证言的判决，认为原告医疗专家是"典型的待聘专家"，并认为在将道伯特（Daubert）检验应用于拟议专家及其科学知识和该专家方法的可靠性时必须高度严谨。

每个诉讼律师都应该做出一个假设，即其对手将准备好或者已经准备好挑战其当事人专家的每一个意见。如果专家意见在科学上不成立，无法得到证据支持，对方肯定会向事实审判者证明这一点，这不仅会导致对委托人的司法裁决，还会使律师和专家面临尴尬。尽管《美国联邦民事诉讼规则》并未对专家的公正性提出要求，但这是一项隐含标准。

三、所有法律制度都需要秉持公平公正原则的专家

在美国，诉讼程序一旦启动，争端各方就必须依赖训练有素的律师来帮助他们处理纷繁复杂的法律事务，评估当事人主张及辩护的法律依据，并就适用法律以及适用法律对当事人主张及辩护的影响给出法律建议。在复杂的环境问题上，当事人和律师必须求助于高度专业的学者或者科学家，以理解科学概念和科学数据及其对诉讼案件的影响，帮助自己向法官和陪审团解释这些科学概念和科学数据的含义。

---

[1]　Model Rules of Professional Conduct, American Bar Association, Preamble and Scope.

[2]　"Johnson v. Manitowoc Boom Trucks, Inc. , 484 F. 3d 426, 434 (6th Cir. 2007)", https://casetext. com/case/johnson-v-manitowoc-boom, 2022-10-31.

[3]　"Butler v. Union Carbide Corporation, 310 Ga. App. 21, 712 S. E. 2d 537 (Ga. Ct. App. 2011)", https://casetext. com/case/butler-v-union-carbide-corporation, 2022-10-31.

在美国，学者或者科学家必须配合聘请自己的一方当事人或多方当事人，帮助他们理解己方或对方提出的问题，以及如何提出问题、向谁提出问题（是陪审团、法官还是仲裁庭）等。首先，科学家必须先作出假设，收集信息和/或环境数据（可能包括测试样品）；其次，对经验数据进行审查；再其次，对相关假设进行评估；最后，完全基于数据、事实和证据而不是当事人的利益阐述结论。我们将这些工作统称为科学过程，它的侧重点必须集中在从学者或者科学家的角度回答提出的问题。这一点很重要，主要原因有两个。

第一，从律师的角度来看，如果聘请的学者或者科学家对证据做出了公正的评价，律师就可以辨别出当事人立场的有效性，以及是否有证据支持当事人立场。在这种情况下，如果学者或者科学家以辩护人的身份自居，基于当事人的意图而不是基于事实得出结论，律师必然无法准确辨别当事人立场的有效性。事实上，如果律师不清楚事实对案件当事人有利还是不利，他不可能就案件的法律依据向当事人提供合理的法律建议（是应当庭外和解还是等待法院判决）。相对于庭审中使用的大多数科学证据，环境法医学领域的科学证据要复杂得多，因此，律师充分理解相关的科学概念、数据以及两者对当事人案件的影响就显得尤为重要。

第二，在美国法律制度中，之所以存在专家证言，其根本原因是需要公平公正地向事实裁判者解释技术问题。事实上，在美国，事实裁判者的任务是裁定争议中的环境污染责任归哪一方当事人或多方当事人。如上所述，美国法院已经触及了这个问题，但对于事实裁判者来说，在审查专家是基于科学知识和可靠方法提供证据，还是仅为"典型的待聘专家"时，仍然没有一致的标准或检验方法[1]。采信不可靠的专家证据，致使陪审团在判定时产生偏见的危害极大[2]。新泽西州最高法院解决了这个问题——只要法官职能行使得当，就能避免陪审团存有偏见。为了履行这项职责，事实裁判者不仅要了解相关的科学问题，还要能够依靠当事人各自专家基于对证据的公正评价和解释的意见。

如果法庭允许专家以律师的身份出庭作证，那么事实审判者不可能基于

---

[1] "Estates of Tobin Ex Rel. Tobin v. SMITHKLINE, 164 F. Supp. 2d 1278（D. Wyo. 2001）", https：//law. justia. com/cases/federal/district-courts/FSupp2/164/1278/2459767/, 2022-10-31.

[2] "In re Accutane Ligation, 234 N. J. 340（2018）", https://casetext. com/case/in-re-accutane-litig-12, 2022-10-31.

证据作出公正的判决，因为专家证言与当事人自己的证词毫无二致（通常这些证词必然是利于当事人自己的）。如果法庭允许专家以律师的身份出庭作证，就无法保证事实审判者能够充分理解科学概念和科学证据。相反，他们在作出判决时会基于曲解的科学概念以及有失偏颇的数据解释，这两者都无法帮助事实审判者作出公正的判决。因此，随着中国在环境诉讼中越来越多地引入鉴定人，建议中国法律制度关注一下美国目前所面临的专家辩护问题，以期能够提前解决这些问题。

四、小结

在解决历史遗留环境污染纠纷问题时，环境法庭科学发挥的作用越来越重要。但庭审辩护人一职必须由律师担任。首先，律师的培养目标是成为辩护人，而学者或者科学家的培养目标是成为公正无私的诉讼参与人。作为专家证人，科学家必须公正地评价和解释事实，解释有争议的概念。正如前面所讨论的，专家证人的角色不是试图通过人格力量或歪曲数据的解释来"打赢官司"。中国法律制度采用的是法院指定的办法，这也让人们培养出了律师才是辩护人的观念，假设调查取证程序需要专家参与，在该程序中专家只需要专注于事实即可。

斯特林法官在一份关于专家的意见书中强调，"陈述内容截然不同，给法庭乃至审判法官强加了一项责任，即让他们对那些存在荒谬偏见的'专家'意见做出负责任的评估"[1]。甄别专家意见是基于科学依据还是只是专家的辩护词，这本来就不是审判法官的职责。事实上，辩护工作必须留给律师，而不是专家或事实审判者。不幸的是，在环境法庭科学领域，科学家不去发挥学者的公正评价作用，反而为了讨好当事人，扮演起了辩护人的角色，在解释证据时，打赢官司的企图明显，这样他们才能赢得更多业务，实现个人发展[2]。在以求真为终极目标的法律制度内，这种行为毫无存续空间。"求真"必须在每一项法律制度中强制执行。

科学家对科学本身负有责任。科学家有义务将个人的工作成果分享给大

---

〔1〕　"Finkelstein v. Liberty Digital, Inc., C. A. No. 19598 (Del. Ch. Apr. 25, 2005)", https://casetext.com/case/finkelstein-v-liberty-digital-inc, 2022-10-31.

〔2〕　Steve Huyghe Sr. and Adrian Chan, "The Evolution of Expert Witness Law Under UK and US Jurisdictions", *Construction Law International*, Vol. 8, 4 (2013), p. 14.

家。无论是通过专业协会内部的社团、在国内或国际会议上发表演讲、在同行评议的技术期刊上发表文章、撰写教材，还是通过同行科学家之间的日常讨论，科学家都必须将个人的工作内容分享出来。在所有的分享途径中，科学家宣传个人或他人的学术成果无疑是最合适的一种方式。

因此，总体而言，一位科学家针对科学、推动学科进步的专业人士、他们的家庭和社会背景本身发表意见，都会产生一定的影响力。每一位科学家都务必要尊重这种综合影响力。例如，科学家在公开场合就一项直接涉及自身科学工作的问题发表意见，就是一种最好的分享方式。事实上，鉴于科学家负有分享义务，不就某一问题发表意见就等于在学术上否认了一个人的工作成果。

给学者提供更加广阔的社会空间，让他们发挥关键作用，这并非一个新概念。美国第 35 任总统约翰·肯尼迪在 1956 年哈佛大学的毕业典礼上讲话时，曾主张让学者参与公共政策的制定，他表示："……政治人才既需要掌握技术判断能力，也需要具备学者的公正视角。"[1]这两句话中的关键词是"人才"和"公正"。学术研究和政治工作都需要这种大公无私的人才，法律程序同样需要这样的人才。此外，考虑到当今政治观点的僵化，尤其是在涉及诸如气候变化研究等学术工作以及应对此类问题的国际条约时，"人才"和"公正"显得尤为重要。

科学家在道德上有义务就这些问题发表意见，人们也正在做出这样的努力。当今社会需要科学家在他们擅长的学科领域进行科学宣传，但这种科学宣传必须止步于法院门前。

每项法律制度都必须将公正原则纳入民事诉讼规则和/或律师职业责任规则内，这是当务之急。这样做就卸下了律师身上的重担，让提供公正意见和证词的责任重归当事人的专家证人。

学者或者科学家需要扮演什么样的角色，取决于对他们提出什么样的要求。在法庭科学情境中，主张一个科学家的信念，与既定法律制度的要求相冲突。在既定法律制度中，事实审判者的作用是辨别问题真相，因此学者或者科学家必须是可信可靠的，他们必须将工作结论建立在现有科学事实的基础上。现如今，环境法庭科学已经发展成一种更加广泛的调查方法，它在呈

---

〔1〕 J. F. Kennedy, "Harvard University Commencement Speech", *Harvard University Archives*, 1956.

现事实真相而非某些人所希望的真相方面发挥着比以往任何时候都更加重要的作用。

　　综上所述，在有些法律制度中，事实审判者以探求事实真相为目标，而在有些法律制度中，专家或者科学家为了争取"胜诉"、谋求个人利益或财富，不惜为当事人"虚假辩护"，这些法律制度之间不可能兼容。如果不加以质疑，让这种"虚假辩护"出现在环境法庭科学领域，无疑是让学者或者科学家成为任由他人遣用的"工具"。我们必须同心协力，保障整个法律制度具备科学层面的可靠性，而在法律层面，必须与先前判例保持一致。因此，所有法律制度都必须制定程序性规则和/或律师职业责任规则，罗列出各项强制性要求，例如，所有专家证人在法律情境中必须保证公平公正，辩护人必须由律师担任等。

第十八章 法律程序中的出版文献

一、出版文献在法律专家服务中的应用

人们一直在不断推进相关程序，重新评估将科学引入庭审的方法。在法庭上运用新的科学理念、方法或科学进展之前，必须解决有效性和可靠性问题。在法庭采信前，必须基于同行评议程序牢固确立科学的可靠性。同行评议程序是业界公认的一种可靠评议方法，常用于评议文献或鉴别某一科学论文。

发表论文是科学方法的一个组成部分。如果人们构思了一个想法，对其进行测试后发现这个想法是有效的，就需要与更加广泛的科学界交流研究成果，以便做进一步测试和验证。在科学界，人们制定了一些保护措施，目的是防止出现劣质科学或者伪装成科学论点的辩护词。在这个方面，同行评议流程发挥着主要作用。在同行评议流程中，经验丰富的科学家代表的是整个科学界，他们有责任维护科学过程本身的完整性以及整个科学界乃至科学家个体的完整性。几十年来，随着科学的进步，同行评议流程虽运转良好，但也出现了改善空间。

经同行评议的已发表论文必须由其他人严格审查。其他科学家可以对已发表论文进行评估，针对论文中提出的技术观点给出支持或反对意见。评估过程中势必会出现有关技术问题的争议，而技术文献本身就是科学家相互切磋的平台。事实上，在历年的技术文献中，关于这类技术切磋的内容不胜枚举。

新的观点只有发表在技术文献中，科学界才有机会阅读、评论，并将其运用到个人研究的特定情境中，对结果进行评估。如果科学界有越来越多的研究人员提交自己成功运用先前已发表观点的手稿，就能巩固并维持原创科学。如果科学界大都不认同原有观点，认为已发表作品的观点不正确，那么在科学文献上发表的文书本身即不充分，也不受业界认可。最终，技术过硬

的观点在同行群体中会得到巩固，同时人们也会甄别出那些存有偏见或者由辩护词生拉硬套的观点，撕开它们的真实面目，淘汰这些存有偏见的作品。

二、出版文献质量

众所周知，同行评议技术期刊的质量参差不齐。有些期刊的评议要求非常严格，它们秉持极高的技术/科学标准；也有一些期刊受生存压力所迫，在发表技术论文方面做不到十分严格，评议过程十分松懈。在这种情况下，审查人员个人的技术实力在评议过程中就起到非常大的作用。

值得庆幸的是，一个运行良好的同行评议流程在很大程度上可以剔除已发表文献中存在技术疑点或者缺乏数据处理的论文。尽管如此，有问题以及存有偏见的作品仍得以发表的情况时有发生。通常，此类作品不完整或不够透彻，其发展只是得益于问题讨论过程布局精巧，突出了某一个特定观点。

通常，在评议过程中，审查人员能够快速识别出这类文献，因为这类文献通常会使用一些条件措辞，例如"最有可能""可能是""有可能""可能""或许"等，或者包含一些非科学论点，如"……当实验室数据不匹配时，最可能的解释是……""……这可能是正确的，也可能是由最可能的解释……引起的""数据显示，污染可能以前就存在，但可能无法准确地量化出一个时间范围……"以及"……排放的污染物有可能不含这些参数或参数浓度极低，但我们再次强调，很难在土壤样本中检测这些参数"等。这些都不是科学的主张，只是假设或者一厢情愿的想法。

此外，有些期刊发表的论文看似合理，但其中并未包含可供独立评估或可验证来源的数据。近期发表的部分论文就是这类偏见的佐证，它们在实际撰写时使用的表述包括"……在许多其他诉讼案件中，特别是在这个州内提起的诉讼案件中……"以及"……在该公司提交的材料中，这些添加剂在这段时间之后不存在于汽油中……"此外，还有一些观点所基于的论文"正在发表中"，而实际上却并非如此。还有一些论文之前曾被多家同行评议的技术期刊拒绝，后来又在一些知名度较小的期刊上发表，但并未对投稿内容进行重新评估。

三、小结

科学家在法庭上的角色至关重要，因为事实裁判者（无论是法官还是陪审团）的任务是裁定争议中的环境污染责任归哪一方当事人或多方当事人。为了履行这项职责，事实裁判者不仅要了解相关的科学问题，还必须能够根据当事人各自专家给出的意见（基于专家的公正评价和证据解释）作出判断。

如果向事实裁判者出示的证据是基于存在技术问题或者存有偏见的技术文献，那么仅仅依靠科学证据，事实裁判者将无法作出判决。事实上，如果允许专家采用未经同行评议的已发表论文作证以支持自己的立场，则违背了专家作证的核心用意，即根据公认的科学原则提供无偏见的意见证词，以帮助事实裁判者理解相关的科学问题，从而作出公正合理的判决。

事实裁判者在作出判决时，如果是基于存有偏见或存在技术缺陷的文献，就相当于允许在判决结果中获益的当事人作伪证。伪证是指宣誓后在法庭上故意作出不实陈述。如果证词是基于存有偏见或技术缺陷的文献，而法庭又允许采纳这类证词，那么这与作伪证没有什么区别。

作伪证本身造成的名誉损害就足以让那些品行端正的科学家却步，让他们不敢依赖存有偏见或技术疑点的论文。如果在法律诉讼中，环境法庭科学家成为真正独立的技术援助来源，那么科学界务必保持警惕，切勿让存有偏见以及不可靠的已发表著作成为漏网之鱼。

第十九章 案例分析

案例 25　环境法庭科学案例研究和行业诉讼
　　——格瓦纳斯运河超级基金场地

一、背景

格瓦纳斯运河位于美国纽约，长 1.8 英里，宽 100 英尺，建于 19 世纪中期，毗邻多个发达地区，最终汇入纽约港，其滨水区主要是商业和工业用地，目前由混凝土厂、仓库和停车场组成。格瓦纳斯运河已经成为一条主要的工业运输路线，自建成以来，其一直在遭受严重污染：沿运河经营的煤气厂、造纸厂、制革厂和化工厂会向运河排放废物。此外，居民产生的生活废水、雨水管网的雨水、工业污水等会汇入市政排水系统，这些污水会通过合流制污水溢流（CSOs）流入运河。因此，格瓦纳斯运河被认为是美国污染最严重的水体之一，其沉积物中含有十几种污染成分，包括高浓度的多环芳烃（PAH）、多氯联苯和汞、铅、铜等重金属。

已经确定的污染物包括多环芳烃，它们来自运河沿线的三家人工制气厂（MGP）排放的废料。之前在运河沿岸的三家人工制气厂已经采取了一些补救措施，但运河的修复工作尚未完成。在人工制气厂设施上开展煤炭气化作业会给环境造成影响，根据已掌握的评估情况，美国联邦和纽约州监管机构认为，这三家人工制气厂是运河中多环芳烃污染的主要来源。

在与众多利益相关方（例如，格瓦纳斯运河的利益相关者）协商后，美国环境保护署确定，将格瓦纳斯运河列入超级基金场地是清理这条严重污染并被长期忽视的城市水道的最佳途径。运河清理工作于 2010 年 3 月被列入了国家优先名录（NPL）。尽管这三家人工制气厂早已关停，但大部分清理费用应当由地产继受者以及设施所有人承担。因此，一家大型公用事业公司成为前人工制气厂场地的主要责任人。根据格瓦纳斯运河清理计划，清理费用预估超过 10 亿美元。但格瓦纳斯运河超级基金场地还有其他多个主要责任人，而且，在众多主要责任人中，确定污染归谁负责成了一个问题。在美国超级基金场地项目中，这种情况经常发生，关键的主要责任人会聘请律师并对律师的法律职位进行评估。除律师外，有些主要责任人还会聘请环境法医学专家。

二、诉讼当事人响应

这家大型公用事业公司在法律程序的早期阶段聘请了一家成熟的环境法医学公司（出于保密原因，这里称为 N 公司），以根据已知的格瓦纳斯运河沉积物污染物负荷来评估已确定的人工制气厂的经营数据。两家公司签订了多份协议，每一份协议都包含了大量的保密条款。N 公司对已有的沉积物多环芳烃数据进行了研究并明确得出结论，公用事业公司所接管的企业对运河中的绝大多数污染物不承担任何责任。该公用事业公司在向参与调查和运河清理工作的监管机构提交报告时，很大程度上都是依赖 N 公司的研究报告。具体来说，N 公司的一个主要结论是，在有限数量的沉积物样本中，研究人员观察到了类似前人工制气厂焦油的沉积物多环芳烃特征，但大多数含有焦油衍生多环芳烃的样品与人工制气厂的源样品不一样。这一发现表明，格瓦纳斯运河存在多个影响严重的多环芳烃污染源。

在收到 N 公司的报告后，监管机构的法务人员也聘请了一家环境法医学公司（由于保密原因，将该公司称为 W 公司），对 N 公司的报告进行审查，并评估多个主要责任人对格瓦纳斯运河沉积物污染物负荷的贡献量。W 公司充分审查了 N 公司的报告以及提供的格瓦纳斯运河沉积物数据，得出结论：沉积物多环芳烃污染物以及大部分金属污染物负荷与已知的煤炭气化工艺和废物处理作业一致。W 公司还得出结论：运河系统内污染物的分布和再分布主要来自污水处理作业和合流制污水溢流。此外，W 公司确定，几乎没有证据能够表明同样位于格瓦纳斯运河沿线的散装石油运输和存储设施造成了运河沉积物污染。

三、后续冲突

当有消息透露出监管机构有意将该案件中 W 公司曾服务过的一家大型石油公司列为另一关键主要责任人时，W 公司的所有者以道德顾虑为由，完全退出了格瓦纳斯运河诉讼程序。因此，W 公司虽然失去了未来收益，但避免了长期的利益冲突及客户道德顾虑。

N 公司采取了不同策略。后来披露的结果显示，N 公司试图代表人工制气厂设施所有者和散装石油公司所有者确定格瓦纳斯运河沉积物的多环芳烃污染源。一方面，N 公司代表人工制气厂设施的实际所有人——公用事业公司——得出结论，人工制气厂设施对所有多环芳烃污染不承担任何责任，并指出格瓦纳斯运河中存在多个影响严重的多环芳烃污染源。另一方面，N 公司以一家大型石油公司代表的身份，认为人工制气厂应对格瓦纳斯运河沉积物中的多环芳烃污染负主要责任。

随后，N 公司表示，是人工制气厂设施污染了格瓦纳斯运河沉积物，而非石油公司，这就导致公用事业公司以商业纠纷为由起诉了 N 公司，主张 N 公司因与公用事业公司的持续业务关系而违约、违反信托义务、欺诈、推定欺诈和专业疏忽。此外，N 公司还几乎不受约束地获得了与运河诉讼问题有关的机密、专有信息以及工作成果信息，包括数据、注释、备忘录、诉讼工作成果材料，导致了严重的利益冲突问题。

公用事业公司诉 N 公司一案被发回美国联邦法院审理。这起诉讼在美国环境法医学界引起了极大关注。N 公司基于同一个基金项目的同一份沉积物多环芳烃数据集出具了两份截然相反的技术结论，这无论是面对公用事业公司、石油公司、众多联邦和州监管机构、未来客户、N 公司员工还是全球各地的科学同行，都让自己陷入了专业地位不稳的尴尬境地。此外，N 公司选择在同一诉讼程序中担任两家公司的代理人，也等于将自己置于民事处罚的危险境地，赔偿和罚金可能会高达数十万美元，但这一点尚未被充分评估。

四、分析

N 公司在本案中做出的各种技术和商业决策，其背后的原因目前尚不清楚，然而，为争议问题的双方当事人同时提供专家科学服务显然是错误的。N 公司及其员工的声誉已然受到严重损害，受损程度尚未确定。对 N 公司而言，其完全可以做出更加合乎道德和科学规范的商业决策，拒绝为本案的某一方当事人提供服务。显然，从所遇到的情况来看，N 公司并没有做出严谨负责的商业决策，在美国联邦法院和公众舆论"法庭"上，其仍在为自己的商业行为和员工声誉进行辩护。对于 N 公司来说，最好的决策是放弃一位客户的收益，并向双方说明。商业决策需要立足于道德上的利益冲突考量，这才是科学家在专家证人法律程序中勇于承担义务和责任的实际体现，而这一点远不是抽象的科学和法律概念所能相提并论的。

案例 26　石油来源鉴定和释放年代
测定等现有出版文献的使用

在环境法庭科学调查中，技术文献的使用至关重要，发表科学研究成果是科学方法的一个重要组成部分。法律程序要求初审法官必须发挥看门人的作用，法庭只采信科学专家的证词，保证科学专家的意见被有关科学界普遍接受。最好是根据具体情况，单独考虑每一项原理，以便得出最好、最合理的结论。对于科学家，特别是那些在环境法庭科学行业工作的人来说，也就是整个科学方法应用过程务必求真务实。

技术文献是当今法庭科学地球化学界研究和工作不可或缺的一部分，许多技术出版物都被阅读、参考和应用。然而，经常发生一些科学专家对发表内容完全误解，或者故意在文献中截取一小段落，目的是断章取义，佐证自己想法（或者是为了名利）的情况。此外，在情境限定明确的背景下阐明的原理也可能并不适用于其他情境，审查人员要根据具体情况来确定文献内容是否适用于其他案例。

本部分列举了几个明显的误解或误用案例，包括卡普兰等人[1]地下水汽油污染年代测定的 BTEX 比率，施密特等人[2]汽车汽油年代测定的关系，以及由克里斯滕森和拉森[3]的柴油排放年代测定结果推算出的关系。

卡普兰等人确定了地下水中苯+甲苯与乙苯+二甲苯的比例［（B+T）／（E+X）］。文章中列举的数据表明，释放源附近的溶解汽油中的 BTEX 比（Rb）与原始汽油中的 BTEX 比（0.7—1.2）接近。该比值会随时间减小，

〔1〕 I. R. Kaplan et al. , "Patterns of Chemical Changes During Environmental Alteration of Hydrocarbon Fuels", *Ground Water Monitoring and Remediation*, Vol. 16, 4 (1996), pp. 113-124.

〔2〕 Gene W. Schmidt, Dennis D. Beckmann, Bruce E. Torkelson, "Technique for Estimating the Age of Regular/Mid-grade Gasolines Released to the Subsurface Since the Early 1970's", *Environmental Forensics*, Vol. 3, 2 (2002), pp. 145-162.

〔3〕 Lars Bo Christensen, Thomas Hauerberg Larsen, "Method for Determining the Age of Diesel Oil Spills in the Soil", *Groundwater Monitoring and Remediation*, Vol. 13, 4 (1993), pp. 142-129.

与时间呈函数关系，低于 0.5 通常表示汽油停留时间超过 10 年。从发表的文章中可以清楚地看到，这个比率只适用于溶解汽油一次瞬时释放的情况。文章中并未列举土壤或非水相液体（NAPL）数据，在这种情况下，就不能使用 BTEX 比法。在已发表的文章中，从未出现过将 BTEX 比法应用于土壤或非水相液体的情况。同样，BTEX 比法也不适用于多次或连续（即慢性）释放的情况。此外，这种方法仅针对单一释放源，不适用于地下水中疑似有多个汽油释放源的情况。事实上，如果不同燃料多次释放已经对一个场地的地下水产生了影响，则 BTEX 比法不适用。同样，这种方法显然也不适用于汽油混合物样品，如来源不同、释放时间不同的汽车汽油混合物，也不适用于汽车汽油与中间馏分（如各种航空燃料、煤油、2 号燃油、柴油或重馏分燃料）的混合物或汽油与废机油或其他有机物或有机溶剂的混合物。目前尚无文献证明这种方法适用于石油混合物这种复杂情况。

施密特等人提出的数据表明，对于单一汽油样品，甲苯与正辛烷（甲苯/n-C8）的浓度比和汽油生产年份之间存在总体趋势关系。他们的研究结果认为，如果比率小于 5，则汽油生产年份在 1973 年至 1983 年；如果比率在 5 和 10 之间，则汽油的生产年份在 1984 年至 1993 年；如果这个比率大于 10，则汽油的生产年份在 1994 年至 2001 年。但在描述这种方法时，作者规定了几项必须满足的关键适用性条件，例如，该方法仅适用于未经强烈水洗降解的普通和中级汽油产品，不适用于高级汽油。此外，最关键的是，甲苯/n-C8 关系是基于已知生产和/或销售日期的纯汽油产品的单一样品得出的结论，而不是非水相液体、土壤或地下水样品。与卡普兰等人的研究结果一样，目前尚无文献证明这种关系适用于不同汽油的混合物，也无文献证明其适用于汽车汽油与中间馏分的混合物或汽油与废机油或其他有机物或有机溶剂的混合物。最后，文章中的总体关系仅是粗略估计，仍有很多案例不符合这种关系。

克里斯滕森和拉森发表了一篇文章，文章中给出了 n-C17/IP-19 比值与可用于土壤中柴油排放年代测定的环境暴露年份之间的经验关系。为确保这种经验关系的适用性以及年代测定的准确性，作者列出了许多土壤样品的采集条件。他们的研究仅限于以下列举的条件：样品中的柴油浓度必须超过 100 毫克/千斤，样品采集位置必须至少位于地下 1 米处，样品必须采集自已铺路面下的非饱和土壤区，分析过程必须包含单一成分信息，如 n-C17、n-C18、原始馏分（pristine）（IP19）和植烷（IP20）。

虽然克里斯滕森和拉森的经验关系得到了基本原理的佐证[1]，但在原文中并未公开讨论汽车汽油等其他燃料与柴油混合的情况。事实上，最近的研究结果表明，当汽油与中间馏分燃料（如2号燃油/柴油）混合时，克里斯滕森和拉森的年代测定关系会失效。仔细阅读克里斯滕森和拉森的文章可以发现，作者仔细筛选了特定地点的样品数据，这些样品中可能含有其他石油产品，但作者只关注了柴油污染问题。很明显，同行评议技术文献中，没有任何文献能证明可以将这种年代测定关系扩展到汽油和柴油混合燃料。简单地假设只有一种石油产品来源，没有对可能存在其他产品的所有数据进行评估，这显然是错误的。此外，简单地假设单一样品即代表了整个采集点的条件，这显然不符合科学的严谨性，这种方法也不符合奥卡姆剃刀原理。正如鲁布·戈德堡看待问题的方法一样，人们要警惕，不要忽视采集点存在更加复杂情况的可能性，这些情况可能会对数据做出更加完整的解释。

在同行评议技术文献中，有明显的证据表明，很多作者都会担心存在石油产品混合以及多产品释放可能性的情况。普瑞来和奎恩[2]讨论了机油中存在多环芳烃的情况。根据作者所指出的顾虑，他们评估了非法排入沿海海洋系统的废机油产生多环芳烃污染的可能性。作者还追踪观察了汽车机油中多环芳烃随时间积聚的情况。该项研究的气相色谱/质谱（GC/MS）色谱图显示，随着发动机机油的废弃时间不断增长，多环芳烃的含量也在不断增加。

在评估长期收集的废机油气相色谱/质谱数据时，作者发现轻质烷基苯会在萘和烷基化萘之前溶解，在来源于轻质烷基苯的废机油中，出现了多个多环芳烃峰值。鉴于可以假定汽油馏分石油产物的末端断点位于1-和2-甲基萘偶联物处，当使用原始化学色谱数据进行质量计算时，结果表明，在所有多环芳烃中，大约有20%属于低（汽油）分子量馏分（即烷基苯），80%的多环芳烃属于高于1-和2-甲基萘（即菲、蒽、芘等）的高（燃烧产物）分子馏分。汽油馏分峰值表示的是未燃烧和部分燃烧的汽油碳氢化合物。因此，如果某处排放了废机油，含有汽油馏分碳氢化合物的物质的质量占比大约为20%。

〔1〕 Y. Galperin, I. R. Kaplan, "Zero-Order Kinetics Model for the Christensen-Larsen Method for Fugitive Fuel Age Estimates", *Ground Water Monitoring and Remediation*, Vol. 28, 2 (2008), pp. 94~97.

〔2〕 R. J. Pruell, J. G. Quinn, "Accumulation of Polycyclic Aromatic Hydrocarbons in Crankcase Oil", *Environmental Pollution*, Vol. 49, 2 (1988), pp. 89~97.

　　因此，如果假设某一个地点存在废机油污染情况，但不存在其他石油产品，这显然是错误的。考虑到多数汽车的车型不同，发动机效率不同，汽车燃烧的汽油（或柴油）牌号不同，这些汽车产生的废机油会随着时间多点释放等，很明显，废机油释放物实际上包含了大量汽油和柴油混合物的释放物。在这种情况下，作出单一石油产品（如馏分）的单一来源释放物这一假设，显然是错误的。此外，这与使用卡普兰等人或施密特等人的方法对多种释放物产生的汽油碳氢化合物进行年代测定一样，也是错误的。在同行评议技术文献中，尚无数据能够证明可以对石油产品混合物产生的汽油释放物进行年代测定。

第二十章 部分总结

　　环境法庭科学是一个新的科学领域，特别是相对于成熟的理学或工学领域而言。但当我们思考科学家在环境法医学法律程序中所扮演的道德角色这一问题时就会发现，它与更加成熟的专业领域有相似之处[1]。

　　在同行评议技术文献中发表不存在偏见的技术论文是道德科学事业的基石之一。与其他人文学科一样，所有环境法庭科学家都应独立处理技术案件，遵循科学方法，服从一般科学规律，不惜一切代价避免自己因利益诱惑而提供任何技术意见，因为从长远来看，以这种方式冒着自己的专业声誉风险比一开始就秉持严谨的科学态度所付出的代价更大。

　　作为一名专家证人，科学家需要承担真实、严肃、可能会改变其职业生涯的义务和责任。不同国家有不同的法律制度，但作为一名科学家，法律制度相同与否无关紧要。显而易见的是，科学家肩负着更高的使命，即不应该考虑其他次要因素，如在法律诉讼等辩论情境下取得职业晋升、商业收入或个人成功，而应当一心开展可靠的科学研究工作，因为只有通过提供最好、最可靠的科学研究，才能最终正向提升普通民众、科学家同行群体、商业客户乃至全人类的利益。

---

　　[1]　American Psychological Association, "Ethical Principles of Psychologists and Code of Conduct", *American Psychologist Association*, 47 (1992), pp. 390-402.